人工智能产业政策改进研究

基于比较方法的深圳案例

周光伟　李琼　郭敏强◎著

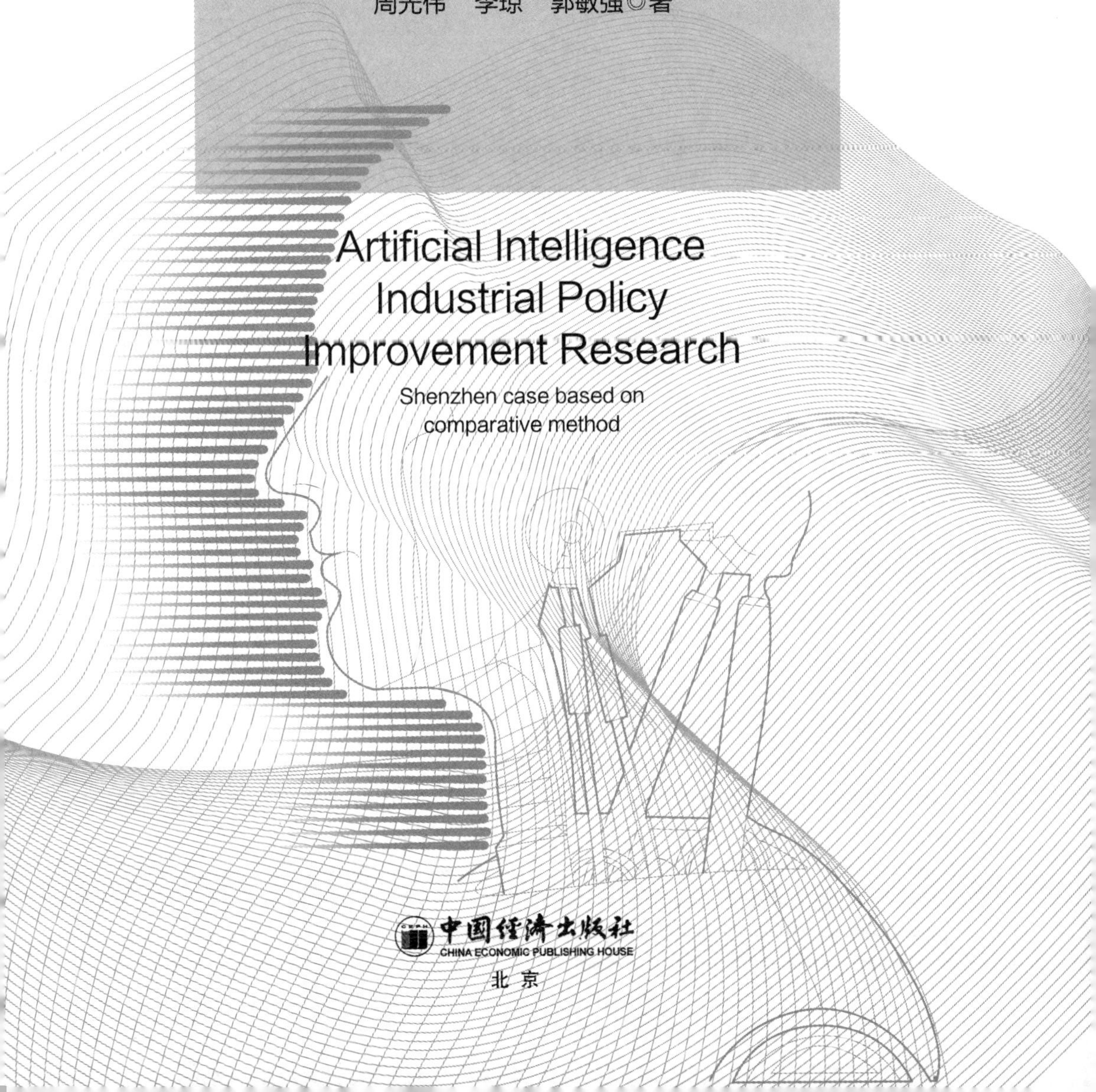

Artificial Intelligence Industrial Policy Improvement Research

Shenzhen case based on comparative method

中国经济出版社
CHINA ECONOMIC PUBLISHING HOUSE
北　京

图书在版编目（CIP）数据

人工智能产业政策改进研究：基于比较方法的深圳案例 / 周光伟，李琼，郭敏强著 . -- 北京：中国经济出版社，2024.3

ISBN 978 – 7 – 5136 – 7685 – 4

Ⅰ. ①人… Ⅱ. ①周… ②李… ③郭… Ⅲ. ①人工智能 – 影响 – 产业政策 – 研究 – 中国 Ⅳ. ① F121

中国国家版本馆 CIP 数据核字（2024）第 053133 号

组稿编辑　丁　楠
责任编辑　罗　茜
责任印制　马小宾
封面设计　久品轩

出版发行　中国经济出版社
印 刷 者　北京艾普海德印刷有限公司
经 销 者　各地新华书店
开　　本　710 mm × 1000 mm　1/16
印　　张　15
字　　数　230 千字
版　　次　2024 年 3 月第 1 版
印　　次　2024 年 3 月第 1 次
定　　价　88.00 元
广告经营许可证　京西工商广字第 8179 号

中国经济出版社　**网址** www. economyph. com　**社址** 北京市东城区安定门外大街 58 号　**邮编** 100011
本版图书如存在印装质量问题，请与本社销售中心联系调换（联系电话：010 – 57512564）

前言 ▷ PREFACE

《中华人民共和国国民经济和社会发展第十四个五年规划和2035年远景目标纲要》把人工智能作为重大创新领域之一、七大前沿领域之一、新兴数字产业之一、事关国家安全和发展全局的基础核心领域。从政府层面主导推动人工智能产业发展已经成为全球趋势（曾坚朋等，2019）。截至2020年12月，全球已有39个国家和地区制定了人工智能战略政策、产业规划文件（中国信息通信研究院等，2020）。近年来，采用比较公共政策理论，对人工智能产业政策开展比较研究，已经成为学术界的重要议题。

深圳市人工智能产业主管部门在建设国家人工智能创新应用先导区、新一代人工智能创新发展试验区，落实市委七届七次全会加快打造人工智能先锋城市部署的过程中，需要持续对本市产业政策文本具体条款进行改进。因此，需要将政策改进导向引入人工智能产业政策比较研究，把政策比较研究的最终目的定位为完善深圳市人工智能产业现行政策文本具体条款。在研究路径上，本书针对产业政策比较分析框架的5个模块，明确政策改进导向研究要求政策比较文本具有先进性、政策比较主体具有标杆性、政策比较方法具有科学性、政策比较结果分析具有因果性、政策比较对策建议具有适宜性。

本书将上述研究路径应用于深圳市人工智能产业政策横向比较

研究中，把深圳市人工智能产业“1+2+3”专项政策文本作为被比较文本，把国内五市14个政策文本、美国4个政策文本作为比较文本，运用政策工具条款对比方法直观、具体地展示了16个大类81个小类的政策文本具体条款，对其中24个小类政策文本的差异性进行了原因分析，最终针对18个小类的差异性比较结果提出了进一步优化的建议，以期改进现有政策文本具体条款。

下一步，要使用除政策比较之外的研究方法，深化深圳市人工智能产业关键赛道政策改进研究、优化深圳市人工智能产业政策比较分析框架，持续推进深圳市人工智能产业政策文本具体条款改进研究。

本书得到广东省教育厅2021年度普通高校重点科研平台和项目“深圳市人工智能产业政策改进研究”（编号：2021ZDZX1134）支持，在此予以感谢。

目 录 ▷ CONTENTS

第一章　导　论

本书来源于对深圳市人工智能产业政策制定工作的实际观察，聚焦深圳市人工智能产业现行政策文本具体条款如何改进这一核心任务，进而形成相应的研究逻辑、研究内容和技术路线，希望为政策制定及政策专业研究人员提供一定参考。

第一节　研究背景

本书要思考的问题是深圳市人工智能产业政策文本具体条款如何改进。回答此问题需要进一步回答政策文本具体条款改进的具体研究方法是什么，以及如何运用这一研究方法修改完善形成新的政策文本具体条款。上面提出的问题可概括为深圳市人工智能产业政策改进问题。

一、国家对深圳市人工智能产业高质量发展的总体要求

深圳市人工智能产业近年来保持迅猛的增长趋势。根据《深圳市人工智能产业发展白皮书（2023 年度）》，2022 年深圳市人工智能企业数量达 1920 家，同比增长 14.2%，其中基础层、技术层、应用层企业占企业总数量的比重分别为 8.1%、17.3%、74.6%，核心产业规模达 308 亿元，同比增长 52.5%，带动相关产业产值达 2180 亿元（其中“AI+ 产业”应用层 498 亿元、“产业 +AI”应用层 1682 亿元），合计产值达 2488 亿元，同比增长 32.1%。2023 年 9 月，深圳市委

七届七次全会要求加快打造人工智能先锋城市。国家支持深圳市建设人工智能创新应用先导区、新一代人工智能创新发展试验区，其核心要求是促进本地人工智能产业高质量发展，与其他试点地区一同努力，加快完善全国人工智能产业生态。

（一）国家人工智能创新应用先导区建设要求

2019 年 10 月 14 日，工业和信息化部批复[①]明确支持深圳市建设国家人工智能创新应用先导区，要求深圳市充分发挥本市电子信息与通信产业基础雄厚、创新生态完善、企业发展活跃的优势，大力突破关键核心技术，完善人工智能技术产业化落地环境，培育智能经济，并聚焦智能芯片、智能无人机、智能网联汽车、智能机器人等优势产业，面向医疗健康、金融、供应链、交通、制造等重点领域，搭建人工智能深度应用场景，充分激发人工智能的“头雁效应”，培育新一代人工智能产业体系。

（二）国家新一代人工智能创新发展试验区建设要求

国家新一代人工智能创新发展试验区是依托地方开展人工智能技术示范、政策试验和社会实验，在推动人工智能创新发展方面先行先试、发挥引领带动作用的区域。2019 年 8 月，科技部印发的《国家新一代人工智能创新发展试验区建设工作指引》提出，到 2023 年布局建设 20 个左右试验区，创新一批切实有效的政策工具，形成一批人工智能与经济社会发展深度融合的典型模式，积累一批可复制、可推广的经验做法，打造一批具有重大引领带动作用的人工智能创新高地。

2019 年 10 月 17 日，科技部[②]批复明确支持深圳市建设国家新一代人工智能创新发展试验区，要求：一是围绕国家重大战略和深圳市经济社会发展需求，探索新一代人工智能发展的新路径、新机制，形成可复制、可推广经

① 工业和信息化部官网：《工业和信息化部支持创建济南－青岛、深圳人工智能创新应用先导区》，参见 https：//www.miit.gov.cn/xwdt/gxdt/sjdt/art/2020/art_92a39308ea9540c98a8e2466e378efde.html（2023-01-19 登录）。

② 科技部官网：《科技部关于支持深圳建设国家新一代人工智能创新发展试验区的函》，参见 https：//www.safea.gov.cn/xxgk/xinxifenlei/fdzdgknr/qtwj/qtwj2019/201910/t20191018_149418.html（2023-01-19 登录）。

验，引领带动粤港澳大湾区智能经济和智能社会发展。二是充分发挥研发和人才优势，打造具有国际竞争力的人工智能创新高地。发挥深圳市研发能力强、高端人才聚集、产业链完整等优势，围绕新一代人工智能发展方向，加强人工智能基础前沿理论和关键核心技术研发，健全智能化基础设施，加快成果转化应用，全面提升人工智能产业国际竞争力，在粤港澳大湾区国际科创中心建设中发挥重要引领作用。三是加强体制机制创新，构建国际一流的开放创新生态。把握深圳市建设中国特色社会主义先行示范区的重大机遇，进一步加大改革开放力度，开展人工智能政策试验和社会实验，突破人才、资本、信息、技术等创新要素流动的制度“瓶颈”，加强治理机制建设，深化国际交流合作，营造具有全球吸引力的创新环境。

国家级试点地区情况具体见表 1–1。

表 1–1　国家级试点地区情况

类别	试点地区
国家人工智能创新应用先导区（11 个）	2019 年 5 月：上海（浦东新区） 2019 年 10 月：济南 – 青岛、深圳 2021 年 2 月：北京、天津（滨海新区）、杭州、广州、成都 2022 年 9 月：南京、武汉、长沙
国家新一代人工智能创新发展试验区（18 个）	2019 年 2 月：北京 2019 年 5 月：上海 2019 年 10 月：天津、深圳、杭州、合肥 2019 年 11 月：德清 2020 年 1 月：重庆、成都、西安、济南 2020 年 9 月：广州、武汉 2021 年 3 月：苏州、长沙 2021 年 11 月：郑州、沈阳、哈尔滨

注：根据工业和信息化部、科技部官网资料整理（截至 2023 年 6 月）。

二、产业政策文本具体条款改进的直接需求方是深圳市人工智能产业主管部门

本书的撰写受到产业主管部门促进人工智能产业高质量发展有关政策制

定和优化工作的启发。深圳市人民政府及其下属工作部门市发展和改革委员会、市工业和信息化局、市科技创新委员会承担促进深圳市人工智能产业高质量发展的具体工作，运用合理的行政、市场、法治等手段，以实现更高经济效率为目标，分配政府掌握的产业资源，也就是制定科学、全面的促进人工智能产业高质量发展的政策文本具体条款，是促进工作的重要手段或举措。产业政策的供给方是深圳市人工智能产业主管部门，其坚持与时俱进，对产业政策文本具体条款的改进是其一直持续进行的常规工作，时常在谋划出台新的产业政策文本。①

深圳市各工作部门促进人工智能产业发展的有关职责见表 1-2。

表 1-2 深圳市各工作部门促进人工智能产业发展的有关职责

部门名称	有关职责
一、市发展和改革委员会	
法规监督处	组织起草发展改革领域的地方性法规和规章草案。承担有关规范性文件的合法性审核工作。组织推进本部门行政审批制度改革。承担重要产业政策、投资项目的绩效评估与监督职责。
发展规划处	组织拟订综合性产业政策。牵头编制产业发展导向目录。
战略性新兴产业一处	组织拟定战略性新兴产业综合性产业政策和产业规划、相关产业领域高技术产业发展的规划和政策。统筹智能网联汽车等领域高技术产业、工业与国民经济和社会发展规划的衔接平衡。统筹市重点产业项目用地遴选。组织相关产业领域重大示范工程。建设相关产业领域国家高技术产业发展项目、国家综合性高技术产业基地。
创新能力建设处	牵头推进创新能力建设和全市全面创新改革试验。推进数字经济发展。统筹信息化发展规划与国民经济和社会发展规划的衔接平衡。统筹推进全市建设粤港澳大湾区国际科技创新中心、创建综合性国家科学中心。承担创新资源区域集聚和平衡、重大科技基础设施规划建设和运行监管。
深圳国家高技术产业创新中心	建设深圳国家工程实验室平台。运营管理深圳国家工程实验室平台大楼和深圳国家高技术产业化孵化基地（深圳数字技术园）。建设创新资源池，研究、跟踪、引进创新项目。

① 如根据市直部门的一份国家新一代人工智能创新发展试验区建设情况总结，计划提出进一步完善产业资金政策，研究编制新的深圳市人工智能产业发展规划。

续表

部门名称	有关职责
二、市工业和信息化局	
政策法规处（产融合作处）	拟订工业和信息化领域综合性政策措施。推动先进制造业发展。牵头产融合作，指导监督工业和信息化领域产业发展基金的运行、考核和绩效评价。
规划投资处（产业园区发展处）	拟订并组织实施促进工业和信息化领域固定资产投资和企业技术改造投资的政策措施、工业园区发展的专项规划和政策措施。跟踪服务工业和信息化领域的重大项目。统筹全市工业空间布局。按分工负责产业用地管理。
制造业创新处	指导推动制造业及相关新兴产业技术进步和技术创新。指导工业和信息化领域的重大示范工程和新产品、新材料、新工艺、新技术的推广应用。拟订并组织实施促进人工智能、物联网发展的政策措施，相关领域战略性新兴产业专项。推进智能制造。研究制定制造业与互联网融合发展、工业互联网创新应用的专项规划和政策措施。牵头工业和信息化领域的质量品牌、标准规范、自主创新等工作。
电子信息处	编制和组织实施相关领域战略性新兴产业专项。研究制定电子信息工业政策措施。组织协调电子信息有关装备、芯片、元器件、仪器等的研发制造及国产化。承担电子信息行业管理工作。
装备工业处	拟订并组织实施促进智能网联汽车发展的政策措施、相关领域战略性新兴产业专项。指导引进重大技术装备的消化创新，推进重大技术装备国产化，推动重大技术装备创新及应用。
优势产业处	拟订并组织实施推动产业转型升级、促进传统优势产业发展的政策措施，研究制定工业和信息化领域生产性服务业发展的政策措施，促进服务型制造发展，推进工业设计、工业文化发展。
软件和信息服务业处（数字产业处）	拟订并组织实施促进大数据、云计算、高端软件等数字经济产业发展的政策措施，相关领域战略性新兴产业专项，促进软件、信息服务业发展的政策措施，促进大数据产业发展的战略、规划和政策措施。承担软件和信息服务业行业管理工作。按分工负责促进互联网产业发展工作。指导协调经济领域的信息化应用，促进信息消费发展。研究制定社会经济领域大数据收集、管理和开发应用的标准规范。推进社会经济领域大数据开发、应用和管理创新。管理工业控制系统网络与信息安全。
信息基础设施处	拟订并组织实施信息网络基础设施建设的政策措施。

续表

部门名称	有关职责
三、市科技创新委员会	
政策法规处（审批综合处）	拟订科技创新发展规划并协调实施。推进全市科技体制改革工作，拟订科技创新政策措施。组织起草有关地方性法规、规章草案。组织国（境）内外区域间的科技交流与合作。海外创新中心认定与评价。组织实施软科学研究计划。牵头科技金融有关工作。规范行政审批事项实施和行政执法行为。科技安全和科技保密相关工作。组织国家自主创新示范区（高新区）知识产权示范园区建设。
资源配置和管理处	承担科研项目资金协调、评估、监管机制，提出科技资源合理配置的政策措施。承担市级财政科技计划协调管理，监督科技项目评审，指导科技评审专业机构建设，实施科技报告制度。统筹协调国家、省科技资金使用管理。承担科技奖励评定工作。
科技监督和诚信建设处	全市科技监督评价体系建设和科技评估管理。提出科技评价机制改革的政策措施建议并监督实施。承担全市科研诚信和信用体系建设。牵头组织项目专家验收和审计、项目绩效评估，承担科技计划监督管理、统筹资金追偿、内部审计等。
基础研究处	拟订全市基础与应用基础研究计划、政策和措施并组织实施。管理市自然科学基金。组织国家、省、市重点实验室，工程技术研究开发中心的建设、评估等。推进大型科学仪器设施、科学数据等科技资源开放共享。推动科技服务业发展。承担科技创新券工作。
实验室和科研机构管理处	建设国家实验室及国家实验室深圳基地和相应属地管理服务。统筹推进广东省实验室、粤港澳联合实验室、深圳市基础研究机构、诺贝尔奖科学家实验室、国际科技信息中心等科研机构的规划、建设协调和运营管理。拟订创新平台分类考核评估标准并推进实施，承担科研机构创新绩效管理。承担享受进口税收政策的研发机构、科普基地名单核定。
科技重大专项处（电子信息科技处）	高新技术产业关键核心技术攻关。提出全市科技重大专项布局规划建议。承担国家和省科技重大专项在深圳的实施。科技国防动员、科技军民融合发展。拟订全市电子信息等领域科技产业专项政策和规划并组织实施。承担相关领域重大会议和活动。
高新技术处	承担企业研发资助、高新技术企业培育、加计扣除、深圳质量、深圳标准等。牵头企业创新能力建设，认定高新技术企业、技术先进型服务企业，组织实施科技型中小企业评价。拟订产学研结合的政策措施、年度计划并组织实施。提出科技成果转移转化及产业化的相关政策措施建议。拟订全市新能源、新材料、节能等领域科技专项政策和规划并组织实施。承担相关领域重大会议和活动。

续表

部门名称	有关职责
高新区统筹规划处	承担深圳国家高新区领导小组办公室日常工作。完善高新区、自创区规划、政策等制度体系并组织实施。使用、管理高新区发展专项资金。
高新区创新发展处	组织高新区国家级产业化基地建设发展。统筹高新区各园区创新载体布局。推进高新区相关市政府投资项目规划建设。承担高新区开发建设平台监督管理。
高新区产业集群处	研究制定高新区创新型产业集群发展的政策措施。推进高新区创新型产业集群布局建设。推进高新区创新生态体系建设、科技创新资源协同配置。建设高新区科技企业孵化体系，组织开展众创空间、科技企业孵化器认定和管理。统筹高新区内市政府产权创新型产业用房回购接收和配置管理。
外国专家和科技人才服务处	拟订全市引进国（境）外智力、科技人才队伍建设规划和政策并组织实施。承担高端外国专家引进计划工作，实施外国人来华工作许可。开展广东省外籍高层次人才认定及永久居留资格推荐。组织实施引进高层次人才创新创业专项工作。承办中国国际人才交流大会。
市科技创新战略研究和技术转移促进中心	全市技术转移、科技成果转化、技术交易等事务性工作。技术转移机构培育和技术转移人才队伍建设事务性工作。推动技术转移和科技成果转化等公共服务平台建设，建设与管理国家技术转移南方中心。负责虚拟大学园的建设、管理与服务。承担国家、省、市创新创业大赛的组织实施。
市高新技术产业促进中心	深圳软件园等各类高新技术产业载体及配套支撑体系的建设、运营和管理。提供人才、项目产业化支撑、科技项目孵化等科技相关专业服务。市大型科学仪器共享平台的建设、运营、管理。组织开展软件和集成电路设计共性技术相关科研工作。建设和管理高新技术产业用房。
市科技评审管理中心	组织全市科技项目评审相关管理服务。
市高新区综合服务中心	负责深圳国际科技商务平台、创业投资服务广场的管理。组织高新区（示范区）企业开展国际合作和投融资交流活动。建设市科技金融服务平台。建设负责高新区（示范区）知识产权服务平台。
国家超级计算深圳中心（深圳云计算中心）	承担各种大规模科学计算和工程计算任务。为社会提供云计算服务。

注：资料来源于深圳市发展和改革委员会、市工业和信息化局、市科技创新委员会官方网站上的内部机构职能介绍（2023年8月14日查询），结合人工智能产业进行适当简化。

三、专业研究人员对人工智能产业政策改进的研究成果不直接改进政策文本具体条款

专业研究人员运用各种方法对人工智能产业开展政策研究，一般会输出一定的对现行政策的改进建议。科学研究只有为地方经济社会发展服务，才能真正体现自身的应用价值，但人工智能产业政策现有研究成果难以直接对产业政策改进提出最直接的借鉴，也就是所提出的对策建议并不直接改进政策文本具体条款。如张亲培等（2011）所指出的“许多比较研究即使不是完全没有价值的话，也多停留在纯粹政治与政策知识的增长上”，“政府决策者往往很少采纳甚至注意到比较公共政策的相关研究成果，因此无助于社会问题治理能力的提升”；我国搞公共政策研究的人员注重学术、轻视应用，从事政策制定和执行的官员重视经验实践、忽视理论（陈振明，2004）。从人工智能产业政策比较研究现有文献来看，以上判定也基本符合当前情况。

第二节　研究逻辑

本书总的研究逻辑是针对所提出的问题，围绕政策文本具体条款改进需求，寻找可能的正确研究角度和方法，构建相应的分析框架。研究逻辑要点主要有：

第一，立足行业主管部门需求，选择公共政策实践作为研究的总视角。深圳市人工智能产业政策文本具体条款改进问题，首先应该定位为具体部门的政策工作实践问题，因此要将可以直接为深圳市人工智能产业主管部门提供参考作为最高标准，研究逻辑及其关键环节都从行业主管部门视角出发予以审视。

第二，立足行业主管部门实践，选择横向比较分析作为研究的基本方法。政策文本具体条款改进的研究方法很多，其中比较方法还可以分为横向比较和纵向比较，考虑到行业主管部门政策制定实践常见的是与同类中先进主体进行比较，因此深圳市人工智能产业政策可以选择与其他地区进行比较。

第三，立足政策比较分析过程，选择政策比较分析一般框架作为研究的完整统领。综合现有文献中的政策比较分析过程，本书以比较分析过程为统领，将其概括为政策比较文本选择、政策比较主体选择、政策比较方法选择、政策比较结果分析、政策比较对策建议五个模块，深圳市人工智能产业政策改进研究则分别对照每个模块展开具体分析，形成一个合理的完整逻辑层次结构，试图体现出一个环环相扣的解决问题的程序或步骤。

第三节 研究内容

本书的研究对象界定为深圳市人工智能产业政策改进，并试图对其做一个比较系统和全面的分析。本书主要研究内容为：

首先是文献回顾。本书通过分析与产业政策比较方法、人工智能产业政策改进等有关的文献，从方法论角度，将产业政策和横向比较方法结合，把产业政策横向比较方法作为研究深圳市人工智能产业政策改进的主要研究方法，深圳市人工智能产业政策文本具体条款改进建议的提出主要来自产业政策横向比较过程之后的输出结果。

其次是选题论证。深圳市人工智能产业政策改进首先是一个命题，需要对这一命题进行真伪辨析，分析命题合理性，要从多种角度论证该命题是真命题，不是伪命题，从而奠定本书的理论和逻辑基础。

再次是研究路径。结合产业政策比较研究的一般做法，提出改进导向下的产业政策比较分析框架，明确运用产业政策比较方法来研究深圳市人工智能产业政策改进问题的总体逻辑和关键过程，主要包括政策比较文本选择、政策比较主体选择、政策比较方法选择、政策比较结果分析、政策比较对策建议五个模块。

最后是具体过程。对改进导向下的产业政策比较分析框架五个模块逐一进行文献分析和优化调整，并在深圳市人工智能产业政策改进的分析过程中具体操作，以期获得先进性的政策比较文本、标杆性的政策比较主体、科学性的政策比较方法、因果性的政策比较结果分析、适宜性的政策比较对策建议。

第四节　技术路线

根据研究逻辑和研究内容，本书采用的技术路线如图 1-1 所示。首先，基于政策主体对改进政策条款的实践需求，提出研究问题，即深圳市人工智能产业政策改进。其次，通过文献分析，选择通过产业政策比较研究的方法来推进解决研究问题。再次，根据政策比较研究的基本框架，提出本书的分析框架包含比较文本、比较主体、比较方法、比较结果和对策建议五个模块，并对其分别进行分析研究。最后，根据深圳市人工智能产业政策实际，分别对每个模块展开具体应用，落实基本要求，输出具体的研究结果。

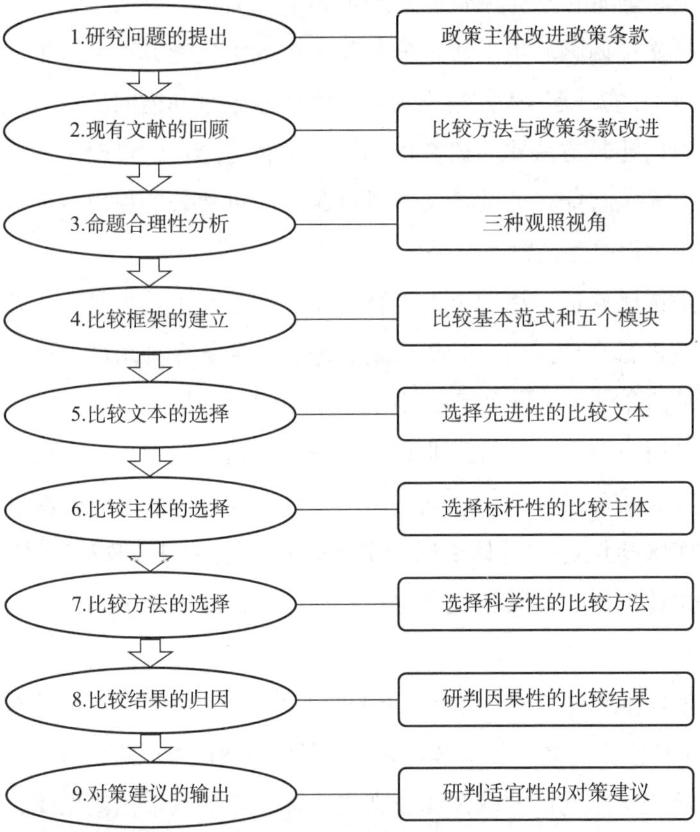

图 1-1　技术路线

第五节 研究意义

公共政策学的研究对象是政策实践、政策系统及其运行，以行为取向体现理论和实践的有机统一，目的和功能是提供政策知识、为现实政策实践服务（陈振明，2004）。

一方面，深圳市人工智能产业政策改进选题是偏应用的，侧重解决深圳市这个城市、人工智能这个产业、产业政策这个对象、政策改进这个实践的具体问题，为深圳市人工智能产业主管部门优化调整产业政策文本具体条款的日常工作提供一定的参考，在一定程度上可以直接输出在实践层面可能具有应用价值的结论，因此其应用价值在于有利于支撑决策科学化和民主化，这是本书的最主要研究意义。

另一方面，选题兼顾了一定的学术价值，重点是提出了改进导向下的产业政策比较分析框架以及政策比较文本先进性、政策比较主体标杆性、政策比较方法科学性、政策比较结果分析因果性、政策比较对策建议适宜性的主要标准，在现有文献基础上形成了系统性更强的表达形式（当然，这在新知识的贡献上依然有限或不足），因此本书在一定意义上也为研究人员提供了参考。

综合来看，针对深圳市人工智能产业政策改进这个应用性的具体问题，运用改进导向下的产业政策比较分析框架，应用问题通过学术框架提供解决逻辑，把学术框架引入政府部门的日常政策思维方法中，同时学术框架通过应用问题提供操作过程，把操作过程纳入专业研究人员的日常研究思维中，应用价值和学术价值相辅相成，希望有助于促进政府部门工作人员更专业、科研机构研究人员更接地气，这进一步凸显了本书的双重研究意义。

第六节 研究创新点

由于本书是偏应用的，主要创新点也是应用层面的，也就是把产业政策横向比较方法应用于深圳市人工智能产业政策改进这一具体实践需求中，在现有人工智能产业政策比较研究的基础上更加突出深圳市这一研究对象，更加突出产业政策横向比较由五大模块构成的一般分析过程，更加突出产业政策比较一般分析在深圳市这一具体研究对象上研究的具体过程，同时在研究对象和研究方法的边界上有一定拓展。

在开展应用研究的同时，本书也做了一点学术层面的探索。比如，针对产业政策横向比较中各个模块的基本要求和具体标准，由于现有文献很少提及或没有提及，使得一些提法具有一定的学术创新性，可以在研究设计方法上为后续研究提供一点参考；又如，把满足政策改进这一实践需要作为政策比较学术研究的出发点，对于专业人员在撰写学术作品时如何实现“从国情出发，从中国实践中来、到中国实践中去，把论文写在祖国大地上”，做到学术和应用结合，或许也有一定的启发。

第二章　相关文献回顾

通过对“人工智能产业政策”“比较研究方法”“产业政策比较方法”“产业政策改进”等与本书相关的文献进行回顾，本书在主要研究方法上选择深化周光伟（2020）在《基于国际国内比较的深圳市人工智能产业政策改进研究》（全文见附录）使用的横向比较研究方法。

第一节　人工智能产业政策

一、产业政策的内涵和形态

（一）理论上的界定

产业政策的制定主体是具有行政职能的政府机构和部门，其针对产业进行某种结构性干预。我国现行产业政策接近新结构经济学主张的观点，认为应该采取“市场主导加上政府因势利导”策略（王勇，2017）。赛迪智库产业政策法规研究所（2020）梳理了国内外学术界观点后认为产业政策大体上包括广义和狭义两个层面，其中：广义的产业政策是指影响某国产业发展或竞争力的任何政策，更倾向于提高竞争力和生产效率的一般性政策，通常包括针对影响产业间和产业内资源与要素再分配的政策；狭义的产业政策则仅指影响产业之间资源和要素再分配的经济政策。

在产业政策作用方面，学术界普遍认为产业政策作为“看得见的手”可以弥补市场失灵。理论和历史反复昭示，产业政策既存在于历史和当下的时间轴，也存在于发达国家和发展中国家的空间轴，任何一个经济体都未能置身产业政策之外，美国政府不仅充当着市场的“修理者”角色，而且充当着市场的“塑造者”角色（周建军，2017）。无论是发达国家还是后发赶超国家，都在发展过程中广泛地运用了产业政策。实践证明，在市场经济条件下，产业政策仍是政府干预、调控经济的重要工具之一，运用得好可以有力推动经济发展，促进产业结构优化（赛迪智库产业政策法规研究所，2020）。

（二）实践上的形态

改革开放以来，我国一直在努力探索政府和市场之间应该存在的合理边界或关系问题。2013 年，党的十八届三中全会提出“使市场在资源配置中起决定性作用和更好发挥政府作用”。2020 年，党的十九届五中全会提出“坚持和完善社会主义基本经济制度，充分发挥市场在资源配置中的决定性作用，更好发挥政府作用，推动有效市场和有为政府更好结合”。至此，有效市场和有为政府有机结合，成为破解“市场失灵”的中国方案（张新宁，2021）。

政府行政和经济咨询实际工作中的具体产业政策是实践上的形态。赛迪智库产业政策法规研究所（2020）对我国产业政策实践进行了比较系统的梳理。总体上看，我国是世界上运用产业政策较多、较频繁的国家。“产业政策”作为官方用词，最早出现在 1986 年制定的《中华人民共和国国民经济和社会发展第七个五年计划》（1986—1990 年）中。1989 年 3 月《国务院关于当前产业政策要点的决定》颁布，这是国务院第一次就“产业政策”作出全面阐述。以赛迪智库产业政策法规研究所《我国产业政策实践及“十四五”产业政策预研白皮书》为例，我国改革开放以来国家层面产业政策实践形态包括中央经济工作会议精神、国务院政府工作报告、中国共产党党代会报告、国民经济和社会发展五年规划或十年纲要、中共中央和 / 或国务院的产业政策（如 1989 年《中共中央关于进一步治理整顿和深化改革的决定》、1992 年《中共中央、国务院关于加快发展第三产业的决定》、1994 年国务院《90 年代国家产业政策纲要》、1999 年《中共中央、国务院关于加强技术创新，发展高科技，实现产业化的决定》)、各部门的产业政策（如国家体改委《1989年经济体制改革要点》、国内第一部行业性的产业政策即1994年国家计委会《汽车工业产业政策》)。

从公文角度看，我国现有的产业政策实践载体包括决议、决定、命令（令）、公报、公告、通告、意见、通知、通报、报告、请示、批复、议案、函、纪要十五种公文种类（见表2-1）。

表2-1 《党政机关公文处理工作条例》中公文种类

名称	适用范围
一、决议	适用于会议讨论通过的重大决策事项。
二、决定	适用于对重要事项作出决策和部署、奖惩有关单位和人员、变更或者撤销下级机关不适当的决定事项。
三、命令（令）	适用于公布行政法规和规章、宣布施行重大强制性措施、批准授予和晋升衔级、嘉奖有关单位和人员。
四、公报	适用于公布重要决定或者重大事项。
五、公告	适用于向国内外宣布重要事项或者法定事项。
六、通告	适用于在一定范围内公布应当遵守或者周知的事项。
七、意见	适用于对重要问题提出见解和处理办法。
八、通知	适用于发布、传达要求下级机关执行和有关单位周知或者执行的事项，批转、转发公文。
九、通报	适用于表彰先进、批评错误、传达重要精神和告知重要情况。
十、报告	适用于向上级机关汇报工作、反映情况，回复上级机关的询问。
十一、请示	适用于向上级机关请求指示、批准。
十二、批复	适用于答复下级机关请示事项。
十三、议案	适用于各级人民政府按照法律程序向同级人民代表大会或者人民代表大会常务委员会提请审议事项。
十四、函	适用于不相隶属机关之间商洽工作、询问和答复问题、请求批准和答复审批事项。
十五、纪要	适用于记载会议主要情况和议定事项。

二、我国人工智能产业政策的主要实践形态

（一）从公文视角看

搜索政府官网公开发布信息发现，我国人工智能产业政策的公文种类主要是通知，包括以国务院、地方人民政府及其办公厅名义印发的属于在一定范围内公布应当遵守的事项，以经济和信息化等具体工作部门名义印发的属于在一定范围内公布应当周知的事项；此外，命令（令）、公告、函三种类型也有出现。可能由于资料获取只能通过公开渠道这一限制，一些政府部门内部的公文，如请示、批复、纪要等暂未发现有人工智能产业政策。

（二）从法规视角看

法规是法律、法令、条例、规则和章程等各类法定文件的总称，如全国人大制定的法律、国务院及其职能部门制定的行政法规、地方人大制定的地方性法规。按照是否为法规，人工智能产业政策分为法规类和非法规类两类。截至 2023 年 9 月，法规类的政策主要有：《深圳经济特区人工智能产业促进条例》《深圳经济特区智能网联汽车管理条例》《上海市促进人工智能产业发展条例》等，都是省（深圳市是副省级城市，全国人大于 1992 年授权深圳特区立法权）、自治区、直辖市（上海是省级行政区、直辖市）人大及其常委会制定和公布的地方性法规；国务院职能部门制定的《生成式人工智能服务管理暂行办法》。暂无国务院、设区的市（不含深圳市、上海市）或自治州制定和颁布的人工智能产业行政法规。其他如《国务院关于印发新一代人工智能发展规划的通知》等均为非法规类的产业政策。

（三）从行政逻辑“自上而下”的角度看

一是从发布政策的行政主体的行政级别看，主要包括国务院、国家部委或省级政府及其办公厅或省级人大及其常委会、省级行政部门或市级政府及其办公厅、市级行政部门或区级政府及其办公室，以及部分省级城市的区级行政部门（如上海市徐汇区科学技术委员会）。

二是从顶层设计到措施落地的过程看，规划类如“十四五”规划、总体

规划、令、条例、若干意见、实施意见、指导意见等是最高级的，内容突出总体性安排；计划类，如实施方案、行动计划、行动方案、推进方案、产业导则等，在描述上比规划更细致一些；措施类，如工作指引、建设指南、扶持意见、扶持办法、实施办法、若干政策、若干措施等，直接列出了政府直接要做的行政事项；申报类，以最终完成措施类的事项为目的，以完成拨付扶持资金的客观行为等为判定依据。

（四）从与人工智能产业相关性的角度看

一类是人工智能产业专项政策，政策文本具体条款仅涉及人工智能产业内的事项。另一类是人工智能产业综合政策，涉及的产业类型很多，而人工智能产业只是其中一个。

我国人工智能产业政策的主要实践形态举例见表 2–2。

表 2–2 我国人工智能产业政策的主要实践形态举例

序号	公文种类	自上而下	政策名称举例	其他说明
1	通知	规划	《国务院关于印发新一代人工智能发展规划的通知》（国发〔2017〕35 号）	明确人工智能发展的指导思想、基本原则、战略目标、总体部署、重点任务、组织实施等总体性安排。
2	通知	规划	《上海市经济和信息化委员会关于印发〈上海市人工智能产业发展“十四五”规划〉的通知》（沪经信智〔2021〕1195 号）	明确指导思想、基本原则、发展目标、主要任务等总体性安排。
3	通知	规划	《省人民政府关于印发湖北省新一代人工智能发展总体规划（2020—2030 年）的通知》（鄂政发〔2020〕20 号）	明确指导思想、基本原则、发展目标、应用场景、核心产业、创新生态、保障措施等总体性安排。
4	通知	规划	《关于印发“十四五”智能制造发展规划的通知》（工信部联规〔2021〕207 号）	明确人工智能细分领域——智能制造的指导思想、基本原则、发展路径和目标、重点任务、保障措施和组织实施等总体性安排。

续表

序号	公文种类	自上而下	政策名称举例	其他说明
5	通知	规划	《国务院关于印发〈中国制造2025〉的通知》（国发〔2015〕28号）	属于综合政策，其中与人工智能有关的是智能制造、机器人等多个人工智能细分领域。
6	令	规划	国家发展和改革委员会令第29号，发布《产业结构调整指导目录（2019年本）》	属于综合政策，其中与人工智能有关的是鼓励类新增“人工智能”行业。
7	令	规划	国家网信办、国家发展改革委、教育部、科技部、工业和信息化部、公安部、广电总局令第15号，发布《生成式人工智能服务管理暂行办法》	明确生成式人工智能服务的技术发展与治理、服务规范、监督检查和法律责任，促进生成式人工智能健康发展和规范应用。
8	公告	规划	上海市人民代表大会常务委员会公告，公布《上海市促进人工智能产业发展条例》	明确基本要素与科技创新、产业发展（一般规定和重点促进）、应用赋能（一般规定、经济应用、生活应用、城市治理应用）、产业治理与安全等总体性安排。
9	通知	规划	《教育部、国家发展改革委、财政部印发〈关于“双一流”建设高校促进学科融合　加快人工智能领域研究生培养的若干意见〉的通知》（教研〔2020〕4号）	明确指导思想、基本原则、壮大高层次人才队伍、发展平台、支持与组织等总体性安排。
10	意见	规划	《北京市科学技术委员会关于促进北京市智能机器人科技创新与成果转化工作的意见》（京科发〔2015〕286号）	明确总体思路、基本原则、主要目标、重点任务、保障措施等总体性安排。
11	通知	规划	《上海市人民政府办公厅印发〈关于本市推动新一代人工智能发展的实施意见〉的通知》（沪府办发〔2017〕66号）	明确指导思想、发展目标、融合应用场景、科研前瞻布局、产业集聚发展、多元创新生态等总体性安排。

续表

序号	公文种类	自上而下	政策名称举例	其他说明
12	通知	规划	《黄浦区人民政府办公室关于印发黄浦区关于加快新一代人工智能融合发展的实施意见的通知》（黄府办发〔2019〕022号）	明确指导思想、发展目标、应用场景、创新服务、发展环境、保障措施等总体性安排。
13	通知	规划	《科技部等六部门关于印发〈关于加快场景创新以人工智能高水平应用促进经济高质量发展的指导意见〉的通知》（国科发规〔2022〕199号）	明确指导思想、基本原则、发展目标、重大场景以及场景创新能力、场景开放、场景创新要素供给等总体性安排。
14	通知	计划	《关于印发〈"互联网+"人工智能三年行动实施方案〉的通知》（发改高技〔2016〕1078号）	明确总体思路、实施目标、人工智能新兴产业、重点领域智能产品、终端产品智能化、保障措施等总体性安排。
15	通知	计划	《工业和信息化部关于印发〈促进新一代人工智能产业发展三年行动计划（2018—2020年）〉的通知》（工信部科〔2017〕315号）	明确指导思想、基本原则、行动目标、智能产品、核心基础、智能制造、支撑体系、保障措施等总体性安排。
16	通知	计划	《上海市经济和信息化委员会关于印发〈关于建设人工智能上海高地　构建一流创新生态的行动方案（2019—2021年）〉的通知》（沪经信智〔2019〕707号）	明确指导思想、行动目标、任务安排、保障措施等总体性安排。
17	通知	计划	《成都市人民政府办公厅关于印发成都市加快人工智能产业发展推进方案（2019—2022年）的通知》（成办发〔2019〕3号）	明确总体思路、发展目标、重点工作、保障措施等总体性安排。
18	通知	计划	《广州市工业和信息化局关于印发〈广州人工智能与数字经济试验区产业导则〉的通知》	明确基本原则与发展目标、产业布局与产业导入、产业融合与产业协同、产业科研平台与公共服务平台、服务保障等总体性安排。各片区产业发展规划受本导则指导。

续表

序号	公文种类	自上而下	政策名称举例	其他说明
19	通知	措施	《科技部关于支持建设新一代人工智能示范应用场景的通知》（国科发规〔2022〕228 号）	明确示范应用场景的工作目标、首批示范应用场景 10 个、组织实施（遴选和支持）等具体安排。
20	通知	措施	《科技部关于印发〈国家新一代人工智能创新发展试验区建设工作指引（修订版）〉的通知》（国科发规〔2020〕254 号）	明确建设思路、建设原则、建设目标、总体布局、重点任务、申请条件、建设程序、保障措施等具体安排。
21	函	措施	《科技部关于支持广州市建设国家新一代人工智能创新发展试验区的函》（国科函规〔2020〕171 号）	对广东省人民政府建设工作提出总体要求。
22	通知	措施	《国家标准化管理委员会等关于印发〈国家新一代人工智能标准体系建设指南〉的通知》（国标委联〔2020〕35 号）	明确建设的指导思想、建设目标、建设思路、建设内容等总体性安排。
23	通知	措施	《关于印发〈关于进一步推动徐汇区人工智能产业高质量发展的扶持意见〉的通知》（徐科委规〔2022〕2 号）	属于人工智能产业专项扶持政策，明确了扶持对象和标准等具体条款。
24	通知	措施	《关于印发广州南沙新区（自贸片区）促进人工智能产业发展扶持办法的通知》（穗南开管办规〔2019〕5 号）	属于人工智能产业专项扶持政策，明确了扶持对象和标准等具体条款。
25	通知	措施	《上海市徐汇区人民政府办公室转发区发展改革委等五部门制订的〈关于建设人工智能发展新高地打造徐汇高质量发展新引擎的实施办法〉的通知》（徐府办发〔2018〕22 号）	明确总体要求、创新策源地、产业磁力场、应用示范田、金融助推器、人才会聚地、发展保障网等总体性安排，还涉及科技项目补贴标准。
26	通知	措施	《安徽省人民政府关于支持人工智能产业创新发展若干政策的通知》（皖政〔2020〕14 号）	属于人工智能产业专项扶持政策，明确了扶持对象和标准等具体条款，同时规定实施细则由省发展改革委会同省有关部门制定。

续表

序号	公文种类	自上而下	政策名称举例	其他说明
27	通知	措施	《厦门市人民政府办公厅关于印发推动新一代人工智能产业发展若干措施的通知》（厦府办〔2018〕233号）	属于人工智能产业专项扶持政策，明确了扶持对象和标准等具体条款。
28	通知	措施	《河北区人民政府关于印发河北区支持人工智能产业发展十条措施的通知》（河北政发〔2022〕10号）	属于人工智能产业专项扶持政策，明确了扶持对象和标准等具体条款。
29	通知	申报	《科技部关于发布科技创新2030—“新一代人工智能”重大项目2022年度项目申报指南的通知》（国科发重〔2022〕218号）	明确项目组织申报工作流程、组织申报的推荐单位、申报资格要求、具体申报方式等具体安排。
30	通知	申报	《关于开展2022年度支持人工智能产业创新发展若干政策申报工作的通知》[含附件《支持人工智能产业创新发展若干政策实施细则》（2022年版）]	由安徽省发展改革委官网发布，明确了申报条件、材料和支持方式，以及申报工作具体安排。

三、国外人工智能产业政策的主要实践形态

由于国外政策文本中文版的获取渠道限制于公开资料，因此难以获得大量的国外政策比较文本来改进深圳市人工智能产业政策文本。从公开信息渠道看，美国、欧盟、加拿大、澳大利亚、日本、韩国等国家和地区都出台了人工智能相关政策，但可以获取中文版全文的政策文本极少，主要是6个美国国家层面的人工智能产业专项政策（见表2–3）。这6个政策可以进一步分为以下三类：

①规划或计划类：《为人工智能的未来做好准备》《人工智能、自动化及经济》《国家人工智能研究和发展战略计划：2019更新版》，由美国总统行政办公室、美国国家科学技术委员会等政府部门组织制定和发布实施。

②行政命令类政策：《保持美国在人工智能领域的领导地位》《在联邦政府中推广可信赖人工智能》，由联邦政府总统签署和发布实施。

③法律法规（法案）类政策：《人工智能权利法案蓝图：使自动化服务美国人民》，由最高级立法机构国会（众议院和参议院）通过。法律通常是法案（Bills）、联合决议案（Joint Resolution），大部分立法以法案形式提出，所有法案从提案开始，只有当美国国会和总统审核批准后提案才有可能成为法案。

表 2–3　国外人工智能产业政策的主要实践形态举例

	类型	政策名称	发布时间	发布机构	有效期	其他说明
1	规划或计划（Plan）	《为人工智能的未来做好准备》（*Preparing for the Future of Artificial Intelligence*）	2016 年 10 月 12 日	美国总统行政办公室、美国国家科学技术委员会	不限	阐述政府在发展人工智能技术方面的职责，分析公共物品人工智能应用、人工智能在联邦政府的应用、人工智能与监管、研发和从业者培养等。配套文件为《国家人工智能研究和发展战略计划》。
2	规划或计划（Plan）	《人工智能、自动化及经济》（*Artificial Intelligence, Automation and the Economy*）	2016 年 12 月 20 日	美国总统行政办公室（Executive Office of the President）	不限	考察了人工智能驱动的自动化将会给经济带来的影响，提出三大战略：投资和发展人工智能、为未来的工作教育和培训美国人、为处于转型中的工人提供帮助并赋予其权利。
3	行政命令（Executive Order）	《保持美国在人工智能领域的领导地位》（*Maintaining American Leadership in Artificial Intelligence*）	2019 年 2 月 11 日	美国白宫科技政策办公室（White House Office of Science and Technology Policy）	不限	总统签署的第 13859 号行政令。又称美国人工智能倡议（*American AI Initiative*）。要求美国联邦政府将人工智能的发展与研发放在优先位置，将更多资源用于人工智能技术的投资、推广。

续表

	类型	政策名称	发布时间	发布机构	有效期	其他说明
4	规划或计划（Plan）	《国家人工智能研究和发展战略计划：2019 更新版》（*The National Artificial Intelligence Research and Development Strategic Plan*：*2019 Update*）	2019 年 6 月 21 日	美国国家科学技术委员会的人工智能特别委员会（Select Committee on Artificial Intelligence）	不限	目的是支持美国人工智能倡议。是美国推进人工智能前沿研发的纲领性规划，协调联邦机构投资人工智能的指导性规划。对联邦政府资助人工智能研究制定目标，确定八个战略重点：长期性基础性研究、人机结合、控制社会风险、保证技术安全、创造数据基础环境、推动标准制定、加强人才培养和公私合作关系。
5	行政命令（Execu-tive Order）	《在联邦政府中推广可信赖人工智能》（*Promoting the use of Trustworthy Artificial Intelligence in the Federal Government*）	2020 年 12 月 3 日	美国白宫科技政策办公室	不限	总统签署。为联邦机构使用人工智能技术制定指导方针，要求各机构准备整个部门的人工智能使用案例清单，促进公众在政府决策中接受人工智能技术，使政府公共管理现代化。（属于人工智能细分领域政策）
6	法案（Bills）	《人工智能权利法案蓝图：使自动化服务美国人民》（*Blueprint for an AI Bill of Rights*：*Making the Automated Systems Work for the American People*）	2022 年 10 月 4 日	美国白宫科技政策办公室（美国国会通过）	不限	反映联邦政府对私营公司和政府机构鼓励采用人工智能技术的五大原则设想，指导自动化系统的设计、使用和部署，以减轻涉及数据隐私、算法歧视和自动化系统使用的风险。（属于人工智能细分领域政策）

第二节 比较研究方法

一、方法论

开展深圳市人工智能产业政策改进研究的首要工作是选择一个明确的方法论。方法论是人们认识世界、改造世界的一般方法，是人们用什么样的方式、方法来观察事物和处理问题。世界观主要解决世界“是什么”的问题。方法论主要解决“怎么办”的问题。刘胜骥（2014）对方法论的内涵进行了梳理和解释：现代学者定义“方”为某一事物面临问题时具体解决问题的技术；“法”为普遍而客观的形式法则；“方法”一词是依据普遍而客观的形式法则，落实在具体问题上，给出一个解决的技巧和办法。方法论已经成为一门崭新的发展中的科学。方法在词源学上的解释是“循着某一道路”，一般指为达到某种目的而采取的途径、步骤、手段等。总之，方法论提出解决现实问题的理论系统和分析框架，强调的是解释和发现客观的方法和手段。

二、比较的基本内涵

比较是人类对事物的差异性与同一性之间关系的认识。比较的本质是研究两事物的相似点和差异点，从而掌握事物的联系和区别，发现事物的共性和个性，了解事物的过去和现在，推断事物的将来，以便指导理论研究和实践活动（颜迈，1989）。方汉文（2004）从考据学与阐释学的角度，对“比较”观念进行溯源：“比”的第一种意义应当是“密”，即《说文》中的“比，密也”，密是指距离的近，比在伦理与社会关系方面的转义是“亲近”，进一步达到互相沟通与认同，这种认同是对事物同一性的肯定，承认同一性是比较的基本观念；“比”的第二种意义是“和合”，表示事物之间互相协调与统一的关系，保持各自特征，在互相作用中形成异与同的对应关系、统一关系，强调“和而不同”，表达差异与对立事物之间的应合关系；比较的意义从配偶的齐同发展出对立意义的和合，含有齐同和对立两种基本意义。现代语言中的比较（非术语的意义上）就是对同与异的鉴别，“差异”是要点。《现代汉语大词典》对“比较”这个词给出的主要定义是：“根据一定的标准，在两种或两种以上有某种联系的事物间，辨别高下、异同。”

三、比较法的基本内涵

黎红雷（1989）认为比较本来是人类生活的基本技能（经验），“有比较，才能鉴别；有鉴别，有斗争，才能发展”，他把这一技能提升到方法论的高度，作为哲学社会科学研究的基本方法之一。比较法在其形成、发展和运用的过程中逐渐丰富起来。

吴岳峥（1987）认为比较是在相互联系的事物中认识事物的一种方法，它作为人类认识过程的一个重要机制，在方法论体系中具有显著的地位，是最普遍为人们所采用的一种方法，是人类认识中应用最广泛的一种思维方法，马克思把比较法誉为“理解现象之钥匙”。

方汉文（2004）认为人类在认识中观察到事物之间的同一性，也看到它们之间彼此对立与差异的关系，由此产生了比较法。比较法承认同一与差异是事物存在的特性，并且利用同一与差异的特性认识事物。无论是东方还是西方的先民，比较观念都是他们思维和逻辑的起点，并且成为他们以后认识事物的主要方法之一。

刘胜骥（2014）认为比较是对照各个对象，以便揭示它们的共同点和相异点的一种思维方法。人们从事比较研究，不外乎异中求同及同中求异，前者是在大量资料中发现其间的共同性，后者是发现其间的异质性。模拟则是结构性的比较研究。模拟包括因果模拟、性质模拟、关系模拟、仿生模拟、数学相似模拟、模拟相似模拟等类型。

随着全球化跨国交往的日趋频繁，对不同国家地区的经济、文化、政治进行比较分析的研究模式也越来越普遍，“比较”似乎已成为一个颇具共识性的研究方法（李国栋，2021）。

总之，“比较”不仅是科学研究最为贴近的形式思维方式，而且是科学研究不断推向深化，最终获得对研究对象存在的“本来”的理解的系统方法（邓坚阳，2006）。

四、比较法的分类

黎红雷（1989）把比较法分为多种类型，实际中也是多种类型综合使用，具体分为：针对比较对象时间上的历时性和共时性，分为纵向比较（比较同一对象不同时期的发展和变化）和横向比较（比较不同对象在同一时期的运作和表现）；针对比较对象空间上的同一性和差异性，分为同类比较（比较同类事物而揭示其相异之点）和异类比较（比较不同事物而揭示其相似之点）；针对比较对象系统的整体性和局部性，分为宏观比较（比较不同事物的整个系统）和微观比较（比较不同事物的各个组成部分）。

刘胜骥（2014）认为比较是了解和察觉信息的主要动作，比较法的焦点在于不同单位的相似性与相异性，比较的观点呈现了事物在内在联系上的水平差距、垂直差距、素质差距，以及典章文物、思想差距（见表 2–4）。

表 2–4　事物的可比性

比较	比较法	说明
时间可比性	事物的水平差距	所比较的数据、事实和情况应当是同时或同期的。
空间可比性	事物的垂直差距	比较要充分注意国家、地区、单位上的差别。
范畴可比性	事物的素质差距	比较事物的性质、层次和范围应当是相同的。
制度可比性	典章文物、思想差距	比较中外的典章文物或两种主义、思想与制度差异。

五、比较学科

19 世纪欧洲产生的“比较主义”思潮是指几乎同时产生的一些以“比较”来命名的学科，如比较解剖学、比较宗教学、比较语言学、比较文学等，其以研究对象的差异性与同一性关系为研究本位（方汉文，2005）。这些在“比较”意识基础上产生的比较主义学科，是一种思维方式变革的产物，比较法从日常生活的经验方法进入学术研究之中，成为比较学科的方法论。比较主义一些学科的内涵见表 2–5。

表 2–5　比较主义一些学科的内涵

名称	主要内涵
比较经济学	是对比研究不同社会制度或同一社会制度的不同国家经济理论、制度的学科，主要内容有：比较经济学的性质、历史和方法论，经济制度比较理论，经济结构比较理论，经济政策比较理论，经济增长比较理论，经济机制与模式比较理论等（章玉贵，2006）。张仁德（2001）认为比较经济学大体沿着两个方向进行新的探索：一个以组织为中心对经济体制进行比较研究；另一个以多样化的具体制度为中心展开经济体制的比较分析，即所谓“比较制度分析”。
比较政治学	主要研究一个以上国家的行为、机构、程序、思想和价值，试图寻找几个国家共有的规律、模式、共同点和不同点，从而揭示各种政治制度的基本性质、活动方式和信念，找出特殊的因素和普遍的因素。
比较文学	是以跨民族、跨语言、跨文化与跨学科为比较视域而展开的文学研究。
比较法学	是对不同历史时期或不同国家的法律进行比较研究的法学学科，确定不同法律的共同点和不同点，揭示各自本质、特征及发展规律。根据研究对象的具体化状况，可以分为比较宪法、比较行政法、比较刑法、比较民法、比较经济法、比较诉讼法等。
比较语言学	是把有关的各种语言放在一起加以共时比较或把同一种语言历史发展的各个不同阶段进行历时比较，以找出它们在语音、符号、词汇、语法上的异同与对应关系的一门学科。
比较宗教学	试图对不同宗教进行不偏不倚、真正科学的比较，从而使宗教研究跳出西方神学的桎梏，逐步发展为一门跨文化的具有交叉性和综合性的现代学科（冯梓琏，2020）。
比较区域研究	是一种将“比较”的方法运用到“区域研究”的新学术领域，其特殊性在于研究方法论的建构，具有逐渐走向新的学科建制的倾向（李国栋，2021）。包括“区域内比较”（比较区域内的实体）、“区域间比较”（将不同的区域作为分析与比较的单元 / 实体）和“跨区域比较”（比较来自不同区域的实体）。

第三节 产业政策比较方法

一、产业政策比较是比较公共政策研究的重要领域

制定和实施公共政策以应对特定问题是不同国家政府部门的共同功能，公共政策因其功能等价物意义为不同国家或地区间的比较奠定可比性基础，在特定背景中研究公共政策极为重要，比较法已成为公共政策研究的重要趋势（王丽萍，2022）。比较公共政策（Comparative Public Policy）是运用比较研究的方法来研究不同时间和辖区内的公共政策（张亲培等，2011）。具体而言：

①研究目的：获得关于政策设计、决策体制与政治体系的相关知识，以推动决策质量的提高和政策过程的优化。

②研究对象：所谓“政策”包括政府的正式政策产出和“非决策”现象。

③研究层级：跨地域、跨时期、跨部门、跨领域，如“跨国家”的比较，一国内部的不同地区之间、不同部门之间的比较，“超国家”的国际组织、区域之间的比较。

④研究角度：分为实质性政策内容的比较与宏观性政策过程的比较。

⑤具体方法：如共时性或历时性的多国样本比较、少量国家比较以及单一国家的历时性比较等。

比较公共政策包含产业政策。在产业政策研究中运用比较法，是比较公共政策研究的重要方法。截至 2023 年 8 月 15 日，在中国知网精准搜索篇名中含“政策”与“比较”的文章，共有学术期刊论文 4982 篇、学位论文 891 篇，包含了大量有关各种产业政策比较的研究成果。

二、产业政策在人工智能以外产业应用的基本情况

整体上看，产业政策比较方法在人工智能以外的产业应用得比较广泛，以下列举若干典型应用情景。

（一）科技政策比较

科技政策比较研究的目的是从各个国家或地区的科技发展实践所蕴含的规律中抽象出一般的理念、原则和操作方法，为科技发展实践服务（杜宝贵，2010）。研究重点是与科技政策相关的制度设计及其构架，大多以“结构功能分析方法”“历史分析方法”“案例分析方法”为基本研究方法。研究层次包括“单一政策描述式”（以客观介绍国外现行的科技政策为主，通过对一国具体科技政策的介绍，总结可供借鉴的政策建议）、“跨国政策比较式”（主要选择两个或两个以上国家的某一个或几个科技政策进行横向比较，这类研究比较多见）、“一国内地区间政策比较式”（特定国家或地区间的横向比较），以及“政策过程比较式”（以某一科技政策制定、执行、评估的整个过程为研究对象）。

（二）数字经济政策比较

在数据领域，蔡翠等（2022）运用归纳演绎方法，比较研究了中美两国跨境数据流动政策的演进历程和特征，认为两国对国家安全和商业利益的不同侧重、数据本地化措施背后的数据主权原则与数据自由流动政策背后的数字霸权是两国跨境数据流动政策的主要分歧；指出该分歧是两国各自数字实力、认知理念和地缘政治共同作用的结果；建议我国要在国内加强科技和产业体系建设，完善跨境数据法律法规制度建设，在国际培育国际动员能力，推动建设数字空间命运共同体。肖宛晴等（2021）比较研究了欧美数字主权与数字贸易政策，发现欧盟和美国数字贸易规则体现出的数字主权立场与信息全球化立场差异，具体表现在跨境数据流管控、对公民个人隐私保护方式及政府监管三大议题上，数字产业发展态势和政治策略、网络安全关切不同造成了双方数字贸易立场差异。

（三）通信技术产业政策比较

在第五代移动通信技术（5G）产业领域，许艺苹等（2021）运用二分类 Logistic 回归方法，比较研究了当前世界上 5G 技术发展较为先进的中国、美国、英国、韩国国家层面的 5G 产业政策，研究发现四国在政策目标的任务导向型、政策执行的中央及地方类别上差异性不显著，在政策工具的供给型、需求型和环境型使用类别上差异性显著，表明四国政府推进5G产业发展的目标非常一致但手段略有差别，针对我国现行的5G产业政策存在重供给、轻需求、轻环境的问题，建议强化安全管理、加大金融支持、构建网络空间共同体等。

（四）农业政策比较

在农业支持领域，郭琰等（2023）运用OECD政策评估体系，比较分析了发达经济体和新兴经济体（包括欧盟、美国、澳大利亚、日本、韩国、巴西、中国）的农业支持水平与支持政策结构变动，研究发现，我国农业支持强度与发达经济体相比仍有一定差距，农产品主要出口国由生产者支持转向消费者支持倾向显著，新兴经济体倾向于使用与生产挂钩的农业投入品政策，发达经济体侧重使用农业环境保护相关脱钩政策，发达经济体和新兴经济体较注重农业知识与创新、农业基础设施建设和维护以及农产品营销和推广等一般服务支持，我国一般服务支持的大部分投向公共储备和基础设施，建议我国加大农业支持力度、优化农业支持结构等。

（五）养老产业政策比较

毛子骏等（2021）构建了一个包含政策工具类别、ERG（existence，relatedness，growth）理论的二维养老政策工具理论分析框架，比较分析了中国、美国、日本、加拿大四国养老政策文本，发现四国在政策工具的运用上以供给型和环境型为主，老年人需求满足以生存满足为主；我国养老政策应当增加需求型政策工具的规划设计和强化应对老龄化观念的培养，发展适合老年人使用的信息技术，建设系统和完善的养老体系，以期实现“智慧养老”的美好愿景。

三、产业政策在人工智能产业应用的基本情况

截至2023年8月15日，在中国知网精准搜索，摘要中含“人工智能”“政策”与“比较”的学术期刊论文有156篇、学位论文有600篇、会议论文有

24篇；篇名中含“智能”“政策”与“比较”的学术期刊论文有24篇、学位论文有6篇。

周光伟等（2022）梳理了人工智能产业政策比较研究有关成果，其中篇名中含“人工智能”和“政策”的比较研究文献有曾坚朋等（2019）、章小童等（2019、2020）、王兆祥等（2020）、毛子骏等（2020）、李明等（2020）、单晓红等（2021）、汤志伟等（2019）、韩婷俐等（2020）、袁野等（2021A）、刘红波等（2018）、陈婧嫣等（2021）、贾开等（2018）、陈小亮等（2019）、刘进等（2021）、高杰等（2019）、江丰光等（2020）、张志新等（2019）、段世飞等（2019）、张涛等（2021）、金双龙等（2020）、袁野等（2018）、刘晓燕等（2020）、李良成等（2019）、宋伟等（2019）、李首骏（2020）等学者的研究；篇名中含“智能汽车”和“政策”的比较研究文献有王嫱（2018）的研究；篇名中含“机器人”和“政策”的比较文献有胡峰等（2019）、胡峰等（2020）的研究。

本书进一步补充了截至2023年9月15日的中国知网上人工智能产业政策比较研究文献，包括宋琪等（2022）、杨佳雯等（2022）、张成岗等（2023）的研究。

第四节　产业政策改进

与传统的人文社会科学不同，公共政策学不是一门纯基础研究学科，而是一门实践性、应用性很强的学科（陈振明，2004），比较公共政策归根结底是一门应用性社会科学（张亲培等，2011）。除政策制定部门在具体业务中把政策改进作为日常工作内容之外，一些学者还提出产业政策改进是目的，如：章小童等（2020）认为，政策分析旨在通过科学的方法来探究已有政策中可能存在的不足或需完善的地方；公共政策学的强大生命力在于其紧密地面向实践，来源于实践，又为实践服务（陈振明，2004）；现有人工智能产业政策属于缺乏大量创新与运用实践情形下的先导性政策，在后期要按照“实践摸索中改进”的原则进行重新审视与调整（王兆祥等，2020）。周光伟等

（2022）把政策改进作为公共政策比较研究的根本导向，提出政策改进导向的基本要求是把政策比较研究的最终目的定位为完善被比较对象现行政策文本具体条款，对优化被比较对象的政策实践可以进行直接指引，改进后的政策能够比现行政策更有效地促进产业高质量发展，政策比较研究过程要满足政策改进导向要求，进而形成相对完整且均衡的政策比较研究内容体系。

第五节 现有研究成果

周光伟（2020）把深圳市人工智能产业政策作为被比较对象，将其与国内外其他人工智能产业政策（比较对象）进行横向比较分析，以改进深圳市人工智能产业政策。周光伟采用学术界使用最为普遍的 Roy Rothwell 和 Walter Zegveld（1988）对政策工具条款的分类，将政策工具分为了供给侧、需求侧、环境侧三类，梳理形成被比较政策文本具体条款。比较对象主要包括领先国家的产业政策（主要是美国）、上级部门的产业政策（主要是国家和广东省）、具有同类可比城市的产业政策（主要是北京、上海、广州）。对国际国内人工智能产业典型政策工具文本内容中有、深圳市人工智能产业政策工具文本内容中无的内容（“有—无”的差异性文本内容）进行合理性分析，并基于合理性分析将这一差异化政策工具文本内容转化为深圳市人工智能产业政策文本具体条款改进的建议，最终提出供给侧方面 4 条、需求侧方面 4 条、环境侧方面 5 条建议。

第三章　命题合理性分析

判断“深圳市人工智能产业政策改进”命题是不是真命题，需要进行命题合理性分析，即真伪辨析，从而奠定该命题研究的理论和逻辑基础。所谓伪命题，是指不真实的命题。所谓不真实，有两种情况：一是不符合客观事实；二是不符合一般事理逻辑和科学道理。真命题则与之相反，是指既符合客观事实，又符合一般事理逻辑和科学道理的命题。本书基于内部逻辑、证伪主义、政策比较方法三个观照视角对该命题合理性展开论证。

第一节　基于内部逻辑的观照

命题是指对事物的陈述，是一种思维形式，具体来说，就是对研究对象有所断定的思想。根据现有研究成果，该命题可以理解为产业政策改进这一行为具有存在性，或者说产业政策应该考察改进问题，或者说深圳市人工智能产业政策存在某种不足而需要进行某种改进的问题，或者说深圳市人工智能产业政策与产业政策理论所定义的产业政策相比，具有不能被忽视的差异。概括地说，该命题是指深圳市人工智能产业政策存在促进产业发展的功能不足或者不能已知是否达到了最高经济效率的问题。一般而言，深圳市人工智能产业政策本应该达到最高经济效率的水平。如果其已经达到最高经济效率，那么即使该命题成立，也没有研究的价值和必要性，因为这只是对一个常识或现状进行了论证而已。然而其促进功能不足，就需要进行更加深入的考察。

该命题具有内部逻辑的基本一致性。一般而言，经济学的概念是反映经济矛盾本质属性的思维形式，反映着经济过程各种规定性的统一，具有科学、明确的内涵和外延两种属性，其内涵是指特定范围的经济矛盾本质属性的规定，外延则是对概念反映的对象范围及其数量关系等的规定。根据周光伟等（2022）的改进导向下的产业政策比较分析框架，产业政策比较研究遵循相对合适的基本逻辑：对现有基本成果进行述评之后，基于政策比较研究的基本范式，将比较过程细分为更均衡着力、环环相扣的关键阶段，包括选择具有先进性的政策比较文本、具有标杆性的政策比较主体、具有科学性的政策比较方法，开展具有因果性的政策比较结果分析，最后形成具有适宜性的政策比较对策建议，对政策文本具体条款进行改进。依据现有研究成果，对于该命题，可以基本判定，其研究形式相对规范，研究逻辑层层推导，可以形成一个相对严密的逻辑闭环，尤其是产业政策改进这一概念可基本形成一个理论与监管部门实践相融合的体系，能反映相应人工智能产业经济运行矛盾的某些本质属性，具有相对明确的研究边界，也不存在显见的逻辑谬误，即该命题具有内部逻辑一致性。

第二节　基于证伪主义的观照

一、证伪主义方法论

波普尔的“证伪主义”是指认该命题具有合理性的重要方法论依据（波普尔，1986；赵磊，2011）。波普尔提出，普遍的经验陈述虽然不能“证明其正确”，但可以通过反驳它们的一系列尝试而得到检验，科学规律虽然不能被“证实”，但可以被“证伪”（反驳），总括起来说，衡量一种理论的科学地位的标准是它的可证伪性，或可反驳性，或可检验性。自 20 世纪 80 年代以来，随着波普尔的“证伪主义”在中国成为显学，“能证伪的才是科学的”“可检验性，或可证伪性，或可反驳性”已然成了理论或命题是否“科学”的权威标准。“证伪”原则可以实现的关键因素有三点：

①“可证伪”以经验检验为基础。既然对猜测或假说进行检验要依赖“重复的观察和实验”，那么“证伪”就并不仅仅是抽象的、思辨的行为，而是具有鲜明经验色彩的实践活动。

②“可证伪”是指方法和手段的可证伪。如果“可证伪”必须以经验检验为基础，那么实现经验检验的方法和手段就必须是“公认的”或科学意义上的，而不是“唯我”的（自我认定的）。

③“证伪主义”是“实证主义”下的一个“蛋”。对科学理论或假说的任何“证伪”，都只能通过以观察和实验为基础的“证实”来完成，因为任何“证伪”都必须以已经验证（其实就是“证实”）的知识为前提。没有“证实”，就不会有“证伪”。

简言之，科学理论的本质是可证伪性，即可能被哪怕是少量的事实推翻却没有被推翻。

二、该命题具有不可证伪性

结合该命题，可证伪性是指是否能够找到实践或经验证据表明深圳市人工智能产业政策是已知达到最高经济效率了，或促进产业发展的功能达到最大化了，关键为在经济学分析框架内是否具有支持性（或反驳性）的鲜明经验色彩的实践活动，如果没有支持性（或反驳性）的相应证据，那么该政策只能属于形而上学，没有任何“科学含量”。

证明达到最高经济效率或促进产业发展的功能达到最大化，是有某种测量方法下的客观证据的。经过对深圳市人工智能产业政策及相关资料的分析，本书并没有找到其促进功能达到最大化的经验证据，相反，现实中很多实践表明其促进功能存在不足。经验证据的主要类型有产业发展问题、直觉和常识等，其表现形式有客观现实、社会舆论和研讨观点等，并据此进行逻辑启发和延展。

产业发展存在问题是指用来证认（corroborate）该命题合理性直接而有力的事实和经验证据，说明产业政策的促进功能尚存在不足。例如，深圳市人工智能产业协会（2022）对数百家企业调研后总结出全市人工智能产业发展的问题主要有：基础技术创新能力不足，亟待加大研发投入力度；专业的 AI 园区建设不足，亟须聚合形成产业集群；人工智能人才支撑不足，亟须加强培养和引进；政策措施落地效果不足，亟须政策监管多元化；国际化生态体系建设不足，亟须建立国际化战略；AI 独角兽企业培育不足，亟须加大发现和培育力度。

“直觉”按照《美国传统词典》的解释是“未经过理性的论证过程便能知道或感觉的行为或能力”，“常识”是没有专业知识的合理判断。[①] 直觉和常识是一种不容易被明确表述的证据，但对直觉和常识有着起码的尊重，有助于打破理论霸权和感知本质。有关专家的“评审”意见[②]支持开展深圳市人工智能产业政策改进研究。在日常与产业监管部门工作人员、企业从业人员的接触中，笔者发现，一个常见的提法是政府应当进一步加大对人工智能产业和企业的支持力度。这些非研究性和带有一定研究性的看法，都表达出深圳市现行人工智能产业政策存在某种问题的直觉和常识性判断，这些集体性判断也提供了一种支持性的佐证。

可见，立足深圳市丰富的人工智能产业实践活动和专业理论成果，开展该命题研究，构建产业政策改进研究体系，有助于丰富和发展深圳市人工智能产业政策理论，解释和分析全市人工智能产业发展过程中出现的一些问题和“奇迹”，进而深化认知全市人工智能产业增长实践，形成更为系统、科学的判断。总之，经验证据不是否定该命题，而是支持和肯定了该命题，使其具有不可证伪性，可以被看作得到证认，并且暂时被接受。

---

① *American Heritage Dictionary*：Intuition: The faculty of knowing or understanding something without reasoning or proof. Common Sense: Sound judgment not based on specialized knowledge.https://www.ahdictionary.com/（2023-10-04 登录）。

② 本书得到广东省教育厅2021年度普通高校重点科研平台和项目“深圳市人工智能产业政策改进研究”支持，顺利通过了课题遴选论证过程；《深圳经济发展报告（2020）》编委同意收录同类主题论文《基于国际国内比较的深圳市人工智能产业政策改进研究》。此外，《科技和产业》编辑部支持刊发了《改进导向下人工智能产业政策比较研究》，肯定了人工智能产业政策改进这一研究主题。

第三节　基于政策比较方法的观照

本书的相关研究是政策比较方法在特定背景中的具体应用，这一特定背景符合政策比较方法的逻辑要求和实施要求。现有文献表明，比较公共政策研究所基于的政策比较方法在理论上和实践上已被普遍接受。本书背景的特定性主要表现在：一是政策领域具有特定性。主要针对产业政策进行比较，其他政策领域不涉及，仅围绕已出台产业政策的具体条款开展针对性的系统比较分析。二是产业领域具有特定性。主要针对人工智能产业。根据《深圳经济特区人工智能产业促进条例》，人工智能产业是指与人工智能相关的软硬件产品研究、开发和生产、系统应用、集成服务等核心产业，以及人工智能在民生服务、社会治理、经济发展等领域融合应用带动的相关产业。三是城市主体具有特定性。以深圳市作为被比较的城市主体，其他国家/地区、国内城市作为比较的主体，突出了深圳市这个具体主体与其他主体的差异性。四是研究目的具有特定性。以政策改进为研究目的，得出的结论主要是针对深圳市人工智能产业已有政策文本具体条款进行改进的建议，这是一个以更突出的应用价值为具体导向的研究。

第四章　改进导向下的产业政策比较分析一般框架

本书参照周光伟等（2022）在《改进导向下人工智能产业政策比较研究》提出的改进导向下的产业政策比较分析框架，按照政策比较文本要具有先进性、政策比较主体要具有标杆性、政策比较方法要具有科学性、政策比较结果分析要具有因果性、政策比较对策建议要具有适宜性的基本要求，开展基于比较方法的深圳市人工智能产业政策改进研究。

第一节　政策比较研究的基本范式：五大模板

比较公共政策的研究范式基本稳定，学者们通常关注这些政策有何不同、为何不同这两个主要研究问题[①]（Kuhik Gupta，2012）。在现有文献中，比较公共政策研究大体上可以分为描述和对策两大部分，描述是比较分析完整过程，对策是基于比较分析完整过程而提出的对被比较对象现行政策文本具体条款的改进建议。具体步骤为：第一步是选择被比较对象和比较对象的政策文本，即选择典型政策主体发布的典型政策文本；第二步是确定比较方法，选择由若干维度或评价方法组成的比较分析框架，筛选出具有差异性的政策文本具体条款；第三步是对具有差异性的政策文本具体条款进行原因分析，

① 原文是The first type of research is characterized by its use of the comparative method to answer two primary research questions：How do policies differ across countries，and why do they diverge?

并提出政策改进的对策建议。其中，由于被比较对象的政策文本是首要被选中的研究对象，围绕其才能选择合适的比较对象，可以进一步将比较公共政策研究思路细分为五大模块：一是政策比较文本选择；二是政策比较主体选择；三是政策比较方法选择；四是政策比较结果分析；五是政策比较对策建议。各部分相互衔接、逻辑连贯，构成完整的政策比较研究范式。

第二节　改进导向对政策比较文本选择标准的基本要求

需要改进的政策文本是被比较对象的，可以称为被比较文本。相应地，为了使被比较对象的被比较文本得到改进而可以被用来参照对比的政策文本是比较对象的，可以称为比较文本。之所以要区分被比较文本和比较文本，是因为比较过程实施的目的是被比较文本实现改进，区分出两种文本之后即可在比较过程中分清研究结论的针对性和有用性。

改进导向对政策被比较文本的选择没有基本要求。这是因为不管被比较文本的质量和水平如何，都具有改进的空间，不同的只是质量和水平较低的被比较文本在与比较文本比较后所对应输出的改进建议一般会多一些，反之少一些。就被比较对象而言，所选择的被比较文本中也一定含有对其自身而言具有先进性的文本，虽然可能这种先进性相对比较文本是偏低的，但是在本地同类文本中依然是相对具有先进性的。因此在对被比较文本没有基本要求的情况下，一个直接的办法——选择被比较对象在实际实施中常用的文本。

改进导向对政策比较文本的选择有基本要求，要求政策文本要具有先进性。先进性强调政策比较文本自身要达到某种高质量和高水平的状态。只有具有先进性的外地（被比较对象之外的其他地方）比较对象的政策文本，才能指引在被比较对象本地最具有先进性的被比较文本实现某种可能的改进。因此政策比较文本选择要突出先进性，要把先进性作为具体的选择标准，基于选择标准建立符合先进性要求的国内外政策文本库。

就产业类别是同一种还是多种的问题，政策被比较文本所对应的产业往往是同一个产业，也就是被比较对象就同一个产业所出台的产业政策文本；

而政策比较文本可能是同一产业，也可能是其他产业的，政策文本具有先进性，对政策被比较文本的改进具有借鉴意义即可。

第三节 改进导向对政策比较主体选择标准的基本要求

政策被比较对象是比较公共政策研究中的特定要素之一，是研究主题设计的原点，如本书中的深圳市就是政策被比较对象。任何一个特定的政策被比较对象都可以作为特定背景，形成一个研究主题。一个主体在所有方面都完全超越其他同类对象，在理论上是存在的，进而使其不需要与其他同类对象开展任何形式的比较研究，但这种“完全超越”的状态在现实中很难得到有效判断，换言之，任何一个主体都可以且有必要成为政策被比较对象，都可以作为一个研究主题设计的原点，因此对其选择也就没有基本要求。

改进导向对政策比较主体的选择有基本要求，即政策主体要具有标杆性。一方面，标杆是产业政策文本中制定发展目标的常用语，比如，《深圳市建设人工智能创新应用先导区实施方案》提出“打造具有全国示范效应的人工智能发展标杆”，《深圳市新一代人工智能发展行动计划（2019—2023 年）》提出“将一批特色开放创新平台打造成为行业标杆”“开放创新平台成为引领人工智能发展的标杆”“形成细分领域行业标杆”。另一方面，此处的“标杆”与标杆管理中的“标杆”可以同义。标杆管理是以在某一项指标或某一方面实践上竞争力最强的企业（产业或国家）或行业中的领先企业或组织内某部门为标杆，将本企业（产业或国家）的产品、服务管理措施或相关实践的实际状况与这些标杆进行定量化评价和比较，分析这些标杆企业（产业或国家）的竞争力最强的原因，在此基础上制定、实施改进的策略和方法，并持续不断反复进行的一种管理方法（孔杰等，2004）。

标杆性强调政策比较主体自身的发展要达到某种高质量和高水平的状态。政策比较主体要突出比较对象对被比较对象的标杆性，比较对象要成为被比较对象模仿学习的标杆，从而促进被比较对象改进。政策比较主体标杆性实际上是对政策比较文本先进性的不可或缺的补充或保障，其背后隐含的逻辑是发展水平高低与政策文本质量高低存在某种显著的正相关性，甚至具有某种程度的因果性，也就是认为发展水平高的主体所制定的产业政策文本是具有先进性的，具有先进性的产业政策文本促进产业实现了更高水平发展。

产业政策比较对象可以从两个层面理解。一是在产业层面属于同一产业还是不同产业。能够在比较借鉴中促进被比较对象加快发展的比较对象可以是同一产业的，也可以是不同产业的。当被比较对象的政策被比较文本选择好之后，针对政策文本所指向的产业类别是确定的某一个产业，政策比较主体则可以是对应的政策被比较文本所指向的产业类别，二者保持一致，这样具有标杆性的政策比较主体就是同一产业发展水平更高的其他地方。此外，一个或多个不同的但发展水平更高的产业，也可能对被比较对象要比较的某一个产业发展有指导意义，这个或这些不同的但发展水平更高的产业可能是本地的，也可能是外地的。

二是空间层面是属于同一行政区划，还是不同行政区划。行政区划是国家为便于行政管理而分级划分的区域，我国分为省级行政区、地级行政区、县级行政区、乡级行政区。行政区划的不同在大体上决定了所拥有的产业资源配置权力的不同，以及所形成的产业政策制定逻辑的不同，因此在政策比较时往往选择同一类行政区划。需要注意的是，同一类行政区划的本质是产业资源配置权力的同等性或相似性，不是简单机械地选择行政区划，要结合实际情况详细判断某一个行政区划的产业资源配置权力。

一个具有标杆性的政策比较主体是产业资源配置权力相当以及同一产业或不同产业发展水平更高的同一类行政区划。

第四节　改进导向对政策比较方法选择标准的基本要求

当政策比较主体和政策比较文本选择好之后，所形成的是两部分准备比较的政策文本，一部分是被比较对象的政策文本，另一部分是比较对象的政策文本，每一个政策文本都有其具体条款。如果要达到改进导向下对被比较对象政策文本具体条款能够输出具体建议的程度，就需要选择具有科学性的比较方法。政策比较方法选择要可以直观地展示被比较对象和比较对象之间的政策文本具体条款差异性（这也是政策改进的潜在点），包括定性和定量方法，要能够建立科学性尽可能强的政策比较分析框架，科学性强调在政策比较文本达到先进、政策比较主体是标杆的前提下比较方法要科学。比较方法有效性的不同程度与需要得出政策文本具体条款差异性的不同程度相适应。政策文本具体条款差异性是偏宏观的，就对应使用可以输出偏宏观差异的比较方法，与之相同，政策文本具体条款差异性是偏微观的，就对应使用可以输出偏微观差异的比较方法。

需要指出的是，政策文本具体条款相同性也可能是被比较对象和比较对象政策改进的共同潜在点（也就是产业政策共同的不足），但通过政策比较方法无法输出这些相同点，因为在政策比较方法下相同点往往被认为是共同先进的具体条款，没有改进的必要。此外，无法直接判断是不是共同落后的具体条款。要想判断是不是共同落后的具体条款，就需要采用其他研究方法，但这些研究方法已经不属于比较研究。

第五节　改进导向对政策比较结果分析标准的基本要求

使用宏观比较方法或微观比较方法，被比较对象的政策文本与比较对象的政策文本之间的差异性和相同性显示出来。针对其中的差异性比较结果需要分析其产生的原因。因果分析主要解决“为什么”的问题，简单地说，就是寻找能够引起一定事物的另一事物是什么。政策比较结果分析要全面系统地解释造成被比较对象和比较对象之间政策文本具体条款差异这一结果的主要原因，能够在差异性结果中进一步缩小范围，形成因果性尽可能清晰的差异性政策文本具体条款，而被比较对象可以改变的原因指明了其自身政策需要改进的基本方向。因果性强调每一个具有差异性的政策文本具体条款都需要有原因解释。之所以要对差异性结果进行因果性分析，是因为有些差异性结果是符合被比较对象实际的和合适的，因而不应是被改进的潜力点，否则就是简单机械对比，认为被比较对象需要对所有差异性的地方进行改进。

识别原因是一个复杂的哲学问题、理论问题和实践问题，一般认为原因可以分为内部原因和外部原因、主要原因与次要原因、显在的原因与潜在的原因、正常原因与关键原因、立竿见影的原因和潜移默化的原因、稳定的原因和多变的原因、基础性原因和终结性原因、必然原因和偶然原因。[①]本书要研究寻找形成某个政策文本具体条款内容差异的政策部门的考量有哪些。

第六节　改进导向对政策比较对策建议标准的基本要求

产业政策比较分析至此形成了因果性尽可能清晰的差异性政策文本具体条款，我们需要从中输出政策比较对策建议，以改进被比较对象的政策文本。政策比较对策建议要结合需要改进的政策主体实际情况，按照明确的标准筛选并分析可借鉴性（作为确保对策科学的方法），将适宜“本地化”的差异性政策文本具体条款转化提升为政策改进的具体对策建议。适宜性强调对因果性清晰的差异性政策文本具体条款提出学习、模仿的充分性和必要性。简单地说，被比较对象有充分的产业资源配置权力、丰富的产业资源优势，进而可以改变具有差异性的政策文本具体条款，这才是适宜性的政策比较对策建议。

第七节　一般框架示意图

综合以上分析，改进导向下的产业政策比较分析一般框架如图 4–1 所示。第一层逻辑是现行政策制定和产业发展的关系，产业发展是制定现行政策的现实基础，现行政策可以有效促进产业发展。第二层逻辑是政策比较，如果政策比较分析过程同时满足政策比较文本具有先进性、政策比较主体具有标杆性、政策比较方法具有科学性、政策比较结果分析具有因果性、政策比较

---

① 《原因的类别》，参见 https://zhuanlan.zhihu.com/p/433053985（2023–10–17 登录）。

对策建议具有适宜性的基本要求，那么通过比较就可以把现行政策的质量和水平进一步提升，使其成为改进后的新政策。第三层逻辑是改进后的新政策可以更有效促进产业发展，这样政策比较研究的目的也就达到了。

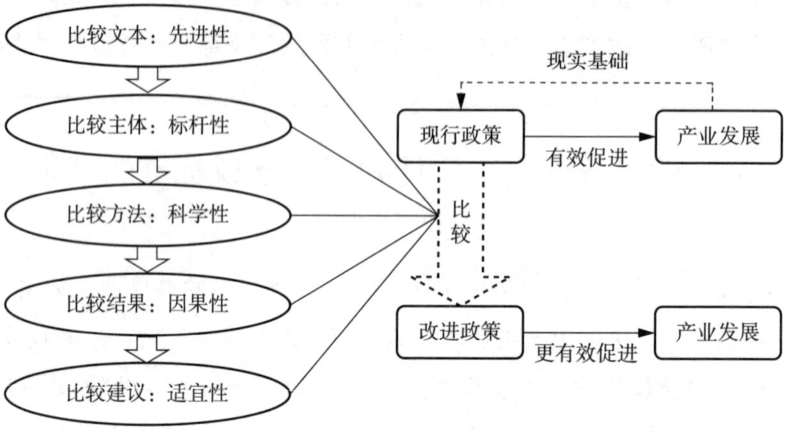

图 4-1 改进导向下的产业政策比较研究分析一般框架示意

第五章　基于先进性要求的深圳市人工智能产业政策比较文本选择

本书把深圳市人工智能产业“1+2+3”专项政策文本作为被比较文本，同时在现有文献中选择的政策比较文本的基础上提出了先进性的具体标准，据此选择了国内五市 14 个政策文本、美国 4 个政策文本作为深圳市之外的先进政策比较文本。

第一节　政策被比较文本和比较文本选择的一般方法

一、现有文献中选择的政策文本基本情况

现有文献中人工智能产业政策文本来源比较统一，主要是在北大法宝数据库、政府机构官方网站等公开渠道上检索“人工智能”“智能”“大数据”“互联网 +”等关键词获取（韩婷俐等，2020）。用于比较的政策文本分类如下：

（一）从政府和民间角度看

政策文本包括政府文件和对政府有指导作用的民间报告，主要是政府文件，民间报告较少，比如毛子骏等（2020）把政府委托研究团队编撰的《法国与欧洲人工智能战略研究报告》作为政策比较文本。

（二）从政策文本具体条款逐步细化的角度看

现有文献中所使用的政府文件主要包括产业发展战略、发展规划、指导意见、实施意见、实施方案、行动方案、行动计划、若干政策等多种形式。此外，法规作为政策形式尚未被提及（截至2023年9月15日），这是因为我国首部人工智能产业专项立法——《深圳经济特区人工智能产业促进条例》于2022年9月5日正式公布、11月1日起实施。

根据《党政机关公文处理工作条例》，通知适用于在一定范围内公布应当遵守或者周知的事项，并不一定都是上级要求下级遵守的事项，国家和地方各政府部门都可以用通知的公文形式印发各类形式的政策文本。因此部分文献对通知这一类型公文的分类存在不妥。比如：李明等（2020）把通知作为单独政策形式，其与规划等政策形式比较存在原则性和灵活性差异；单晓红等（2021）认为通知用语均为“命令执行”；王萌等（2021）将所有政策文本分为规划、计划、纲要、意见、方案、细则、措施、通知以及政策，并按照可操作性分为五大类，其中发展规划类（规划、计划、纲要）和指导意见类（意见）可操作性较弱，管理办法类（方案）可操作性较强，实施细则类（细则、措施、通知）可操作性强，条例法规类（政策）可操作性弱；费艳颖等（2021）把正式且公开发布的法律法规、战略、规划、纲要、指导意见、指南、行动计划、方案、通知、公告、办法、条例等作为政策文件。

（三）从涉及人工智能的程度看

政府文件可以细分为仅针对人工智能产业的专项政策，以及部分条款涉及人工智能产业的综合政策，其中综合政策数量极少。比如，《中国制造2025》（国发〔2015〕28号）是综合政策，其中涉及智能制造、机器人等多个人工智能细分领域。李雨青（2021）要求政策文本中的政策内容必须与人工智能直接相关，政策标题必须包含“人工智能”“人工智能风险”“人工智能安全”，此处是指专项政策。王萌等（2021）按照专项政策和综合政策的类型划分标准，将政策文件划分为核心文件（在形式上其标题涵盖“智能制造”，在内容上属于智能制造的顶层设计，或围绕智能制造的某一部分进行工作部署）和支撑文件（标题没有涉及“智能制造”，但政策内容中有相当篇幅提到将智能制造作为基础设施或支撑技术，推动区域某类应用或产业生态的发展）两类。袁野等（2021A）则从国家战略性新兴产业、人工智能技术领域寻找政策样本。

（四）从有效期看

政府文件包括尚处于有效期的政策和不在有效期的政策，以处于有效期的政策为主。其中，不在有效期内的政策类似于陈振明（2004）所定义的政策终结的政策，政策终结即政策决策者采取必要的措施，以中止那些过时的、多余的、不必要的或无效的政策或项目的一种政策行为，终结方式主要包括政策废止、政策替代、政策合并、政策分解、政策缩减、政策的法律化。

部分文献明确把“现行有效”作为选择政策文本的标准之一（刘红波等，2018；单晓红等，2021；宋琪等，2022；袁野等，2021B），其中袁野等（2021B）明确提出已废除的或已过有限期的政策文本均不在选取范围。

少数政策文本在收稿时点之前已经不在有效期，比如《“互联网 +”人工智能三年行动实施方案》（发改高技〔2016〕1078 号）的有效期是 2016—2018 年，但汤志伟等（2019）、毛子骏等（2020）的收稿时点均在 2019 年。有的文献只提及发文时间，比如王萌等（2021）选择从 2015 年到 2020 年 3 月由各省、自治区、直辖市地方政府出台的政策文件，张成岗等（2023）选择 2016—2020 年出台的政策文件；或只提及发布时间，比如，赵顺龙等（2022）选取 2010—2018 年各官方网站发布的政策文件，费艳颖等（2021）则以 2015—2020 年为检索年限。政策比较文本选择具体举例见表 5–1。

表 5–1　政策比较文本选择具体举例

序号	政策名称	类型	代表文献
1	美国《国家人工智能研究和发展战略计划》、德国《联邦政府人工智能战略要点》	发展战略	陈小亮等（2019）
2	《中国制造 2025》（国发〔2015〕28 号）	发展规划	毛子骏等（2020）
3	《新一代人工智能发展规划》（国发〔2017〕35 号）	发展规划	张涛等（2021）
4	《北京市加快科技创新培育人工智能产业的指导意见》（京发〔2017〕27 号）	指导意见	

续表

<table>
<tr><th>序号</th><th>政策名称</th><th>类型</th><th>代表文献</th></tr>
<tr><td>5</td><td>《关于本市推动新一代人工智能发展的实施意见》（沪府办发〔2017〕66 号）</td><td>实施意见</td><td rowspan="4">张涛等（2021）</td></tr>
<tr><td>6</td><td>《甘肃省新一代人工智能发展实施方案》（甘政办发〔2018〕151 号）</td><td>实施方案</td></tr>
<tr><td>7</td><td>《河南省新一代人工智能产业发展行动方案》（豫政办〔2018〕85 号）</td><td>行动方案</td></tr>
<tr><td>8</td><td>《天津市新一代人工智能产业发展三年行动计划（2018—2020 年）》（津政办发〔2018〕40 号）</td><td>行动计划</td></tr>
<tr><td>9</td><td>《天津市关于加快推进智能科技产业发展的若干政策》（津政办发〔2018〕9 号）</td><td>若干政策</td><td>袁野等（2021A）</td></tr>
</table>

二、现有文献中政策被比较文本和比较文本的选择标准

大多数文献中的政策被比较文本和比较文本没有区分各自的选择标准。少数文献对所涉及的人工智能产业政策文本的选择标准有相应简要概括，如毛子骏等（2020）提出了公开性、相关性和权威性三个标准。权威性标准是指该政策文本在某国人工智能政策体系中最具代表性、意义重大，但文章没有展开阐述某一个政策如何才达到最具代表性、意义重大的具体标准。此外，从现有文献中选择用于比较的政策文本分类可以看作基本体现公开性、相关性标准。荆晶（2021）的筛选原则是全面性（截至 2019 年 9 月 19 日内容中包含“人工智能”一词的所有政策文本，但剔除与人工智能产业发展关联性不强的）、权威性（国家层面以及联邦政府层面）、公开性（公开发布）。赵顺龙等（2022）的筛选原则是公开性（公开发布）、权威性（各国中央政府或直属机构）和代表性（政策内容中明确提到智能装备产业）。余川江等（2021）遵循代表性和有效性的原则，选择切实围绕“集群”逻辑的国家层面智能制造产业政策，但并未展开阐述代表性和有效性的具体要求。刘红波等（2018）还剔除了《高等学校人工智能创新行动计划》等属于细分领域，而非人工智能产业整体发展的政策文本。张成岗等（2023）遵循公开、权威及相关性等原则。

第二节　被比较文本来源：深圳市人工智能产业政策

一、深圳市人工智能产业“1+2+3”专项政策

深圳市处于有效期（有效期是2022年12月及以前的，属于不在有效期，有效期是2023年1月及以后的，属于在有效期）的人工智能产业政策主要有6个，形成“1+2+3”基本框架，其中“1”是人大立法1个——《深圳经济特区人工智能产业促进条例》，“2”是市委或市政府规划2个——《深圳市新一代人工智能发展行动计划（2019—2023年）》《深圳市加快推动人工智能高质量发展高水平应用行动方案（2023—2024年）》，“3”是指产业主管部门分别出台的3个规划（见表5-2）。

表5-2　深圳市人工智能产业典型专项政策

序号	政策名称	发布时间	发布机构	有效期
1	编号SZ1：深圳市第七届人民代表大会常务委员会公告（第六十四号）：《深圳经济特区人工智能产业促进条例》	2022年9月5日	深圳市第七届人民代表大会常务委员会	持续
2	SZ2：《深圳市人民政府关于印发新一代人工智能发展行动计划（2019—2023年）的通知》（深府〔2019〕29号）	2019年5月10日	深圳市人民政府	到2023年
3	SZ3：《深圳市发展和改革委员会关于印发〈深圳国家级人工智能产业集群建设实施方案〉的通知》（深发改〔2020〕415号）	2020年7月5日	深圳市发展和改革委员会	到2025年
4	SZ4：《市工业和信息化局关于印发〈深圳市推进新一代人工智能加快发展实施方案（2020—2023年）〉的通知》	2020年11月25日	深圳市工业和信息化局	到2023年

续表

序号	政策名称	发布时间	发布机构	有效期
5	SZ5:《深圳市科技创新委员会关于印发〈深圳建设国家新一代人工智能创新发展试验区实施方案（2020—2023 年）〉的通知》（深科技创新〔2020〕272 号）	2020 年 12 月 3 日	深圳市科技创新委员会	到 2023 年
6	SZ6:《中共深圳市委办公厅　深圳市人民政府办公厅关于印发〈深圳市加快推动人工智能高质量发展高水平应用行动方案（2023—2024 年）〉的通知》	2023 年 5 月 31 日	中共深圳市委办公厅、深圳市人民政府办公厅	到 2024 年

二、深圳市人工智能产业细分领域 12 个政策

深圳市处于有效期的人工智能产业细分领域政策主要有 12 个（见表 5-3），其中智能网联汽车政策体系最全面，包括人大立法 1 个、政府规划 1 个、政府扶持 1 个；此外是人工智能小镇（园区）政府规划 1 个、国家级智能制造装备产业集群政府规划 1 个、智能终端智能机器人产业政府规划 1 个、智能传感器产业政府规划和扶持各 1 个、场景应用政府规划 1 个（健身设施）和规范性文件 1 个（多功能智能杆）、示范项目政府扶持 2 个 [人工智能创新应用示范项目、新兴产业扶持计划（人工智能）拟资助项目]。

部分细分领域政策在全国具有率先性，比如《深圳经济特区智能网联汽车管理条例》是国内首部关于智能网联汽车管理的法规，首次对智能网联汽车的示范应用、准入登记、上路行驶、网络安全、事故处理、法律责任等事项做出具体规定；《深圳市多功能智能杆基础设施管理办法》是国内首部多功能智能杆领域的规范性文件。

表 5-3　深圳市人工智能产业细分领域典型政策

序号	领域	政策名称	发布时间	发布机构	有效期
1	智能网联汽车	深圳市第七届人民代表大会常务委员会公告（第五十五号）:《深圳经济特区智能网联汽车管理条例》	2022 年 6 月 30 日	深圳市第七届人民代表大会常务委员会	持续

续表

序号	领域	政策名称	发布时间	发布机构	有效期
2	智能网联汽车	《深圳市人民政府办公厅关于印发深圳市推进智能网联汽车高质量发展实施方案的通知》（深府办函〔2022〕112 号）	2022 年 11 月 6 日	深圳市人民政府办公厅	到 2025 年
3	智能网联汽车	《深圳市发展和改革委员会关于印发〈深圳市关于支持智能网联汽车发展的若干措施〉的通知》（深发改〔2020〕297 号）	2020 年 5 月 20 日	深圳市发展和改革委员会	到 2025 年
4	园区	《市工业和信息化局关于印发〈深圳市人工智能小镇（园区）建设工作方案〉的函》	2020 年 7 月 27 日	深圳市工业和信息化局	到 2023 年
5	智能制造	《深圳市发展和改革委员会关于印发〈深圳国家级智能制造装备产业集群建设实施方案〉的通知》（深发改〔2020〕416 号）	2020 年 7 月 3 日	深圳市发展和改革委员会	到 2025 年
6	智能终端	《深圳市工业和信息化局　深圳市发展和改革委员会　深圳市科技创新委员会关于发布〈深圳市培育发展智能传感器产业集群行动计划（2022—2025 年）〉的通知》	2022 年 12 月 1 日	深圳市工业和信息化局、发展和改革委员会、科技创新委员会	到 2025 年
7		《市工业和信息化局关于印发〈深圳市关于推动智能传感器产业加快发展的若干措施〉的通知》	2022 年 12 月 1 日	深圳市工业和信息化局	到 2027 年
8		《深圳市工业和信息化局　深圳市发展和改革委员会　深圳市科技创新委员会关于发布〈深圳市培育发展智能机器人产业集群行动计划（2022—2025 年）〉的通知》	2022 年 6 月 6 日	深圳市工业和信息化局、发展和改革委员会、科技创新委员会	到 2025 年
9	场景应用	《关于印发〈深圳市实施全民健身设施智能化提升工作方案（2020—2025 年）〉的通知》（深文〔2020〕126 号）	2020 年 8 月 3 日	深圳市文化广电旅游体育局	到 2025 年
10		《深圳市人民政府关于印发深圳市多功能智能杆基础设施管理办法的通知》（深府规〔2021〕3 号）	2021 年 3 月 1 日	深圳市人民政府	到 2026 年

续表

序号	领域	政策名称	发布时间	发布机构	有效期
11	示范项目	《市工业和信息化局关于征集人工智能创新应用示范项目（第二批）的通知》	2021 年 7 月 23 日	深圳市工业和信息化局	持续 + 按批执行
12		《市工业和信息化局关于 2022 年新兴产业扶持计划（人工智能）拟资助项目公示的通知》	2022 年 10 月 28 日	深圳市工业和信息化局	持续 + 年度执行

三、不在有效期的其他 6 个政策

截至 2022 年 12 月，已不在有效期的其他政策主要有 6 个（见表 5-4），其中国家人工智能创新应用先导区政府规划 1 个，城市大数据中心政府规划 1 个，人工智能产业空间布局政府规划 1 个，智能网联汽车产业政府规划 1 个，机器人、可穿戴设备和智能装备产业政府规划和政策各 1 个。

表 5-4 深圳市不在有效期的人工智能产业政策

序号	政策名称	发布时间	发布机构	有效期
1	《市工业和信息化局关于印发〈深圳市建设人工智能创新应用先导区实施方案〉的通知》	2020 年 1 月 20 日	深圳市工业和信息化局	到 2021 年
2	《深圳市人民政府办公厅关于印发城市大数据中心建设实施方案的通知》（深府办函〔2019〕12 号）	2019 年 1 月 13 日	深圳市人民政府办公厅	到 2020 年
3	《深圳市经贸信息委关于印发〈深圳市人工智能等新兴产业空间布局规划〉的通知》（深经贸信息规划字〔2018〕192 号）	2018 年 7 月 13 日	深圳市经济贸易和信息化委员会	到 2020 年
4	《市工业和信息化局关于印发〈深圳市促进智能网联汽车产业发展行动计划（2019—2021 年）〉的通知》（深工信新兴字〔2019〕15 号）	2019 年 3 月 19 日	深圳市工业和信息化局	到 2021 年

续表

序号	政策名称	发布时间	发布机构	有效期
5	《深圳市人民政府关于印发机器人、可穿戴设备和智能装备产业发展规划（2014—2020年）的通知》（深府〔2014〕96号）	2014年11月27日	深圳市人民政府	到2020年
6	《深圳市人民政府关于印发机器人、可穿戴设备和智能装备产业发展政策的通知》（深府〔2014〕97号）	2014年11月27日	深圳市人民政府	到2020年

第三节 被比较文本的选择

深圳市人工智能产业政策被比较文本无须进行先进性分析。考虑到全市人工智能产业政策体系的重点是“1+2+3”专项政策文本，本书以该6个专项政策文本作为深圳市人工智能产业政策被比较文本。

一、被比较文本具体条款分类

被比较文本具体条款展现了在政府视角下深圳市希望得到一个怎样的人工智能产业，具体条款共涉及16个大类。

第一，从政策主体和政策客体关系看，政策客体是人工智能产业，政策主体则是人工智能产业的“推进主体”。

第二，“推进主体”要对政策客体形成最基本的政策原则，于是形成了“基本原则”条款，确保人工智能产业按照某些大的基本原则实现高质量发展、形成经济新动能。

第三，“产业规模”条款要求业务总量要达到一定的目标能级，“企业群体”条款强调“产业规模”是由哪些类型的企业完成的，这些企业开展的具体业务则是为不同场景提供赋能服务——“业务场景”条款。

第四，在生产要素视角下，能够保障本市人工智能企业业务具有竞争力的关键要素应该充足，其中：一是空间要素，通过“产业布局”条款实现；

二是创新要素，通过“创新生态”条款实现；三是人才要素，通过“人才生态”条款实现；四是服务要素，通过“平台生态”条款实现；五是硬件要素，通过“基础设施”条款实现；六是外部要素，通过“对外合作”条款实现。

第五，政策条款通过政府能力和资源的供给，主动影响人工智能产业发展的自然轨迹，按照政府能力和资源类型分别进行规定，其中：一是对行业进行政府规制的权力，直接对人工智能产业发展过程中的风险进行监管，通过“行业风险”条款实现；二是行业准入的权力，直接规定人工智能企业内部可以开展的活动和对外可以提供的业务有哪些，通过“行业监管”条款实现；三是资金供给的能力，直接对人工智能产业主体补充开展某项活动或业务所需的资金，通过“资金供给”条款实现；四是社会引导的能力，直接帮助人工智能行业提升社会形象、获得社会公众理解和支持，通过“社会引导”条款实现。

第六，以上政策条款的落实需要通过“政策实施”条款实现。

二、每个大类的具体条款结构

（一）“推进主体”条款

深圳市人工智能产业政策实施的“推进主体”包括：一是政府层面的主管部门。在立法层面予以确认的主管部门是市工业和信息化部门；在规划层面作为统筹的主管部门则是市新兴高技术产业发展领导小组（办公室设在市发展改革委，负责领导小组的日常工作）或者市工业和信息化部门。此外，多部门则形成联合工作机制。二是政府层面的协调机制。政府内部之间的协调主要是多部门联合和市、区联动；政府对外部的协调主要是与专家和骨干企业定期联络。三是企业层面的产业发展联盟。四是对以上主体如何推进行业发展提出建议的专家咨询委员会。以上四类“推进主体”要共同谋划如何用好政府支持人工智能产业发展而需要供给的资金、产业用地、人才等各种政府掌握的资源或手段。因此“推进主体”条款分为“主管部门”“协调机制”“行业联盟”“外部咨询主体”“推进手段”5个部分。

（二）“基本原则”条款

“基本原则”条款的第一层是发展意义，阐述人工智能的重要作用；第二层是发展原则，强调发展的底层逻辑；第三层是对底层逻辑的进一步细化，聚焦于政府和市场两大主体，明确不同的作用边界，尤其是政府部门对人工智能产业治理的权力和原则。因此“基本原则”条款分为“发展意义”“发展原则”“治理原则”“政府和市场关系”4个部分。

（三）“产业规模”条款

“产业规模”条款主要基于产业规模（所有企业营业收入总和）的基础，把产业规模的具体数值作为行业发展总量的关键量化目标，并在统计工作逻辑下建立针对人工智能产业的统计指标体系和工作制度，以确保产业规模基础和目标值都能够在统计层面上予以核实。因此“产业规模”条款分为“产业总量”“产业统计”2个部分。

（四）“企业群体”条款

“企业群体”条款主要包括企业数量和类型结构、企业产品、企业所在的行业领域、政府对企业的服务。其中，企业所在的行业领域是指细分赛道形成相应的产业集群，重点是智能芯片、计算机视觉、智能语音、智能无人系统4个赛道，各个赛道都需要智能传感器；政府对企业的服务分为对存量企业的服务和对增量企业的招商、孵化。因此“企业群体”条款分为“人工智能企业数量和类型”“人工智能企业行业分布”“人工智能产品”“智能传感器”“智能芯片产业集群”“计算机视觉产业集群”“智能语音产业集群”“智能无人系统产业集群”“存量企业服务”“增量企业”10个部分。

（五）“业务场景”条款

“业务场景”条款对人工智能技术推广应用提出总体要求，按照总体要求对推广应用所在的场景建立管理制度，明确重点领域（如制造、金融、物流）、民生领域（如医疗、教育）、智慧城市（如政务、交通）等具体场景的主要应用思路。因此“业务场景”条款分为“推广应用总体要求”“应用场景管理”“重点领域”“民生领域”“智慧城市”“赋能指标”6个部分。

（六）“产业布局”条款

“产业布局”条款要求全市大层面形成梯次产业空间布局，在片区小层面形成产业示范区、产业功能区、产业园区，其中有全区型的（如南山人工智能产业基地，以南山区、龙岗区、光明区、福田区、宝安区为核心的高端研发集聚区）、综合园区型的（如坂雪岗科技城）、专业园区型（深汕湾机器人小镇）。因此“产业布局”条款分为“空间格局”“产业示范区”“产业功能区”“产业园区”4个部分。

（七）“创新生态”条款

“创新生态”条款主要针对6个问题。一是谁在创新，提出了创新载体的数量目标和主要类型。二是创新什么，提出了基础研究、基础理论、关键核心技术方向的目标和重点领域。三是如何组织创新，提出了技术攻关项目实施目标、创新项目库要求。四是如何支持创新，提出要制定创新扶持政策。五是如何优化创新过程，提出了创新项目管理、科研设备管理、创新自主性、创新项目评价的要求。六是创新成果如何转化，提出了创新成果转化、知识产权的支持举措。因此“创新生态”条款分为“产业创新载体”“基础研究”“基础理论”“关键核心技术方向”“技术攻关项目”“创新扶持政策”“创新项目管理”“科研设备管理”“创新自主性”“创新项目评价”10个部分。

（八）“人才生态”条款

“人才生态”条款主要包括：一是对本地人才队伍建设设定总体目标。二是对本地引进外部的高端人才提出要求。三是本地人才如何通过教育形成。四是本地人才如何培训形成。五是如何使用好人才，支持人才发挥该有的作用。六是如何评价好人才，让人才的水平和贡献可以有效识别。七是加强人才待遇，让人才愿意留在本地扎根发展。因此“人才生态”条款分为“人才队伍”“引进外部高端人才”“本地人才教育”“本地人才培训”“人才使用”“人才评价”“人才待遇”7个部分。

（九）“平台生态”条款

“平台生态”条款主要包括：一是提出开源开放创新平台的总目标和主要类型。二是建设数据开放平台，构建公共数据、行业数据、个人数据资源体系和制度体系，实现数据流通和共享。三是建设算力开放平台。四是建设算法开源平台。五是建设公共服务平台，包括测试检测以及认证平台、技术标准服务平台、知识产权服务平台、检验检测服务平台、行业交流服务平台等。因此“平台生态”条款分为“开源开放创新平台”“数据开放平台”“算力开放平台”“算法开源平台”“公共服务平台”5 个部分。

（十）“基础设施”条款

“基础设施”条款重点要求建设下一代网络基础设施、物联网基础设施、数据中心、计算基础设施、一站式开发平台等，该条款不再细分成若干部分。

（十一）“对外合作”条款

“对外合作”条款要求加强与其他国家或地区、与港澳台、与周边区域的多方面交流与合作。因此“对外合作”条款分为“跨国合作”“与港澳台合作”“区域合作”3 个部分。

（十二）“行业风险”条款

“行业风险”条款要求针对人工智能技术的各种风险进行监管，在法律手段上制定地方性法规体系，在标准手段上建立地方标准体系，在伦理手段上设立市人工智能伦理委员会，组织或者个人应当主动遵守人工智能伦理安全规范，违反则承担责任。因此“行业风险”条款分为“风险监管”“法规”“标准”“伦理”“遵守”“责任”6 个部分。

（十三）“行业监管”条款

“行业监管”条款在政府监管主体层面允许企业先行先试（如测试、试验、试点）、市场准入、监管互认，在监管对象层面鼓励行业自律（行业组织）和企业自律。因此“行业监管”条款分为“先行先试”“市场准入”“监管互认”“行业自律”“企业自律”5 个部分。

（十四）“资金供给”条款

“资金供给”条款主要按照资金类型进行分类。一是政府有关资金，主要发挥专项扶持作用的市、区政府各类财政资金，以及包括各类产业基金在内的政府其他资金。二是引导市场化基金等各类社会资金。三是发挥科技保险资金作用。因此“资金供给”条款分为“政府财政资金供给”“政府其他资金供给”“社会资金供给”“保险资金供给”4个部分。

（十五）“社会引导”条款

“社会引导”条款要求加强对人工智能的社会影响研究，对社会影响加强社会实验，同时加强对人工智能成效、规范等方面的社会宣传、科普。因此“社会引导”条款分为“社会影响”“社会实验”“社会宣传”3个部分。

（十六）“政策实施”条款

“政策实施”条款分为4个层次。一是做好与上级政策衔接，对国家、省政策贯彻落实，与本市其他政策进行关联。二是做好本级政策实施计划的编制工作，满足特定政策目标落地需要。三是对政策实施计划做好政策落地，对所监测和报告的实施情况进行考评。四是做好政策调整，通过人工智能产业跟踪研究平台发现影响产业政策的新情况，进而优化某些政策。因此“政策实施”条款分为“政策衔接”“政策实施计划”“政策落地”“政策调整”4个部分。

第四节　可改进深圳市人工智能产业政策的具体比较文本

一、人工智能产业政策比较文本先进性的具体标准

（一）政策文本具体条款能够直击市场失灵

一般而言，实践中的产业政策的根本目标是纠正市场失灵。在区分政府

和市场边界的基础上能够着力于需要政府干预的具体领域，是政策比较文本先进性的基本要求。现有文献极少分析人工智能产业政策文本具体条款如何纠正市场失灵，虽然毛子骏等（2020）借鉴黄萃等（2011）“由于新技术发展初期的市场不经济性，风能产业发展需要政府的政策支持以纠正市场失灵”的观点，将人工智能作为新技术和新产业的一种，但也需要政策的有效引导以提供良好科技环境和公平市场机制；赵顺龙等（2022）认为智能装备产业正在行业生命周期早期阶段，这一阶段政策发挥的作用要大于市场的作用，但政策比较时仍然是针对政策文本全部具体条款，没有区分出环境和机制部分。与美国《国家人工智能研究和发展战略计划》明确提出联邦政府投资特别关注产业不可能解决的领域相比，我国《新一代人工智能发展规划》（国发〔2017〕35 号）仅提出了市场主导原则，没有明确指出所规划的条款是否为纠正市场失灵的措施。

（二）政策文本具体条款具有对应的产业生态基础

在制定人工智能产业政策时要先研判产业发展阶段特征。政策文本具体条款是对辖区人工智能产业未来发展的主观谋划，取决于产业生态基础这一客观实际。在诊断辖区人工智能产业生态系统结构，厘清产业链（如基础层、技术层、应用层）、创新链、生产要素体系中的优势领域，研判所处的产业生命周期（如开拓期、拓展期、成熟期、衰退期或蜕变期）的基础上，政策文本具体条款既源于产业客观实际又超越产业客观实际，进而有效促进产业发展。现有文献默认政策文本具体条款具有对应的产业生态基础，但尚未判断现行政策基于产业生态基础的合理性。

（三）具有同等的政策层次或相似的政策体系

鉴于公共政策要对社会公共利益进行选择、综合、分配和落实（陈庆云，1995），人工智能产业政策文本具体条款的实质是对政府控制的经济资源和非经济资源进行优化配置，而不同的政策层次和政策体系直接决定了各类资源的数量和质量。以辖区党委政府名义出台的文件具有最大的资源配置能力和最高的政策层次，下一级行政部门是党委政府政策文本具体条款的具体落实机构，这样整体部署、细则实施等多层次政策形式有效衔接，可以推动政策文本具体条款顺利落地。大多文献仅把被比较对象和比较对象的多个政策文本放入政策比较文本库，并未分析这些政策文本所共同形成的政策层次和政策体系，因此，应该把被比较对象和比较对象之间行政单位效力同等的政策层次或行政组织结构相似的政策体系作为最具代表性、意义重大的标准之一。

（四）政策文本具体条款现行有效

不在有效期的政策往往脱离了产业生态基础，党委政府和各部门也不再进行资源配置，因此参照价值已经消失；处于有效期的政策对改进现行政策文本具体条款意义更大，因此应该选择收稿时点或临近收稿节点（如专门说明或明确选择在研究过程中的某一个时点）处于有效期的政策文本。本书以2023年1月作为有效和无效的分界时点。

二、国内人工智能产业政策比较文本目标选择

（一）五市符合先进性标准的专项政策文本选择

本书结合国内政策比较主体的选择，基于政府部门网站关键词搜索和百度搜索，经梳理，五市在有效期的人工智能产业专项政策文本主要有14个，其中广州市有4个、上海市和杭州市分别有3个、北京市和成都市分别有2个。

每一项政策都不同程度地提及政府与市场的边界。有的体现弱一点、少一点，比如《杭州市建设国家新一代人工智能创新发展试验区行动方案》仅提出“推动社会资本参与人工智能产业化”等表述。有的体现强一点、多一点，比如《上海市促进人工智能产业发展条例》多次提出“市场主导原则”“运用市场机制”“引导社会资本”等表述。总体上看，各项政策文本具体条款考虑了政府和市场边界问题，因此在一定程度上达到了政策文本具体条款能够直击市场失灵的标准。

每一项政策都不同程度地提及各地对应的产业生态基础。有的体现不明显，比如《广州人工智能与数字经济试验区产业导则》仅从其2022年、

2025年发展目标，推导出该政策应该也研究分析了本地对应的产业生态基础，否则难以制定出发展目标。有的体现更加明显，比如《上海市人工智能产业发展"十四五"规划》不仅提出到2025年发展目标，还分析了"十三五"期间上海人工智能产业发展情况，完整分析了发展基础和发展目标。总体上看，各项政策文本具体条款考虑了本地对应的产业生态基础问题，因此在一定程度上达到了政策文本具体条款具有对应的产业生态基础的标准。

从政策发布机构的级别看，一是省级或副省级的人民政府办公厅，比如上海市人民政府办公厅、浙江省人民政府办公厅属于省级人民政府，杭州市政府办公厅、成都市人民政府办公厅属于副省级人民政府；二是市人民代表大会常务委员会，比如上海市人民代表大会常务委员会发布的《上海市促进人工智能产业发展条例》；三是市直产业主管部门，比如广州市工业和信息化局发布的《广州国家人工智能创新应用先导区建设方案》。这些政策发布机构级别，与深圳市人工智能产业专项政策文本由市人民政府、市人大、市产业主管部门发布的情况基本一致，因此基本达到了具有同等的政策层次或相似的政策体系的标准。

总之，五市14个政策文本都在某种程度上符合了政策文本具体条款先进性的基本标准，因此把其作为深圳市的国内人工智能产业政策比较文本。五市主要人工智能产业政策文本先进性分析见表5–5。

表5–5　五市主要人工智能产业政策文本先进性分析

序号	城市	政策文本名称	发布时间	发布机构	有效期	先进性分析
1	北京市	编号BJ1:《北京市人民政府关于印发〈北京市加快建设具有全球影响力的人工智能创新策源地实施方案（2023—2025年）〉的通知》（京政发〔2023〕14号）	2023年5月21日	北京市人民政府	到2025年	提出"充分发挥本市在人工智能领域的创新资源优势""坚持以市场化机制统筹全市科技产业资源"；到2025年发展目标。

续表

序号	城市	政策文本名称	发布时间	发布机构	有效期	先进性分析
2	北京市	编号 BJ2:《北京市人民政府办公厅关于印发〈北京市促进通用人工智能创新发展的若干措施〉的通知》(京政办发〔2023〕15 号)	2023 年 5 月 23 日	北京市人民政府办公厅	到 2025 年	提出“充分发挥政府引导作用”。
3	上海市	编号 SH1:《上海市人民政府办公厅印发〈关于本市推动新一代人工智能发展的实施意见〉的通知》(沪府办发〔2017〕66 号)	2017 年 10 月 26 日	上海市人民政府办公厅	到 2030 年	提出“发挥上海数据资源丰富、应用领域广泛、产业门类齐全的优势”“加大政府引导支持力度”“激发市场主体创新活力”；到 2020 年、2030 年发展目标。
4	上海市	编号 SH2:《上海市经济和信息化委员会关于印发〈上海市人工智能产业发展“十四五”规划〉的通知》(沪经信智〔2021〕1195 号)	2021 年 12 月 27 日	上海市经济和信息化委员会	到 2025 年	提出“‘十三五’期间上海人工智能产业发展情况”“发挥企业主体作用”“发挥政府引导作用”；到 2025 年发展目标。
5	上海市	编号 SH3：上海市人民代表大会常务委员会公告，公布《上海市促进人工智能产业发展条例》	2022 年 9 月 22 日	上海市人民代表大会常务委员会	持续（自 2022 年 10 月 1 日起施行）	提出“本市人工智能产业发展应当坚持以人为本、科技向善、创新驱动、市场主导的原则”“运用市场机制集成人工智能先进技术和优质资源”“引导社会资本支持人工智能产业发展”。
6	广州市	编号 GZ1:《广州市工业和信息化局关于印发〈广州人工智能与数字经济试验区产业导则〉的通知》	2021 年 5 月 29 日	广州市工业和信息化局	到 2025 年	提出“大力开放市场招引。尊重市场和产业发展规律”；到 2022 年、2025 年发展目标。

续表

序号	城市	政策文本名称	发布时间	发布机构	有效期	先进性分析
7	广州市	编号 GZ2:《广州市科学技术局关于印发广州市人工智能产业链高质量发展三年行动计划（2021—2023 年）的通知》	2021 年 9 月 30 日	广州市科学技术局	到 2023 年	提出“遵循‘科学发现、技术发明、产业发展、人才支撑、生态优化’全链条创新发展规律”“充分发挥广州人工智能场景应用广、产业生态全、人才基础好的优势”；到 2023 年发展目标。
8	广州市	编号 GZ3:《广州市工业和信息化局关于印发〈广州国家人工智能创新应用先导区建设方案〉的通知》	2021 年 12 月 10 日	广州市工业和信息化局	到 2023 年	提出“构建政府引导、市场主导、技术赋能的联动机制”“发挥广州应用场景丰富的优势”；到 2023 年发展目标。
9	广州市	编号 GZ4:《广州市科学技术局关于印发推进人工智能产业链“链长制”工作方案的通知》	2022 年 6 月 20 日	广州市科学技术局	到 2023 年	提出“支持链主企业强化生态主导力、助力企业营收翻番”；到 2023 年发展目标。
10	杭州市	编号 HZ1:《市委办公厅　市政府办公厅关于印发〈杭州市建设国家新一代人工智能创新发展试验区行动方案〉的通知》	2019 年 12 月 16 日	中共杭州市委办公厅、市人民政府办公厅	到 2023 年	提出“推动社会资本参与人工智能产业化”；到 2023 年发展目标。
11	杭州市	编号 HZ2:《杭州市经济和信息化局　杭州市发展和改革委员会关于印发杭州市人工智能产业发展“十四五”规划的通知》（杭经信联规划〔2021〕79 号）	2021 年 10 月 28 日	杭州市经济和信息化局、发展和改革委员会	到 2025 年	提出“‘十三五’期间杭州人工智能产业发展取得重大成就，但尚存在一些困难和问题”“引导产业因地制宜、特色集聚、区域协同发展”“坚持企业主体地位”；到 2025 年发展目标。

续表

序号	城市	政策文本名称	发布时间	发布机构	有效期	先进性分析
12	杭州市	编号 HZ3:《浙江省人民政府办公厅关于印发建设杭州国家人工智能创新应用先导区行动计划(2022—2024 年)的通知》(浙政办函〔2022〕1 号)	2022 年 1 月 7 日	浙江省人民政府办公厅	到 2024 年	提出“引导社会资本深度参与重大项目实施及科技成果转化应用”;到 2024 年发展目标。
13	成都市	编号 CD1:《成都市人民政府办公厅关于推动新一代人工智能发展的实施意见》(成办发〔2018〕18 号)	2018 年 5 月 14 日	成都市人民政府办公厅	到 2030 年	提出“引导社会资本参与人工智能重大项目实施和科技成果转化应用”; 到 2020 年、2025 年、2030 年发展目标。
14	成都市	编号 CD2:《关于印发〈成都市新一代人工智能产业发展规划(2022—2025)〉的通知》(成新经济〔2022〕49 号)	2022 年 12 月 28 日	成都市新经济发展委员会、经济和信息化局、发展和改革委员会、科学技术局	到 2025 年	提出“目前成都人工智能产业发展态势良好,但存在产业规模较小、龙头企业缺乏、国家级创新平台布局较少等问题”“发挥创新资源、企业集聚、应用场景、规模市场等综合优势”“坚持企业主体地位”;到 2025 年发展目标。

(二)五市不在有效期的政策文本

五市不在有效期的人工智能产业政策文本主要有 17 个(见表 5–6)。

表 5–6 五市不在有效期的人工智能产业政策文本

序号	城市	政策文本名称	发布时间	发布机构	有效期
1	北京市	《北京市科学技术委员会关于促进北京市智能机器人科技创新与成果转化工作的意见》(京科发〔2015〕286 号)	2016 年 10 月 12 日	北京市科学技术委员会	到 2020 年

续表

序号	城市	政策文本名称	发布时间	发布机构	有效期
2	北京市	《中共北京市委、北京市人民政府关于印发加快科技创新构建高精尖经济结构系列文件的通知》（京发〔2017〕27号）中《北京市加快科技创新培育人工智能产业的指导意见》	2017年12月20日	中共北京市委、北京市人民政府	到2020年
3	北京市	《中共北京市委、北京市人民政府关于印发加快科技创新构建高精尖经济结构系列文件的通知》（京发〔2017〕27号）中《北京市加快科技创新发展智能装备产业的指导意见》	2017年12月20日	中共北京市委、北京市人民政府	到2020年
4	上海市	《上海市经济信息化委、市财政局关于印发〈上海市人工智能创新发展专项支持实施细则〉的通知》	2017年12月12日	上海市经济和信息化委员会、财政局	到2021年12月31日
5	上海市	《上海市经济和信息化委员会关于印发〈关于建设人工智能上海高地　构建一流创新生态的行动方案（2019-2021年）〉的通知》（沪经信智〔2019〕707号）	2019年9月13日	上海市经济和信息化委员会	到2021年
6	上海市	《上海市经济信息化委关于建设首批上海市人工智能创新中心的通知》	2019年12月5日	上海市经济和信息化委员会	持续（每两年复评一次）
7	上海市	《上海市经济信息化委关于开展2020年度市人工智能创新发展专项资金项目申报工作的通知》	2020年4月26日	上海市经济和信息化委员会	到2020年5月15日
8	上海市	《上海市经济信息化委关于公布本市第三批人工智能试点应用场景的通知》（沪经信推〔2020〕1084号）	2020年12月14日	上海市经济和信息化委员会	到2021年12月
9	上海市	《关于发布上海市2022年度“科技创新行动计划”人工智能科技支撑专项项目指南的通知》	2022年6月2日	上海市科学技术委员会	到2022年6月30日

续表

序号	城市	政策文本名称	发布时间	发布机构	有效期
10	上海市	《上海市经济信息化委关于征集本市人工智能重大应用场景需求“揭榜挂帅”的通知》（沪经信智〔2022〕351 号）	2022 年 7 月 19 日	上海市经济和信息化委员会	2022 年 8 月 5 日
11	上海市	《上海市经济和信息化委员会关于征集人工智能产业储备项目的通知》	2022 年 9 月 29 日	上海市经济和信息化委员会	至 2022 年 10 月 21 日
12	广州市	《广州市人民政府关于印发广州市加快 IAB 产业发展五年行动计划（2018—2022 年）的通知》(穗府〔2018〕9 号)	2018 年 3 月 22 日	广州市人民政府	到 2022 年
13	广州市	《广州市工业和信息化局关于印发〈广州市关于推进新一代人工智能产业发展的行动计划（2020—2022 年）〉的通知》（穗工信函〔2020〕11 号）	2020 年 2 月 27 日	广州市工业和信息化局	到 2022 年
14	广州市	《广州市科学技术局关于发布 2023 年度市重点研发计划人工智能重大科技专项申报指南的通知》	2022 年 4 月 15 日	广州市科学技术局	到 2022 年 6 月 10 日
15	杭州市	《关于组织申报杭州市科技局 2022 年度人工智能领域重大科研攻关项目的通知》	2022 年 5 月 13 日	杭州市科技局	到 2022 年 6 月 20 日
16	成都市	《成都市人民政府办公厅关于印发成都市加快人工智能产业发展推进方案（2019—2022 年）的通知》（成办发〔2019〕3 号）	2019 年 2 月 2 日	成都市人民政府办公厅	到 2022 年
17	成都市	《成都市人民政府办公厅关于印发成都建设国家新一代人工智能创新发展实验区实施方案的通知》（成办发〔2020〕97 号）	2020 年 11 月 9 日	成都市人民政府办公厅	到 2022 年

（三）五市细分领域的政策文本

五市人工智能产业细分领域政策文本主要有 13 个（见表 5-7）。

表 5–7　五市人工智能产业细分领域政策文本

序号	领域	政策文本名称	发布时间	发布机构	有效期
1	AI+教育	《北京市教育委员会关于印发〈北京促进人工智能与教育融合发展行动计划〉的通知》（京教研〔2019〕5号）	2019年7月15日	北京市教育委员会	到2035年
2	数据	上海市人民代表大会常务委员会公告，公布《上海市数据条例》	2021年11月25日	上海市人民代表大会常务委员会	持续（自2022年1月1日起施行）
3	算法	《上海市经济信息化委　市发展改革委　市教委　市科委关于印发〈上海新一代人工智能算法创新行动计划（2021—2023年）〉的通知》（沪经信智〔2021〕541号）	2021年7月8日	上海市经济和信息化委员会、市发展和改革委员会、市教育委员会、市科学技术委员会	到2023年
4	算力	《北京市经济和信息化局关于印发〈北京市数据中心统筹发展实施方案（2021—2023年）〉的通知》	2021年4月27日	北京市经济和信息化局	到2023年
5	算力	《上海市经济信息化委关于印发〈上海市推进算力资源统一调度指导意见〉的通知》（沪经信基〔2023〕345号）	2023年4月18日	上海市经济和信息化委员会	到2025年
6	标准体系	《上海市经济信息化委　市市场监管局关于印发〈关于推进本市新一代人工智能标准体系建设的指导意见〉的通知》（沪经信智〔2021〕538号）	2021年7月6日	上海市经济和信息化委员会、市场监督管理局	到2030年
7	数字人	《北京市经济和信息化局关于印发〈北京市促进数字人产业创新发展行动计划（2022—2025年）〉的通知》（京经信发〔2022〕59号）	2022年8月3日	北京市经济和信息化局	到2025年
8	智能网联汽车	上海市人民政府令第60号，发布《上海市智能网联汽车测试与应用管理办法》	2021年12月29日	市长	持续（自2022年2月15日起施行）

续表

序号	领域	政策文本名称	发布时间	发布机构	有效期
9	物联网	《中共杭州市委办公厅　杭州市人民政府办公厅印发〈关于促进智能物联产业高质量发展的若干意见〉的通知》	2022年7月29日	中共杭州市委办公厅、市人民政府办公厅	到2025年
10	专项政策	《杭州市人民政府关于印发杭州市建设国家新一代人工智能创新发展试验区若干政策的通知》（杭政函〔2019〕114号）	2019年12月12日	杭州市人民政府	到2023年12月31日
11		《成都市人民政府办公厅关于印发成都市加快人工智能产业发展专项政策的通知》（成办函〔2019〕15号）	2019年2月2日	成都市人民政府办公厅	到2023年
12		《成都市经济和信息化局　成都市财政局关于印发成都市加快人工智能产业发展专项政策实施细则的通知》	2020年2月28日	成都市经济和信息化局、财政局	到2023年
13	产业统计	《成都市新经济发展委员会　成都市统计局关于印发成都市人工智能产业统计分类（试行）的通知》	2022年2月28日	成都市新经济发展委员会、统计局	持续

三、国外人工智能产业政策比较文本目标选择

国外人工智能产业政策比较文本主要是指美国《为人工智能的未来做好准备》等4个政策（其余2个细分领域政策暂不考虑）。对照政策文本先进性标准，这4个政策基本达到先进性，其中美国的政策普遍会直接分析政府和市场各自的作用，如《国家人工智能研究和发展战略计划》明确“研究重点集中在行业不可能单独解决的领域”；美国的政策也经常分析自身已有的产业生态基础，比如《保持美国在人工智能领域的领导地位》提出“美国在人工智能研发和部署方面处于世界领先地位”。关于政策层次或相似的政策体系标准，深圳市和美国之间难以直接进行是否具有同等性的比较，但深圳市也具有独立而较强的干预人工智能行业的产业资源配置权力，这一点与美国类似，因此在政策层次上可以相对模糊处理，强调深圳市自身干预能力的主动发挥。

美国人工智能产业政策文本先进性分析见表 5-8。

表 5-8　美国人工智能产业政策文本先进性分析

序号	政策名称	先进性分析
1	编号 MG1：《为人工智能的未来做好准备》[①]	提出“美国一直处在人工智能基础研究的前沿”“产业界、民间团体和政府共同努力”“私营企业将会是人工智能技术发展进步的主要引擎”“联邦政府应该优先发展人工智能的基础和长期研究项目”“政府可以发挥多方面的作用”。此外相关举例多。
2	编号 MG2：《人工智能、自动化及经济》[②]	提出“以往的自动化浪潮给我们留下经验教训”“人工智能引发了许多新的政策问题，这应该是未来政府、国会、私营部门、学术界和公众继续讨论和考虑的问题”。此外相关举例多。
3	编号 MG3：《保持美国在人工智能领域的领导地位》[③]	提出“美国在人工智能研发和部署方面处于世界领先地位”“在联邦政府、工业界和学术界推动美国人工智能的技术突破”“提供支持人工智能研究和创新的国际环境，为美国人工智能产业打开市场”。
4	编号 MG4：《国家人工智能研究和发展战略计划：2019 更新版》[④]+《2023 更新版》[⑤]	提出“考虑了过去三年中出现的新研究”“确定了联邦投资于人工智能研发的优先领域”“得到了更广泛的民间社会的投入”“扩大公私伙伴关系”“研究重点集中在行业不可能单独解决的领域”“美国必须将其投资重点放在高优先级的基础和长期人工智能研究上”。

① 《为人工智能的未来做好准备》，参见 https://max.book118.com/html/2017/1111/139709632.shtm（2023-09-07 登录）。

② 《白宫报告：人工智能、自动化与经济》，参见 https://www.modb.pro/doc/17242（2023-09-07 登录）。

③ 《美国人工智能倡议（全文）》，参见 https://www.163.com/dy/article/EUHTH9OG0511DV4H.html（2023-09-07 登录）。

④ 《美国 2019 国家人工智能战略研发战略计划（中英双语）》，参见 https://max.book118.com/html/2019/0715/8060115032002035.shtm（2023-09-07 登录）。

⑤ 截至 2023 年 8 月 22 日尚无中文版全文。本书参考海南省大数据管理局官网：《美国发布〈国家人工智能研发战略计划〉2023 更新版》，参见 http：//dsj.hainan.gov.cn/zcfg/gwfg/202306/t20230612_3433750.html（2023-08-22 登录）。

第六章　基于标杆性要求的深圳市人工智能产业政策比较主体选择

按照具有同等的产业资源配置权力、较好产业基础、较强产业联系 3 个选择标准，深圳市人工智能产业政策比较国内主体选择北京市、上海市、广州市、杭州市、成都市，国外主体选择美国。

第一节　政策比较主体选择的一般方法

现有文献中比较对象相对于被比较对象要在产业基础上更先进、产业政策制定上更科学、产业联系上更具有竞争性，也就是被比较对象在竞争中向先进同行学习。但现有文献中政策比较主体选择时侧重部分标准，尚未综合运用以上产业基础更先进、产业政策制定更科学、产业联系更具有竞争性的标准，分析过程也多采用省略、不具体展开的表达形式。

一、国家型政策主体集中于中国与发达国家

文献中国家型政策主体中的被比较对象是我国，把发达国家作为比较对象来改进我国政策，其中最普遍的比较对象是美国。国外学者对人工智能产业政策国际比较研究关注不够，国内学者更为重视（陈婧嫣等，2021）。

国际比较视角的选择原因主要有：

①人工智能产业具有全国性影响力，如人工智能产业健康良好的发展对国家政治、经济的发展影响深远（汤志伟等，2019）。

②人工智能产业具有国际性影响力，如人工智能产业已逐渐成为世界各国取得核心竞争力的强大驱动力（毛子骏等，2020）。

③人工智能产业政策水平相近或融合，如：各国在人工智能公共政策方面几乎处于同一起跑线（贾开等，2018）；当前全球主要科技强国的人工智能产业政策开始呈现出一定程度的相互借鉴、彼此融合的趋势（陈婧嫣等，2021）。

④人工智能产业政策达到国家级，如人工智能领域国家级政策的密集出台为跨国比较研究提供了良好的契机（陈婧嫣等，2021）。

⑤制定人工智能产业政策是各国都在进行的工作，如人工智能教育应用政策成为各国人工智能战略规划的重要组成部分（段世飞等，2019）。

⑥现有文献缺乏国际比较视角研究，如鲜有文献从产业集群的角度审视中国智能制造产业战略和政策，更缺少国际对标的视野（余川江等，2021）。

国家型比较对象的选择标准主要有：

①整体经济实力强，如美国、日本和德国是目前全世界范围内公认的创新型经济体（陈小亮等，2019）。

②人工智能产业实力强，如产业发展处于国际领先地位（陈小亮等，2019；毛子骏等，2020；贾开等，2018；陈婧嫣等，2021）；根据斯坦福大学发布的《2018 AI 指数年度报告》（2018 *AI Index Annual Report*），部分发达国家如美国在人工智能领域显示出先发优势（段世飞等，2019）；关注 AI 强国美国、AI 大国中国、英国和加拿大等 AI“特色发展型”国家动态，美国、中国、英国和加拿大在 AI 人才数量上名列前茅（刘进等，2021）；美国、德国和日本位列第一梯队，是全球智能制造发展的“引领型”国家（余川江等，2021）；美国和中国分别是人工智能产业领军者和飞速发展的后起之秀（荆晶，2021；沙德春等，2021）；中国、德国、美国、日本在智能装备产业上处于领先地位（赵顺龙等，2022）；我国在基础研究、核心技术、科技人才、伦理法规、企业创新与国际合作环境等方面与世界领先水平具有较大的差距（曾坚朋等，2019）。

③人工智能产业政策好，如美国、日本和德国出台了不少促进人工智能发展的政府文件（陈小亮等，2019）；美国、日本、英国和法国人工智能产业相关顶层设计较为科学完善（毛子骏等，2020）；人工智能上升到国家战略层面（汤志伟等，2019；曾坚朋等，2019）；美国、英国、德国人工智能公共政策框架各具特色且具有典型意义（贾开等，2018）；德国是引导人工智能面向产业变革发展的最具代表性的国家（陈婧嫣等，2021）；美国、英国、加拿大和中国相继颁布的AI发展政策中提及了大量人才培养措施（刘进等，2021）；美国、欧盟出台了具有典型性的人工智能风险治理政策，我国与之相比仍显笼统，在纵深上也有待继续探索（李雨青，2021）；中国、美国政府均尤为重视国内人工智能技术研发和应用（荆晶，2021；沙德春等，2021）；韩国、日本、中国、欧盟、美国的国家（或国际）层面人工智能政策的全球影响力较高（张成岗等，2023）。

④人工智能产业政策出台具有同步性，如欧盟与中国人工智能发展政策文件出台与战略布局的时间顺序、演进节奏相似，在重要事件与年份、关键节点转折等方面步调一致（关皓元等，2021）。

⑤比较对象和被比较对象具有竞争性，如：中美两国在许多领域上都呈现出竞争格局（汤志伟等，2019）；在弱人工智能领域形成了中美“双雄并列”的竞争格局（曾坚朋等，2019）；当前多个西方国家在AI人才培养方面对中国形成高度竞争态势（刘进等，2021）；美国与欧盟都在政策报告中把中国作为人工智能产业领域重要竞争对象（李雨青，2021）。

⑥比较对象和被比较对象具有相似性，如：中国需要向近些年发展节奏与重点领域有所类似的德国等先进国家学习借鉴（高杰等，2019）；中、美、欧人工智能发展情况具有可比性，同处世界人工智能产业发展头部（李雨青，2021）。

⑦比较对象和被比较对象具有差异性，如：中美文化、历史、经济水平、技术条件都存在显著差别（汤志伟等，2019）；陈婧嫣等（2021）提出其所选案例中涉及的国家尺度不统一，重点关注了传统科技强国，并未讨论以奥地利、比利时、墨西哥为代表的中小国家，这是其国家型比较对象选择的局限性。

国家型政策主体情况见表 6–1。

表 6–1　国家型政策主体情况

序号	被比较对象	比较对象	代表文献
1	中	美	王嫱（2018）、汤志伟等（2019）、曾坚朋等（2019）、江丰光等（2020）、荆晶（2021）、沙德春等（2021）、刘玉书（2022）
2	中	美、日、英、法	毛子骏等（2020）
3	中	美、英、加	刘进等（2021）
4	中	美、日、德	陈小亮等（2019）
5	中	美、欧（德）、日	陈婧嫣等（2021）
6	中	美、英、德	贾开等（2018）
7	中	美、英、法、德、日	张志新等（2019）
8	中	德	高杰等（2019）
9	中	美、英、法、日、新加坡	段世飞等（2019）
10	中	美、欧盟	李雨青（2021）
11	中	欧盟	关皓元等（2021）
12	中	美、德、日	余川江等（2021）
13	中	美、英、法、德、日、欧盟	于汉超等（2018）
14	中	美、日	崔晓倩等（2020）
15	中	美、韩、日、欧盟	张成岗等（2023）
16	中	美、日、英、印度	李莹莹等（2019）
17	中	美、英、日、欧盟	冯献等（2022）

二、国内政策主体集中在省级

不区分政策被比较对象和比较对象这一情形的文献相对较多，大部分文献把本国内部不同政策主体（国家与地方之间、区域之间、省市之间）按照统一的比较方法相互对比形成比较结果，进而对整体人工智能产业政策提出改进建议，比如韩婷俐等（2020）分别计算北京、上海、广东政策文本的政策工具占比、PMC 指数，然后比较三者呈现出的共同特征和差异性，但这种比较过程的实质只是政策主体自身特征的丰富，发现整体现状下的更多结构特征，并没有形成新的标杆性的借鉴。

区分被比较对象和比较对象这一情形的文献相对较少，这些文献往往把地方政策作为被比较对象，把国家政策作为具有标杆性的比较对象来改进地方政策。比如，张涛等（2021）将 20 个省级（市）地区政策对照国家《新一代人工智能发展规划》（国发〔2017〕35 号），以改进各地政策，形成新的具有标杆性的借鉴。

国内政策主体的选择标准主要有：

①人工智能产业基础具有差异性或相似性。比如：根据中国新一代人工智能发展战略研究院《中国新一代人工智能科技产业区域竞争力评价指数（2019）》，京津冀、珠三角和长三角区域处于智能科技和产业发展的最前沿（单晓红等，2021）；根据中国新一代人工智能发展战略研究院《中国新一代人工智能科技产业发展报告（2019）》，人工智能企业在北京、上海、深圳的占比累计超过 70%，属于创新密集区（王兆祥等，2020）；根据中国电子信息产业发展研究院《中国智能化发展指数报告（2018）》，我国各省市（不包含港澳台地区）人工智能发展水平大致分为 3 个梯队，并且第一梯队选择北京、上海、浙江，第二梯队选择天津、四川、辽宁，第三梯队选择吉林、贵州、黑龙江（章小童等，2020）。

②现有研究成果未涉及。比如：目前对于京津冀、长三角和珠三角等人工智能发展的代表性区域缺乏比较分析（单晓红等，2021）；尚未从区域层面针对机器人产业政策开展系统研究（胡峰等，2019）。

③参照同类做法。比如，袁野等（2021A）参照刘智勇等（2018）做法，以东部、中部、西部地区作为分类。

④具有重要意义。比如，2019 年 6 月江浙沪皖签署合作备忘录试点推进长三角区域养老一体化，比较长三角区域的智慧养老政策对区域养老一体化和其他地方的政策学习与完善具有重要的指导意义（黄剑锋，2020）。

国内政策主体情况见表 6–2。

表 6-2　国内政策主体情况

是否区分	被比较对象	比较对象	代表文献
区分	省（自治区、直辖市）	国家	张涛等（2021）、章小童等（2020）、章小童等（2019）、张涛等（2020）
不区分	国家、东部、中部、西部		袁野等（2021A）
	国家、北京、上海、广州、深圳		王兆祥等（2020）
	京津冀、珠三角和长三角区域		单晓红等（2021）
	京津冀、长三角、珠三角、成渝、长江中游城市群		金双龙等（2020）
	北京、广东、浙江、上海、江苏		袁野等（2018）
	国家、省（自治区、直辖市）		李明等（2020）、宋琪等（2022）
	北京、上海、广东		韩婷俐等（2020）
	国家、省、市（含省会城市及地级市）		刘红波等（2018）、李首骏（2020）
	国家、北京、天津、河北		刘晓燕等（2020）
	省级、市级		李良成等（2019）
	省级		宋伟等（2019）
	东、中、西、东北部		杨佳雯等（2022）
	东、中、西部		袁野等（2021B）
	国家、省级、地市级、区县级		胡峰等（2020）
	上海、江苏、浙江		胡峰等（2019）
	江浙沪皖		黄剑锋（2020）
	中央、京津冀、长三角、珠三角		费艳颖等（2021）

三、发文主体的权限

我国产业政策模式呈现多层级架构，中央与地方政府［共五级政府：一是国务院；二是包括自治区、直辖市、特别行政区政府在内的省级人民政府；三是包括地区、自治州、盟在内的地级市（含副省级）人民政府；四是包括县级市、区、自治县、旗在内的县级人民政府；五是包括街道办在内的乡镇级人民政府] 有特殊的分工方式，集权与分权并行（瞿宛文，2018）。少数文献考虑了发文主体的权限。李雨青（2021）认为发文单位属于国家政府、联盟层面政策制定、执行机关及直属机构，中国政策发文机构直属国务院，美国政策发文机构直属白宫，欧盟政策发文机构直属欧盟理事会、欧盟委员会与欧盟议会。宋伟等（2019）认为发文机构必须是省级政府及其各部门。余川江等（2021）认为中国地方性产业政策基本遵循和执行国家层面政策指导方向与规划，发文主体仅考虑中华人民共和国国务院以及相关职能部门。王萌等（2021）认为香港、澳门与台湾的制度与其他省份不同，因此不列入研究范围。荆晶（2021）指出政策主体的权力级别决定了政策文本的适用层次及范围，国家级政策主体所发布的政策主要针对国家整体发展状况，地区级的政策主体主要是以国家政策为指导，根据地区实际情况设计更加具有针对性的政策。

第二节　基于对一般方法优化的标杆性具体标准

一、其他领域标杆选择标准

标杆管理在具体领域使用时需要明确标杆对象的选择标准，发展水平更高、具有一定的相似性（地域靠近、产业有联系等）等是最主要的标准。比如，在智能终端产业市级标杆选择方面，周烨（2020）选取重庆市作为 Y 市智能终端产业发展路径的标杆，主要考虑有：一是重庆市智能终端产业发展相对成熟，在全国位居前列，智能终端产业发展较好；二是 Y 市与重庆市具有历史渊源；三是 Y 市与重庆未来形成 1 小时经济圈，可以与重庆地区的产业进行对接及消化吸收。在县域经济标杆选择方面，霍治方（2019）以 Malmquist 指数分解法和 R 最小距离聚类分析法，分别从全要素生产率、县域经济平均综合效率角度，对甘肃省 76 个县域单元进行排序，把相对高效、有效县域单元作为相对低效、无效县域单元的学习标杆，比如 Malmquist 指数最高的西和县是同样地处甘肃南部地区的舟曲县、文县的学习标杆。

二、人工智能产业政策主体标杆性具体标准

比较对象相对于被比较对象而言，符合以下标准即可认为比较对象达到了标杆性水平，基本要点是要在产业资源配置权力同等的对象中寻找到产业发展水平高又与自己相竞争的对象作为学习标杆。

（一）比较对象在产业资源配置权力上具有同等性

产业资源配置权力的同等性是产业政策可比性的前提，首先要满足比较法中要求的属于同类。本书按照产业资源配置权力同等性，在现有文献基础上加强市级典型区域的比较，因为市级政府部门直接贯彻落实上级及自身制定的产业政策，人工智能产业基础在某些方面也具有特色优势；考虑到行政单位主体性、权责利统一性，被比较对象的选择可以进一步精准到某个行政单位，对同一层次行政单位的先进经验进行学习模仿。

有学者提出政府层面区域产业政策手段类型（行政手段、财政手段、金融手段、外贸手段、土地手段、信息指导手段、制度变革），政府部门拥有的人工智能产业资源配置权力主要包括：一是本级政府自有的财政、土地等资源的配置权力。各级政府一般具备对一个企业所需的本地生产要素进行补充的权力。2020 年《中共中央　国务院关于构建更加完善的要素市场化配置体制机制的意见》把土地、劳动力、资本、技术、数据作为五大类生产要素。欧阳志刚等（2020）还把制度要素（如对外开放度、政府干预程度、经济民营化程度和行业垄断程度）作为生产要素之一，地方政府在其完善自身制度的权限内也可以优化对本地企业的制度供给。二是政府对行业采取各种规制的权力。由于人工智能产业运行具有一定的安全风险、法律风险和伦理风险，在政府部门规制甚至在立法层面就有必要明确市场准入等要求，规定什么样的企业经营行为可以做或不可以做。

（二）比较对象在产业基础上更先进或也先进

制定产业政策的目的是促进产业发展，产业发展水平相对更高或与自身

差不多高的地方所制定的产业政策才会被其他地方更加重视和学习。在现有文献基础上对产业基础更先进的分析要针对人工智能产业生态及其关键环节的对比，当产业生态接近或关键环节类似，或者比较对象的产业生态或关键环节是被比较对象的追求目标，被比较对象学习模仿比较对象的针对性才更强。

人工智能产业基础可以从区域经济总量（整体经济实力）、人工智能产业发展水平综合评价排名、人工智能产业规模、人工智能产业关键领域发展水平评价排名等方面考察。

（三）比较对象在产业联系上具有竞争性

区域产业发展往往是处于竞争环境下的，区域产业政策要有助于促进区域产业竞争力的提升。对于人工智能产业而言，不同地方都在争取占领产业发展的先机，因此形成了某种竞争关系。

人工智能产业联系可以从产业区位是否靠近、产业发展领域是否同质、重点企业是否处于同一梯队等方面考察。

第三节　可改进深圳市人工智能产业政策的具体比较主体

一、具有同等的产业资源配置权力的比较主体

（一）深圳行政权限与产业资源配置权力

一个地方的行政级别决定了其产业资源配置权力，因此要选择与深圳市行政级别基本对等的地方，这些地方均可以作为深圳市人工智能产业政策改进的潜在比较主体。

1. 国家社会与经济发展计划单列市

国家计划单列市在行政建制不变的情况下拥有相当于省一级的经济管理权限，其“一把手”官员级别为副省级。深圳市是国家社会与经济发展计划

单列市。截至 2023 年 6 月，除深圳市外，全国其他 4 个单列市分别是大连市、青岛市、宁波市、厦门市。

2. 副省级市

深圳市是副省级市，行政架构为副省级建制，党政机关主要领导干部行政级别为省部级副职。截至 2023 年 6 月，除深圳市外，全国还有 14 个副省级市，分别为广州市、武汉市、哈尔滨市、沈阳市、成都市、南京市、西安市、长春市、济南市、杭州市、大连市、青岛市、厦门市、宁波市。副省级市包含计划单列市（5 个）、省会城市（10 个）。

此外，直辖市是省级行政区，直辖市的市委书记一般由中共中央政治局委员兼任，为副国家级干部。我国现有北京市、天津市、上海市、重庆市 4 个直辖市。在某种意义上直辖市与深圳市也可以纳入“省级”的梯队。

3. 地级市 / 设区的市

地级市的行政地位与地区、自治州、盟相同，属地级行政区，是建制与地区相同的市，由省、自治区管辖。深圳市是广东省辖地级市，也是设区的市（下辖 11 个区）。截至 2023 年 6 月，除深圳市外，全国还有 292 个地级市，其中设区的市为 288 个（东莞市、中山市、儋州市、嘉峪关市直接管辖街道、镇、乡等乡级行政区）。

深圳市还是“全区市”，管辖区域全为市辖区。截至 2023 年 6 月，全国有 16 个城市全域设区，其中直辖市有 3 个，分别是北京市、上海市和天津市；地级市有 13 个，分别是深圳市、厦门市、武汉市、珠海市、海口市、佛山市、南京市、广州市、乌海市、鄂州市、克拉玛依市、三亚市、三沙市。

（二）深圳立法权限与产业资源配置权力

1992 年，全国人大常委会授予深圳经济特区立法权。根据《中华人民共和国立法法》，经济特区所在地的省、市的人民代表大会及其常务委员会根据全国人民代表大会的授权决定，制定法规，在经济特区范围内实施；经济特区法规根据授权对法律、行政法规、地方性法规作变通规定的，在本经济特区适用经济特区法规的规定。根据《深圳市制定法规条例》，市人民代表大会及其常务委员会根据本市的实际情况制定深圳市法规，限于城市建设与管理、环境保护、历史文化保护等方面的事项，在深圳市范围内实施。其中包括对人工智能产业的立法，如深圳市出台了《深圳经济特区人工智能产业促进条例》。

设区的市等城市也拥有地方性法规和规章的制定权。根据《中华人民共和国立法法》，省、自治区、直辖市的人民代表大会及其常务委员会根据本行政区域的具体情况和实际需要，在不同宪法、法律、行政法规相抵触的前提下，可以制定地方性法规；设区的市的人民代表大会及其常务委员会根据本市的具体情况和实际需要，在不同宪法、法律、行政法规和本省、自治区的地方性法规相抵触的前提下，可以对城乡建设与管理、生态文明建设、历史文化保护、基层治理等方面的事项制定地方性法规；省、自治区、直辖市和设区的市、自治州的人民政府，可以根据法律、行政法规和本省、自治区、直辖市的地方性法规，制定规章。

从立法权的角度看，国内凡是有地方立法权的城市，如深圳市与直辖市、其他设区的市，在对人工智能产业立法方面具有基本同等的权限。

（三）深圳其他权限与产业资源配置权力

其他权限主要指可以比同类城市施行某种突破政策或改革先行先试的权限。首先，深圳市是经济特区，是实行特殊经济政策和经济体制的地区，截至 2023 年 6 月，除深圳经济特区外，全国还有珠海、汕头、厦门、海南、喀什、霍尔果斯、上海浦东新区、天津滨海新区等具有其他权限。其次，国家在“经济开发区”、“经济特区”、农村综合改革试验区等基础上融合改革功能提出了国家综合配套改革试验区，其中深圳市是开发开放类的国家综合配套改革试验区，此类还有上海浦东新区、天津滨海新区、厦门市、义乌市。此外，深圳市是综合改革试点唯一城市，2021 年 8 月中共中央办公厅、国务院办公厅印发《深圳建设中国特色社会主义先行示范区综合改革试点实施方案（2020—2025 年）》，首次以清单批量授权方式赋予地方在重点领域和关键环节上有更多的主动权，支持深圳在更高起点、更高层次、更高目标上推进改革开放，率先完善各方面制度。

二、具有较好产业基础的比较主体

（一）区域经济总量：先进制造业百强市排名

赛迪顾问股份有限公司智能装备产业研究有限公司（2022）采用创新能力、融合发展、经济带动、品牌质量、绿色集约维度，定性及定量研究全国293个地级市各城市先进制造业发展情况，形成2022年先进制造业百强市排行榜。其中，在其提出的城市先进制造业发展演进曲线中，跃升期城市（前3名）领跑全国先进制造业发展，包括深圳、苏州、广州；扩张期城市（第4名至第29名）追赶势头强劲，包括南京、杭州、宁波、青岛、长沙、成都、武汉等26个城市，佛山、珠海、东莞分别列第15、21、22名；发展期城市（第30名至第58名），惠州（第32名）、中山（第39名）上榜；起步期城市（第59名至第100名），肇庆（第87名）、汕头（第88名）上榜。

（二）区域经济总量：软件和信息技术服务业中心城市排名

根据工业和信息化部《2022年软件和信息技术服务业统计公报》，在全国15个副省级市中，软件和信息技术服务业业务收入前10名依次为深圳市（9983亿元）、杭州市（8259亿元）、南京市（7408亿元）、广州市（6464亿元）、成都市（4732亿元）、济南市（4382亿元）、青岛市（3672亿元）、武汉市（2519亿元）、西安市（2219亿元）和沈阳市（1087亿元）。

（三）人工智能产业发展水平综合评价：IDC和浪潮信息中国人工智能城市排行榜

IDC和浪潮信息（2023）基于人工智能投资规模、政策支持力度、技术成熟度、劳动供给等维度，形成2022年中国人工智能城市排行榜，前10名依次为北京市、杭州市、深圳市、上海市、广州市、成都市、苏州市、南京市、天津市、济南市，此外合肥市、长沙市、武汉市也值得关注。

（四）人工智能产业发展水平综合评价：2022年中国人工智能科技产业城市竞争力评价指数

中国新一代人工智能发展战略研究院（2022）从企业能力、学术生态、资本环境、国际开放度、链接能力和政府响应能力6个维度，评价人工智能产业的区域发展潜力和竞争力水平，所形成的2022年中国人工智能科技产业城市竞争力评价指数中前20名分别是北京市、深圳市、上海市、杭州市、广州市、佛山市、成都市、珠海市、南京市、武汉市、济南市、天津市、合肥市、重庆市、西安市、长沙市、青岛市、苏州市、哈尔滨市、无锡市。

（五）人工智能产业发展水平综合评价：火石创造2022年中国城市人工智能创新指数

火石创造[①]2022年中国城市人工智能创新指数采用综合指数分析法，聚焦于"要素储备、企业活力、成果产出、城市承载"四大维度，评估30个重点城市人工智能产业的创新力水平，第1~30名依次为北京市、深圳市、上海市、杭州市、广州市、成都市、武汉市、南京市、苏州市、无锡市、天津市、合肥市、青岛市、长沙市、济南市、厦门市、郑州市、重庆市、西安市、福州市、东莞市、贵阳市、大连市、宁波市、沈阳市、泉州市、湖州市、哈尔滨市、昆明市、长春市。

（六）成长型AI企业：中国成长型AI企业研究报告

英特尔中国等（2021）发布报告显示，北京市、上海市和深圳市分别带动了京津冀、长三角、珠三角地区的人工智能产业集群发展，三地成长型AI企业占中国成长型AI企业比重总和为41%；杭州市、南京市、广州市是高速发展的核心人工智能城市；在人工智能新兴城市中，苏州市、重庆市和成都市发展尤为显著。

三、具有较强产业联系的比较主体

（一）深圳经济区位：粤港澳大湾区

根据2019年2月中共中央、国务院印发的《粤港澳大湾区发展规划纲

① 《中国城市人工智能创新指数2022：东部城市领跑，一超多强格局凸显》，参见http://mp.ofweek.com/ai/a656714944387（2023年3月9日登录）。

要》，粤港澳大湾区包括香港特别行政区、澳门特别行政区和广东省广州市、深圳市、珠海市、佛山市、惠州市、东莞市、中山市、江门市、肇庆市，以香港、澳门、广州、深圳四大中心城市作为区域发展的核心引擎，珠海、佛山、惠州、东莞、中山、江门、肇庆等城市形成特色鲜明、功能互补、具有竞争力的重要节点城市。

（二）深圳经济区位：广东省都市圈

根据 2022 年 7 月广东省自然资源厅印发的《广东省都市圈国土空间规划协调指引》，深圳都市圈包括深圳市（含深汕特别合作区）、东莞市全域以及惠州市的惠城区、惠阳区、惠东县、博罗县；广州都市圈包括广州市、佛山市全域以及肇庆市的端州区、鼎湖区、高要区、四会市，清远市的清城区、清新区、佛冈县；珠江口西岸都市圈包括珠海市、中山市、江门市、阳江市。

（三）深圳人工智能企业全国布局：上市公司

截至 2023 年 4 月 12 日，根据东方财富官网，“人工智能”板块共有企业 320 家，其中深圳企业 45 家（见表 6–3）。经查询各个上市公司年报，其中提及的在深圳之外（不含港澳台）的重要子公司主要分布在北京市、上海市、广州市、成都市、长沙市、杭州市、武汉市、西安市、东莞市等城市。

表 6–3　深圳市人工智能上市公司全国布局情况

序号	名称	在深圳之外的重要子公司
1	中兴通讯股份有限公司	西安中兴通讯终端科技有限公司、西安中兴新软件有限责任公司、西安克瑞斯半导体技术有限公司
2	深圳市证通电子股份有限公司	长沙证通云计算有限公司、广州证通网络科技有限公司、广州云硕科技发展有限公司、广东宏达通信有限公司（东莞市）、四川蜀信易电子商务有限公司（成都市）、湖南健康大数据发展有限公司（湘潭市）、陕西证通云计算有限公司（铜川市）
3	深圳市长亮科技股份有限公司	北京长亮合度信息技术有限公司、上海长亮信息科技有限公司、北京长亮新融科技有限公司、北京天阳大有信息技术有限公司、杭州长亮金融信息服务有限公司、长沙市长亮数金科技有限公司

续表

序号	名称	在深圳之外的重要子公司
4	深圳市财富趋势科技股份有限公司	武汉通达信数字科技有限公司、武汉通达信软件科技有限公司、武汉日积月盈数字技术有限公司
5	中国长城科技集团股份有限公司	中电长城科技有限公司（长沙市）、长城信息产业股份有限公司（长沙市）、武汉中原电子集团有限公司、中电长城圣非凡信息系统有限公司（北京市）、湖南长城计算机系统有限公司（株洲市）、长城电源技术有限公司（太原市）
6	彩讯科技股份有限公司	北京百纳科创信息技术有限公司、广州百宇乐软件有限公司、泉州市联久科技有限公司、广州彩讯数字技术有限公司、广州安歌软件有限公司、广州景致无线信息科技有限公司、西安绿点信息科技有限公司、杭州虎霖信息技术有限公司
7	深圳市金证科技股份有限公司	上海金证高科技有限公司、北京北方金证科技有限公司、成都金证信息技术有限公司、南京金证信息技术有限公司、金证财富南京科技有限公司、北京联龙博通电子商务技术有限公司、杭州金证引擎科技有限公司
8	深圳市锐明技术股份有限公司	重庆锐明信息技术有限公司、四川锐明智通科技有限公司（成都市）
9	深圳市特发信息股份有限公司	北京神州飞航科技有限责任公司
10	深圳市汇顶科技股份有限公司	成都金慧通数据服务有限公司、汇顶科技（成都）有限责任公司
11	深圳达实智能股份有限公司	江苏达实久信医疗科技有限公司（常州市）
12	深圳市金溢科技股份有限公司	青岛金溢科技有限公司、佛山金溢科技有限公司、福建金溢科技有限公司（福州市）
13	深圳市智微智能科技股份有限公司	东莞市新兆电科技有限公司、东莞市智微智能科技有限公司
14	深圳市亿道信息股份有限公司	无年报
15	深圳市法本信息技术股份有限公司	上海法本信息技术有限公司

续表

序号	名称	在深圳之外的重要子公司
16	深圳万讯自控股份有限公司	成都安可信电子股份有限公司、广州精信仪表电器有限公司
17	深圳市方直科技股份有限公司	无相关公司
18	深圳天源迪科信息技术股份有限公司	安徽迪科数金科技有限公司（合肥市）、北京迪科云起科技有限公司、北京天源迪科网络科技有限公司、北京天源迪科信息技术有限公司、广州天源迪科信息技术有限公司
19	深圳市赛为智能股份有限公司	合肥赛为智能有限公司、北京开心人信息技术有限公司、湖南赛吉智慧城市建设管理有限公司（吉首市）
20	深圳市一博科技股份有限公司	珠海市一博电路有限公司
21	深圳市新国都股份有限公司	长沙公信诚丰信息技术服务有限公司、湖南丰度软件有限公司（长沙市）、浙江中正智能科技有限公司（杭州市）
22	深圳拓邦股份有限公司	惠州拓邦电气技术有限公司、惠州市驰顶科技有限公司
23	深圳英飞拓科技股份有限公司	英飞拓（杭州）信息系统技术有限公司、新普互联（北京）科技有限公司
24	盛视科技股份有限公司	武汉盛视技术有限公司、海南智能人技术有限公司（海口市）
25	深圳市奥拓电子股份有限公司	南京奥拓电子科技有限公司、惠州市奥拓电子科技有限公司、北京市奥拓电子科技有限公司、上海奥拓翰明计算机科技有限公司
26	深圳市维海德技术股份有限公司	成都维海德科技有限公司、东莞市维海德精密科技有限公司、北京维海德网络科技有限公司
27	深圳市康冠科技股份有限公司	无相关公司
28	深圳市同为数码科技股份有限公司	惠州同为数码科技有限公司

续表

序号	名称	在深圳之外的重要子公司
29	深圳市雷赛智能控制股份有限公司	上海市雷智电机有限公司、上海兴雷智能科技有限公司
30	深圳市赢时胜信息技术股份有限公司	筹远（上海）信息科技有限公司、上海赢量信息科技有限公司、上海赢志泰计算机科技有限公司、匡衡软件（北京）有限公司、赢证（上海）数字科技有限公司、东吴（苏州）金融科技有限公司
31	深圳秋田微电子股份有限公司	赣州市秋田微电子有限公司、北京秋田微电子科技有限公司
32	日海智能科技股份有限公司	芯讯通无线科技（上海）有限公司、龙尚科技（上海）有限公司、芯讯通无线科技（广州）有限公司、日海智能设备（珠海）有限公司
33	深圳市索菱实业股份有限公司	广东索菱电子科技有限公司（惠州市）、上海三旗通信科技有限公司、上海航盛实业有限公司、武汉英卡科技有限公司、三旗（惠州）电子科技有限公司
34	神州数码信息服务股份有限公司	神州数码系统集成服务有限公司（北京市）、南京华苏科技有限公司、北京神州数字科技有限公司
35	深圳市劲拓自动化设备股份有限公司	上海复蝶智能科技有限公司
36	协创数据技术股份有限公司	安徽协创物联网技术有限公司（合肥市）
37	深圳市东方嘉盛供应链股份有限公司	无相关公司
38	深圳市雄帝科技股份有限公司	长沙雄帝信安科技有限公司、广州城硕科技有限公司、包头市城市一卡通有限公司
39	深圳市优博讯科技股份有限公司	珠海智汇网络设备有限公司、武汉市优博讯软件科技有限公司、厦门市优博讯软件科技有限公司
40	深圳市捷顺科技实业股份有限公司	上海捷羿软件系统有限公司、上海雅丰信息科技有限公司
41	深圳和而泰智能控制股份有限公司	浙江铖昌科技股份有限公司

续表

序号	名称	在深圳之外的重要子公司
42	芯海科技（深圳）股份有限公司	合肥市芯海电子科技有限公司、西安芯海微电子科技有限公司、上海芯洲科技有限公司、成都芯海创芯科技有限公司
43	国民技术股份有限公司	内蒙古斯诺新材料科技有限公司
44	深圳万润科技股份有限公司	广东恒润光电有限公司（东莞市）、中筑天佑科技有限公司（佛山市）、北京万润新动科技有限公司、杭州信立传媒有限公司
45	深圳云天励飞技术股份有限公司	江苏云天励飞技术有限公司（南京市）、湖南云天励飞信息技术有限公司（长沙市）、杭州励飞软件技术有限公司、成都云天励飞技术有限公司、北京云天励飞科技有限公司、上海云天励飞信息技术有限公司

四、国内比较主体目标选择：五市

同时符合以上 3 个条件的城市，都可以作为深圳市人工智能产业政策比较主体选择目标。本书选择北京市、上海市、广州市、杭州市、成都市作为深圳市人工智能产业较好的国内政策比较主体（见表 6–4）。

表 6–4 国内比较主体目标选择结果

序号	地区	产业资源配置	产业基础	产业联系	其他
1	北京市	直辖市，是设区的市	人工智能产业发展水平综合评价居前列	深圳市人工智能上市公司布局的子公司多	国家人工智能创新应用先导区、新一代人工智能创新发展试验区
2	上海市				
3	广州市	副省级市，是设区的市	先进制造业百强（地级市）、软件和信息技术服务业中心城市（副省级市）、人工智能产业发展水平综合评价居前列		
4	杭州市				
5	成都市				

五、国外比较主体目标选择：美国

从产业资源配置权力来看，一般难以把中国国内的副省级市和美国联邦政府进行直接比较，但二者的产业资源配置权力在一些方面仍然具有一定的相似性，如都可以独立实施资金政策、法规政策等，且在某种意义上，针对国外法律条款也可能存在国内没有相同条款的情况，若如此，深圳市便可以在不同国家宪法、法律、行政法规和本地地方性法规相抵触的前提下，借鉴别国立法条款来优化本市范围内施行的人工智能产业立法规定，因此二者在产业资源配置权力上具有一定的可比性。

从产业基础来看，美国是人工智能产业的世界第一强国，我国一般被认为是第二强国，中美比较研究是学术界最普遍的做法，而深圳市是我国人工智能产业第一梯队的城市，二者在产业基础上都具有强的特点，因此深圳市人工智能产业政策应当向世界最高水平的美国借鉴。

从产业联系来看，除深圳经济活动（如进出口总额、人员往来等）与美国经济活动整体紧密联系外，尽管缺乏足够的深圳市与美国人工智能产业的资本、人才等要素流动的数据，但从归国人员创立深圳市人工智能企业的情况初步判断，归国人员主要具有美国求学或就业经历；此外，被美国“制裁”的企业一定是与美国存在某种产业联系（如技术竞争、市场竞争等）的企业，美国政府“制裁”的华为、大疆等都是深圳市具有龙头型作用的人工智能企业，因此深圳市与美国人工智能产业联系也可以被认为是强的。

综合以上三个选择标准，深圳市人工智能产业的国外政策比较主体目标选择美国。

第七章　基于科学性要求的深圳市人工智能产业政策比较方法选择

人工智能产业现有政策比较方法可以分为整体指数模型评价、主题词频统计、细分维度对比、政策工具对比。本书结合科学性的主要标准，选择政策工具条款对比作为深圳市人工智能产业政策比较方法。

第一节　政策比较方法选择的一般做法

人工智能产业的现有政策比较方法集中于政策文本具体条款比较分析法，尚未形成完全统一的研究框架，但大多围绕政策文本具体条款构建由多个不同维度或评价方法组成、以政策工具为核心的比较分析框架。

一、现有文献选择政策比较方法的主要依据

选择依据主要有以下类型：

① 拟采用的方法具有某些优势，如与已有的一些政策量化评价模型相比，PMC 指数模型具有几点突出优势（胡峰等，2020）；政策工具—创新价值链无法对政策自身的优势和不足进行综合判断，故引入 PMC 指数模型（毛子骏等，2020）。

② 现有文献中未采用，如学者对人工智能产业政策研究多为描述性比较，暂未从更为细致的定量角度进行深入研究（汤志伟等，2019），在构建多

维度分析框架的基础上对国家与地方出台的政策进行整体上的比较研究尚处于空白（李明等，2020），针对人工智能政策的跨国比较框架尚未出现（陈婧嫣等，2021），以政策工具为视角的机器人产业政策研究成果非常匮乏（胡峰等，2019），尚缺少从伦理道德、法律规范和社会规约的角度来对比分析不同国家的人工智能政策的研究（张成岗等，2023），鲜有学者基于单独省级政策展开探究（杨佳雯等，2022），较少有学者关注人工智能人才队伍建设中的政策供给部分（袁野等，2021B），还未见对单项机器人产业政策进行量化评价研究的（胡峰等，2020）。

③ 借鉴同类已用研究方法，如借鉴李梓涵昕等（2015）的中韩两国技术创新政策文本分析框架——政策目标、政策工具和政策执行维度（汤志伟等，2019）；根据系统性文献梳理（养老政策研究）和理论借鉴（政策工具与目标、主体的匹配关系是发现政策特征的重要窗口），选择“政策主体—政策目标—政策工具”分析框架（黄剑锋，2020）。

④ 某方法在应用中成熟，如学界关于政策工具—创新价值链的政策研究已有一定理论基础，具备操作可行性和合理性（毛子骏等，2020）；介于定性研究与定量研究的内容分析法最为常用（章小童等，2020）。

⑤ 某比较维度具有重要意义，如政策目标是各国制定人工智能政策时的首要考量，决定了各国最终会把本国的人工智能引向何方（陈婧嫣等，2021）。

⑥ 现有研究框架不足，如以往研究框架侧重政策执行的措施和手段，无法反映执行力度、主体关联度等政策属性特征（单晓红等，2021）。

⑦ 研究目的决定研究方法，如果期望从政策文本中获取客观的、可重复验证的政策信息和发展规律，那么政策文本量化分析是一个不错的选择（刘红波等，2018）；基于所设定的研究目标，提取风险议题、治理主体与政策工具三个分析维度（李雨青，2021）。

⑧ 行业特点决定研究方法，如进一步打造世界级产业集群已成为各国提升制造业全球竞争力的主要手段，同时集群化兴起是智能制造发展的特征和要求，因此构建了“政策工具—产业集群”二维分析框架（余川江等，2021）。

二、整体指数模型评价方法

整体指数模型评价方法主要包括 PMC 指数模型、文本相似度、二元 Logistic 回归方法、探索性空间数据分析等（见表 7-1）。

表 7-1　政策比较主要方法——整体指数模型评价

序号	具体方法	基本特点	代表文献
1	PMC 指数模型	可通过 PMC 指数及 PMC 曲面反映政策的总体评价及各单项的具体情况。选择若干一级变量，一级变量下再设若干二级变量（可假设二级变量在投入产出表中所占权重相同），计算（根据词频文本和赋值）某一个政策文本 PMC 指数，根据得分评为完美政策、优秀政策、可接受的政策、不良政策四类结果。	韩婷俐等（2020）、毛子骏等（2020）、胡峰等（2020）
2	文本相似度	语句中最大相似度数值越高，相似度越高、共性越大。政策文本从组织结构上由文本、语句、词语构成。将文本中的语句视为短文本，重点对语句间的相似度进行计算。通过计算得到的 TF-IDF 值，利用余弦相似度计算语句相似性。	张涛等（2021）、张涛等（2020）
3	二元 Logistic 回归方法	回归系数如果为正，代表中国该变量下的政策数量占比明显高于美国，如果为负，则代表美国该变量下的政策数量占比显著高于中国。采取虚拟变量的赋值法。将国家变量作为协变量。选择若干政策子变量（围绕政策目标、政策工具和政策执行）作为因变量，并进行赋值。	汤志伟等（2019）
4	探索性空间数据分析	政策文件集聚效应（全局空间特征）：全局莫兰指数，反映了全局的自相关性，可以利用通用数据分析与模拟（Genda）软件计算得到；辐射效应（局部空间特征）：局部莫兰指数，考察局部地区的空间相关程度，可以通过莫兰散点图来体现。	王萌等（2021）

三、主题词频统计方法

主题词频统计方法主要是运用文本挖掘软件，对政策文本中的主题词、关键词的词频进行编码、统计和分析（见表 7–2）。

表 7–2 政策比较主要方法——主题词频统计

序号	具体方法	代表文献
1	将政策文本导入软件（如 ROSTCM）的文本挖掘库，形成文档集，开展文本分词处理（剔除地名等各种无用词后剩下有效词），针对分词后的文档集进行高频主题词统计（如词频分析）、语义网络分析、共现网络图绘制。	宋伟等（2019）、章小童等（2019）、李明等（2020）、韩婷俐等（2020）、黄剑锋（2020）、沙德春等（2021）、袁野等（2021B）、宋琪等（2022）
2	使用自然语言处理中的依存句法分析技术分析政策文本词语间的依存关系并组合为语义短语，采用 LDA 主题模型识别政策主题。	单晓红等（2021）
3	“技术—社会”双重属性视角下政策议题分为核心议题、关键议题和相关议题。政策文本导入 QSR NVivo11 质性分析软件，按照设定的分析框架对分析单元（政策条款）进行编码。	刘红波等（2018）
4	运用 LDA 主题模型，将政策高频词、主题词或关键词可视化处理生成云图。	李首骏（2020）、陈婧嫣等（2021）
5	开展初始编码、一级编码、二级编码后的词频统计，借助 NetDraw 软件将主题词共现关系矩阵绘制成主题词共现网络。	章小童等（2019）、章小童等（2020）
6	运用 NVivo11 软件 /NVivo12 Plus 质性分析软件进行政策文本关键词编码。	袁野等（2021A）、费艳颖等（2021）、张成岗等（2023）

四、细分维度对比方法

细分维度主要是选择政策文本具有某种特征或特点的一个方面，如政策文种、政策发布主体、政策发布数量、政策发布时间等（见表 7–3）。

表 7–3 政策比较主要方法——细分维度对比

序号	具体维度		代表文献
1	政策文种	实施细则类、管理办法类、发展规划类、指导意见类、条例法规类	王萌等（2021）、单晓红等（2021）
		政策形式（如规划、计划）	李明等（2020）

续表

序号	具体维度		代表文献
2	发布主体	国家政府部门、地方政府部门	曾坚朋等（2019）、李明等（2020）、李首骏（2020）、荆晶（2021）、黄剑锋（2020）
		推动力量、新设机构	高杰等（2019）、关皓元等（2021）
		政策实施组织	沙德春等（2021）
		使用社会网络分析法构建各区域政策发文主体联合发文网 / 政策主体网络关系构型	黄剑锋（2020）/ 单晓红等（2021）
3	发布数量	人工智能政策或与人工智能关联度较强的政策文本数量	金双龙等（2020）、单晓红等（2021）、王萌等（2021）
4	发布时间	政策发布的年月、频次	金双龙等（2020）、李首骏（2020）、王萌等（2021）
5	政策功能	产业布局、产业技术、产业组织、产业结构	宋琪等（2022）
6	政策层次	分为根政策（区域性联合）、干政策（本省市的整体部署）和枝政策（实施细则等）	金双龙等（2020）、李明等（2020）
7	政策协同	横向协同（不同省市联合的某些体制机制）、纵向协同（产业链融合）	金双龙等（2020）
		分为横向府际合作（共著和引用）、纵向府际合作，借助社会网络模型和 LDA 主题模型对政策的主体和主题进行抽取建模	刘晓燕等（2020）
		政策发布主体合作（社会网络分析法）	单晓红等（2021）
		政策间关联性	李首骏（2020）
8	政策目标	量化和定性目标	陈小亮等（2019）
		宏观目标、微观目标	沙德春等（2021）
		扩散导向型和任务导向型政策目标	汤志伟等（2019）

续表

序号	具体维度		代表文献
8	政策目标	提升国家整体竞争力	曾坚朋等（2019）
		面向产业发展与面向社会变革	陈婧嫣等（2021）
		“五位一体”视角下人工智能的发展愿景	刘红波等（2018）
		技术领先、示范推广、企业培育、产业升级和创新体系目标	李良成等（2019）
		基础理论、关键核心技术、支撑平台、产业发展、融合应用、发展环境目标	宋伟等（2019）
		经济融合、社会应用	杨佳雯等（2022）
		关键技术产品研发、公共服务平台建设、智慧健康养老标准建立、服务推广	黄剑锋（2020）
9	政策理念	加强监管与放松限制	陈婧嫣等（2021）
10	政府关注	政府注意力配置：参考点数值频次（制定者对人工智能各方面事务的关注程度）	张成岗等（2023）
11	实施原则	政策实施过程中所需遵守的基本要求	沙德春等（2021）
12	政策路径	政企角色与国家优势 / 政策措施	陈婧嫣等（2021）/ 张成岗等（2023）
13	政策执行	国家行政机关和地方行政机关执行	汤志伟等（2019）
14	文本具体条款结构	内容完整性（基础层—技术层—应用层）和连续性（不同政策衔接）、目标明确性、措施可行性	金双龙等（2020）
		指导思想、主要目标、重点任务和保障措施	袁野等（2018）
		政策重点任务	沙德春等（2021）
15	产业生态	产业链：基础层—技术层—应用层	李良成等（2019）、荆晶（2021）
		产业集群：企业发展、产业环境、空间支撑、网络组织	余川江等（2021）

续表

序号	具体维度		代表文献
15	产业生态	医药健康（规划特点、重点任务、基础设施）	李莹莹等（2019）
16	创新生态	创新价值链：基础研究、技术开发、成果转化和产业推广环节	毛子骏等（2020）、赵顺龙等（2022）
		创新类型、阶段：基础创新准备、运行、评价和应用创新准备、运行、评价	王兆祥等（2020）
		负责任创新：负责任创新的政策主题、政策工具、政策力度（发文数量、发文机构、政策类型）	费艳颖等（2021）
		技术创新：基础性研发与创新 / 重点研发领域	陈小亮等（2019）/ 关皓元等（2021）
17	Post-ELSI	伦理（安全、隐私、责任等）、法律（确权、监管、算法等）、社会（公正、平等、治理等）	张成岗等（2023）
18	风险	风险议题（治理什么）、治理主体（谁来治理）	李雨青（2021）
19	场景应用	人工智能技术产业化应用 / 重点应用领域	陈小亮等（2019）、高杰等（2019）/ 关皓元等（2021）
20	人才要素	人才培养环境和目标、师资队伍、高校人才培养主体、产学研合作育人 / 人才引进、人才培养、人才激励	刘进等（2021）/ 袁野等（2021B）
21	政策扩散	“学习—扩散”动态视角：从突出个性走向借鉴融合、从面向局部走向全面部署	陈婧嫣等（2021）

五、政策工具对比方法

政策工具主要有两类：一类是供给侧、需求侧、环境侧类；另一类是强制类、市场类、引导类、自愿类。前一类使用较多。政策工具的甄别（或称编码）一般要分析政策文本具体条款，也就是要多人判断某一个政策文本具体条款属于哪一类政策工具。政策工具对比的输出结果主要是每一类政策工具的占比等情况（见表 7–4）。

表 7-4 政策比较主要方法——政策工具对比

序号	具体工具	代表文献
1	普遍采用 Roy Rothwell 和 Walter Zegveld（1984）对政策工具条款供给侧、需求侧、环境侧类的三大分类，通过扎根理论、ROSTCM 软件编码、NVivo11 软件编码等方法分析主题特征、有效高频词、政策条款后进行政策工具类型的匹配	毛子骏等（2020）、汤志伟等（2019）、李明等（2020）、韩婷俐等（2020）、袁野等（2021A）、刘红波等（2018）、李良成等（2019）、宋伟等（2019）、王兆祥等（2020）、胡峰等（2019）、李首骏（2020）、余川江等（2021）、荆晶（2021）、赵顺龙等（2022）、黄剑锋（2020）、杨佳雯等（2022）、宋琪等（2022）
2	强制类、市场类、引导类、自愿类	曾坚朋等（2019）、李雨青（2021）

第二节　基于对一般做法优化的科学性具体标准

使用一个方法开展研究，首先要确保所用方法是科学的。关于判断所选用的人工智能产业政策比较方法是否科学，现有文献尚未提及。在方法本身是“自洽”（方法自身的设计逻辑合理）的前提下，判断所选用的人工智能产业政策比较方法的科学性或适用性，要从以下标准考虑。

一、方法输出的结论与政策比较的关键目的相一致

简单来说，政策比较的目的是获取针对政策文本具体条款不同程度的差异性。围绕如何直接展示政策文本具体条款差异性，展示程度最低的政策比较方法是整体指数模型评价，该方法进行综合分析，仅能从整体上判断政策的优劣等级；展示程度相对更高些的政策比较方法是对主题词频进行统计，但主题词只是政策文本具体条款中词句的组成部分，很难看出具体条款全貌；展示程度进一步提高的是细分维度对比，一般采用多维度组合视角下的结构分析，其中政策发布内容、政策目标等少数维度需要直接对比政策文本具体条款；展示程度最高的是政策工具对比，政策工具的具体表述（不是政策工

具比例）会直接对比政策文本具体条款，因此最能体现政策原貌和全貌。实践中，可将不同展示程度的政策方法综合运用，将结构分析和综合分析结合。比如，毛了骏等（2020）采用的政策工具—创新价值链维度方法属于结构分析，PMC 指数模型属于综合分析。

有的方法输出的结论往往具有某种局限性。比如，人工智能政策文本相似度数值仅能从某个层面体现地方政府对人工智能发展的重视程度，并不能全方位地展示人工智能发展总体情况（张涛等，2021）；词频统计很难把握内容背后的内涵或关联关系，缺乏语义特性（章小童等，2020；单晓红等，2021）；人工智能产业创新价值可能存在更多环节，且在每个环节也可能会受到不同环境因素的影响，在整个价值链中甚至可能存在反馈回路（毛子骏等，2020），这个回路的存在导致分析结论的准确性降低。此外，政策比较后的一些“比例”结论也可能不具备借鉴性。比如，不同政策工具的数量比较后往往会输出各种比例，但不同政策文本具体条款中的某个政策工具占比高低不同，是不是意味着占比低的政策比占比高的政策更先进，是很难准确判断的。

二、方法运用的条件与政策比较的素材基础相一致

在政策文本数量要求方面，毛子骏等（2020）认为其他政策评价方法往往对样本数量及质量要求过高，难以适应如人工智能这种政策文本稀少、结构化难度较大的新兴领域，但在 PMC 指数模型的选择理由中没有分析该方法如何适应政策文本稀少、结构化难度较大的情况。

政策比较的素材基础也受到政策比较目的的影响。比如，当被比较对象和比较对象需要就产业生态及其关键环节的对应政策文本具体条款进行比较研究时，政策文本具体条款数大幅减少，国内外政策比较主体数大幅增长，此时针对单一政策文本整体的综合评价方法应用度、主题词频统计方法的必要性下降，但细分维度对比和政策工具对比可以同时使用更多种类的方法，如将基础理论研发政策文本具体条款进行对比，可以从各个细分维度和多种政策工具作更全面的结构性分析，形成更为直观的差异性政策文本具体条款比

较结果，进而找到被比较对象最容易学习模仿的政策文本具体条款。

第三节 可改进深圳市人工智能产业政策的具体比较方法

一、改进导向对科学性标准的要求

核心要求是方法输出的结论能够区分出政策文本具体条款。可改进深圳市人工智能产业政策文本具体条款的参照信息主要有以下几类：一是比较对象政策文本里频率高于被比较对象的高频词。这可以指引深圳市可以在哪些方面加强或者补齐哪些短板。二是比较对象政策文本里的政策目标、政策理念等细分维度。这可以指引深圳市对自己的政策目标、政策理念进行某种程度的修正。三是比较对象政策文本里的政策工具。这可以指引深圳市对某种政策工具的多少、强弱进行调整。这三类是现有文献所用方法输出的结论，可以对区分政策文本具体条款起到一定的指引作用，但并不能直接对政策文本具体条款的改进提供参照。因此，直接采用现有文献的做法难以达到改进现有政策文本具体条款的目的。

二、采用政策工具条款对比的方法

为了区分出政策文本具体条款，本书采用政策工具条款对比的方法，也就是把政策文本具体条款按照一条条政策工具的形式直接对比。其合理性在于：一是只有对比政策文本具体条款，才能区分出存在差异性的政策文本具体条款；二是只有对比政策工具，才能遵循政策的作用方式发挥政策工具的干预作用，也才能把信息丰富的政策文本具体条款有条理地展示出来。

第八章　基于因果性要求的深圳市人工智能产业政策比较结果分析

本书采用政策工具条款对比的方法，将深圳市与比较对象人工智能产业政策文本具体条款按照16个大类81个小类进行详细比较，识别出具有差异性的比较结果，并按照原因类型对差异性比较结果进行分析。

第一节　政策比较结果的展示

现有文献中政策比较结果包括被比较对象和比较对象之间差异性的评价结果、差异性的政策维度特征（如政策发布时间）、差异性的政策文本具体条款。在展示方式上，极少数研究成果将差异性政策文本具体条款编排形成对比表。比如：陈小亮等（2019）列表展示了我国及部分地区发展人工智能拉动产业规模的量化目标具体内容；段世飞等（2019）列表展示了我国与五国（美国、英国、法国、日本、新加坡）各自的人工智能教育应用政策情况。

比较结果展示要求具体、直观。因果分析的前提是清楚了解结果是什么。比较结果的关键特征是差异性。现有文献部分比较结果不能启发政策文本具体条款的改进，比如PMC指数展示四类评价结果之一，不同类型政策工具展示比例结果等。应该在差异性中进一步突出相反性的直接对比，先区分“有”和“无”与“有”和“有”两种基本类型，其中由于政策比较主体分为被比较对象和比较对象，比较对象又分为国家型政策主体和国内政策主体，因此可以再细分为多个组合；接着可以酌情对“有”和“有”基本类型，进一步区分高或低、多或少等不同程度的“有”；最后可以在展示方式上编排形成对比表。

本书主要展示深圳市与美国和国内五市在政策文本具体工具条款上的直接对比（适当简化原文表述），主要是“有”和“无”对比，从而区分出具体、直观的差异性比较结果。

第二节　基于政策工具条款对比的深圳市人工智能产业差异性政策文本具体条款

一、“推进主体”条款

（一）主管部门

“主管部门”主要分为各级政府及其职能部门、由各级政府及其职能部门共同成立的专项工作机制（如领导小组、产业链链长、联席会议、工作专班等）和联合工作机制。经比较，深圳市没有明确市政府、区政府、街道办事处对人工智能产业发展的作用，没有专项成立针对人工智能产业发展及开展国家级示范的领导小组。具体“主管部门”条款对比见表 8–1。

表 8–1　“主管部门”条款对比

深圳条款	比较对象条款
SZ1：市工业和信息化部门是人工智能产业主管部门，负责实施、协调、督促本行政区域内人工智能产业发展工作。 SZ2：市科技产业发展领导小组统筹推进实施。	SH3：市经济信息化部门是人工智能产业主管部门，负责规划、实施、协调和推动人工智能产业发展工作。市人民政府应当加强对本市人工智能产业发展工作的领导，区人民政府应当做好本行政区域内人工智能产业发展相关工作，乡镇人民政府、街道办事处应当加强人工智能技术应用。 SH2：充分发挥市人工智能产业工作领导小组作用，统筹推进全市人工智能创新发展。

续表

深圳条款	比较对象条款
SZ3：市新兴高技术产业发展领导小组统筹推进实施。 SZ4：由副市长担任人工智能产业链链长。市工业和信息化部门牵头建立人工智能产业链联席会议制度。 SZ6：成立市人工智能产业发展工作专班。 SZ3：各牵头部门尽快制定落实方案，明确责任分工、时间节点。 SZ5：建立多部门联合工作推进机制。	HZ1：成立市国家新一代人工智能创新发展试验区建设领导小组。 HZ2：成立市人工智能创新应用先导区建设领导小组。 GZ3：建立由分管市领导牵头的广州国家先导区联席会议制度，全面统筹和指导广州国家人工智能创新应用先导区的战略布局和建设发展。联席会议办公室设在市工业和信息化局。 BJ1：建立由分管科技工作的副市长任组长的市级人工智能工作专班。 GZ2：成立市人工智能产业“链长制”工作专班。 GZ4：成立局人工智能产业“链长制”工作专班。 HZ2：成立市人工智能创新应用先导区建设工作专班。 CD1：成立人工智能发展推进办公室。 CD2：以“链长制”为核心强化专班工作机制。 SH1：建立由市经济信息化委、市科创委、市发展和改革委牵头，相关部门、单位参与的协同推进机制。 GZ3：各项工作任务牵头部门应制定具体工作方案、计划。

（二）协调机制

“协调机制”要实现全市统筹协调，包括市与区、区与区的部门之间，以及政府与企业之间的协调。经比较，深圳市协调机制相对完善（见表 8–2）。

表 8–2　“协调机制”条款对比

深圳条款	比较对象条款
SZ1：市人民政府应当建立本市人工智能产业发展协调工作机制，统筹协调人工智能发展和安全工作。 SZ2：建立市、区联动机制。 SZ3：市新兴高技术产业发展领导小组协调解决跨区域、跨领域和跨部门重大问题；建立市、区联动机制。	BJ1：充分利用北京推进科技创新中心建设办公室协调机制，争取国家部委指导支持。 CD1：建立市级人工智能产业发展组织协调机构。 SH1：各区加强市区联动，做好人工智能应用推广、产业发展、科技研发重大项目的落地实施。 HZ2：建立部门协同和市区县（市）联动机制。 HZ3：建立省市联动、部门协同的工作机制。 SH2：加强市区联动、区区协同、政企协作。

续表

深圳条款	比较对象条款
SZ5：多部门联合工作推进机制协调解决跨区域、跨领域和跨部门重大问题。 SZ2：建立人工智能专家和骨干企业定期联络机制。 SZ4：与企业建立日常对接机制，定期召开头部企业沟通会。	GZ2、GZ4：建立市、区、企业三级联动机制。 MG3：该计划将通过国家科学技术委员会的人工智能特别委员会进行统筹协调，由该委员会联合主席确定的实施机构开展基础性人工智能研发、开发和部署人工智能技术应用、提供教育资助、规范和指导人工智能技术应用等。

（三）行业联盟

“行业联盟”是产业资源聚合的一种组织形式。经比较，深圳市虽然在行业联盟具体形式上没有比较对象多样化（如具体到创新联盟、行业协会、产业共同体、公私合作等），但在政策条款类型上并没有缺项（见表 8–3）。

表 8–3 “行业联盟”条款对比

深圳条款	比较对象条款
SZ2：建立人工智能产业发展联盟（市、区的产业资源）。 SZ6：推动成立市人工智能产业联盟。	SH1：组建人工智能创新联盟。 SH2：依托行业协会、产业联盟等组织，整合行业资源。 GZ2：搭建“政产学研金”相结合的人工智能产业发展联盟。 GZ3：充分发挥行业协会作用。 HZ1：支持人工智能产业联盟组织。 HZ2：加快建设产业技术创新战略联盟；发挥省人工智能产业联盟作用。 CD2：支持行业协会、学会、联盟等行业组织发挥桥梁纽带作用，组织开展合作交流、技术研讨、协作配套等相关活动，形成产业共同体；推动校企地深度合作，打造创新共同体、利益共同体、发展共同体。 MG3：在相关法律允许的范围内，人工智能研发机构负责人应积极寻求与非联邦政府机构合作的机会，包括私营部门、学术界、非营利组织，州、地方、部落和领地政府，以及外国合作伙伴和盟友等。 MG4：扩展公私合作以加速人工智能发展，具体包含三个优先事项：将公私合作伙伴关系的协同效应利益最大化；扩大与更多不同利益相关者的伙伴关系；改进、扩大和创建研发合作机制。

（四）外部咨询主体

“外部咨询主体”主要是战略咨询专家委员会和行业智库机构。经比较，深圳市未明确建设人工智能行业智库机构（见表 8–4）。

表 8–4　“外部咨询主体”条款对比

深圳条款	比较对象条款
SZ2：成立人工智能专家咨询委员会。 SZ4：面向全球聘请在人工智能领域具有深入研究和实践经验的专家，组建新一代人工智能战略咨询专家委员会。举办年度新一代人工智能战略咨询专家委员会会议。 SZ6：设立市人工智能战略咨询委员会。	BJ1：充分发挥领军科学家和一线中青年科学家作用，围绕人工智能产业发展提供战略路线和前沿技术咨询。 SH1：设立市人工智能战略专家咨询组。 SH2：持续推动市人工智能战略咨询专家委员会运作。建设世界一流的人工智能行业智库机构。 SH3：市人民政府设立由高等学校、科研机构、企业和其他组织等专家组成的市人工智能战略咨询专家委员会。 GZ2：成立市人工智能专家咨询委员会。建设人工智能领域专家库。 GZ4：成立局人工智能专家咨询委员会。组建人工智能专家库。 HZ1：建立市人工智能战略咨询专家委员会。 HZ2：支持在杭高校、科研机构、龙头企业联合组建专家咨询委员会。 CD1：成立新一代人工智能专家咨询委员会。 CD2：联合国内一流智库机构，构建具有数据统计、调研分析、成果评价、技术指导、标准培训等综合能力的战略咨询体系。 MG1：在制定人工智能驱动的产品政策时，机构应当吸收适当的高级技术专家。有效管理人工智能驱动的产品需要三方合作：机构领导、了解现有管理框架和办法的雇员、人工智能技术专家（外聘或内部挑选）。机构应当充分使用人员任命和交流模式（如招聘部门），培养联邦工作人员。

（五）推进手段

“推进手段”是指政府部门利用所掌握的产业资源来干预产业发展的具体手段，总体上看就是制定各种扶持政策。经比较，深圳市强调资金、土地、人才等要素干预，但缺乏对体制机制改革的干预（见表 8–5）。

表 8–5 “推进手段”条款对比

深圳条款	比较对象条款
SZ1：市人民政府及其有关部门应当根据人工智能产业发展实际，统筹规划人工智能产业布局，在资金、产业用地、人才等方面对人工智能产业予以支持。应当根据人工智能产业发展规划，建立符合国际贸易准则的产业政策，维护市场公平竞争，为人工智能产业国际化发展提供有利的政策环境。 SZ6：按年度持续更新和发布政策措施。	SH1：加强政府应用示范和专项支持，创造人工智能发展的市场和政策环境。 SH2：探索相关体制机制改革。 SH3：应当通过加大政策支持、建设创新体系、推动集群发展等方式，促进基础硬件、关键软件、智能产品等方面高质量发展。对符合产业发展导向的人工智能重点项目，可以按照有关规定对用地性质、容积率、建筑高度等予以支持，在算力能耗指标、终端通信频谱资源、项目电力容量接引等方面予以优先保障。 GZ2：研究制订《广州市人工智能产业发展政策十条》，切实推动资源要素向产业链集聚、政策措施向产业链倾斜、工作力量向产业链加强。 HZ3：研究制定国家人工智能创新应用先导区建设支持政策。 CD1：各区（市）县可参照本意见出台配套政策。 MG1：联邦政府应及时发现其他地区出现的重大变化，适时调整美国的政策。美国政府可以：召集会议讨论重大问题；在人工智能发展过程中监督安全和公平；制定合理监管举措，在鼓励创新的同时保护公众；提供公共政策工具，确保因人工智能改革的工作方式和手段而提高效率，避免特定产业的工人遭受负面经济影响；支持能够造福公众的人工智能基础研发和应用；为培养技术过硬的多元化人才队伍提供支持。 MG2：为人工智能的诸多裨益进行投资和开发。包括投资人工智能研发，为网络防御和欺诈检测开发人工智能，开发一个更大、更多样化的人工智能劳动力群体，支持市场竞争。

二、“基本原则”条款

（一）发展意义

“发展意义”一般描述人工智能具有什么作用。经比较，深圳市人工智能发展意义与比较对象虽然在具体文字上有明显差异，但实质上都明确了人工智能作用重大（见表 8–6）。

表 8–6 “发展意义”条款对比

深圳条款	比较对象条款
SZ5：人工智能已经成为新一轮科技革命和产业变革的核心驱动力，是推动社会经济各领域向智能化发展的重要抓手。	SH1：新一代人工智能正在深刻改变经济社会发展模式。 SH2：人工智能是国家战略部署重点发展的三大先导产业之一；有力发挥人工智能的“头雁效应”。 HZ2：新一代人工智能是新一轮科技和产业变革的核心驱动力，是影响城市经济结构、智慧治理、社会变革的重要力量。 CD2：人工智能是新一轮科技革命和产业变革的核心驱动力量。 MG1：人工智能有助于应对人类社会当前面临的一系列严峻挑战。

（二）发展原则

“发展原则”强调人工智能产业发展要遵循的基础性思路。经比较，深圳市与比较对象发展原则一致的主要是科技、应用、人本，安全是深圳市突出的原则，开放、市场化是比较对象突出的原则，但开放、市场化在深圳市政策文本具体条款中也提及了，因此深圳市发展原则与比较对象差别不大。

表 8–7 “发展原则”条款对比

深圳条款	比较对象条款
SZ1：科技引领、应用驱动、以人为本、安全可控。	BJ1：原创引领、问题导向、统筹布局、开放创新。 SH2：创新引领、深度应用、开放融通、科技向善。 SH3：以人为本、科技向善、创新驱动、市场主导。 GZ1：数产应用融合、创新要素主导、开放市场招引、错位协同发展。 HZ1：创新引领、重点突破、应用牵引、融合赋能、开放合作。 HZ2：创新引领、统筹布局、开放开源、应用驱动。 CD2：科技赋能，创新引领；系统布局，有序发展；开放融合，协同共进；场景牵引，深度应用。

（三）治理原则

“治理原则”强调政府部门对人工智能的风险采取什么样的基本态度。经比较，深圳市和比较对象治理原则都集中为包容审慎，但深圳市的治理原则更为清晰和完整（见表 8–8）。

表 8-8 “治理原则”条款对比

深圳条款	比较对象条款
SZ1：遵循和谐友好、公平公正、包容共享、尊重隐私、安全可控、共担责任、开放协作、敏捷治理原则。建立和完善政府规范、行业自律、企业自治、社会监督的人工智能治理机制，推动形成具有广泛共识的人工智能治理框架和标准规范，促进产业多元主体协同共治。按照鼓励创新的原则，对人工智能产业实行包容审慎监管。针对人工智能新技术、新产业、新业态、新模式等特点制定相应的监管规则和标准，实行分类分级监管。 SZ6：建立包容审慎、容错纠错机制。	BJ1：探索对人工智能产业实行包容审慎监管。持续推动监管政策和监管流程创新，对具有舆论属性或社会动员能力的人工智能相关互联网信息服务，建立常态化联系服务和指导机制，做好安全评估，推进算法备案，引导创新主体树立安全意识，建立安全防范机制。 SH3：敏捷治理安全。 CD2：按照包容审慎的原则构建适应人工智能发展的监管与创新政策。

（四）政府和市场关系

“政府和市场关系”旨在明确政府和市场各自的边界。经比较，深圳市与比较对象都强调市场主导、政府引导（见表 8-9）。

表 8-9 “政府和市场关系”条款对比

深圳条款	比较对象条款
SZ1：遵循市场导向和政府引导相结合的原则，在平台建设、购买服务、人才培养等方面加强对人工智能科技成果转化专业服务机构的扶持。	GZ1：充分利用市场与资本手段；尊重市场和产业发展规律。 GZ2：充分发挥市场在资源配置中的决定性作用。 GZ3：构建政府引导、市场主导、技术赋能的联动机制。

三、“产业规模”条款

（一）产业总量

“产业总量”是指辖区人工智能产业预期实现的总体规模。经比较，虽然比较对象采用了核心产业规模、重点产业规模、规模以上产业规模、营业收入、产值、辐射产业规模等不同表述，但基本内涵整体上是一致的，比如产业规模可以从营业收入或产值角度衡量，带动相关产业规模也就是辐射产业规模（见表 8–10）。

表 8–10 “产业总量”条款对比

深圳条款	比较对象条款
SZ2、SZ5：到 2023 年人工智能核心产业规模目标是突破 300 亿元，带动相关产业规模达到 6000 亿元。 SZ3：到 2025 年人工智能“头雁效应”逐步显现，产业规模突破 700 亿元，带动相关产业规模 7000 亿元。 SZ5：在南山、宝安、龙华等地已具有一定规模的人工智能产业，形成较为完善的产业链。	BJ1：到 2025 年人工智能核心产业规模达到 3000 亿元，持续保持 10% 以上增长，辐射产业规模超过 1 万亿元。 SH1：到 2020 年人工智能重点产业规模超过 1000 亿元。 SH2：截至 2020 年底围绕人工智能核心技术、基础软硬件、智能产品和行业应用协同发展，构建了较为完备的产业链。到 2025 年人工智能规模以上产业规模年均增长 12% 以上，达到 4000 亿元。 HZ1：到 2023 年人工智能产业总规模达到 2000 亿元以上。 HZ2：到 2025 年人工智能产业营业收入达到 3000 亿元以上，年均增长 15% 以上，实现增加值 660 亿元以上。 HZ3：产业营业收入年均增长 15% 以上。 CD2：产业规模较小。到 2025 年全市人工智能产业产值突破 1500 亿元。

（二）产业统计

“产业统计”涉及产业内涵、统计指标、统计分类标准和目录、统计调查和监测分析等主要环节。经比较，深圳市与比较对象政策文本均包含了以上环节（见表 8–11）。

表 8–11 “产业统计”条款对比

深圳条款	比较对象条款
SZ1：建立健全人工智能产业统计分类标准，制定和完善人工智能产业统计分类目录，有序开展人工智能产业统计调查和监测分析工作。 SZ2：探索建立人工智能产业统计指标体系和统计制度。 SZ4：界定人工智能核心产业及辐射带动产业的内涵，明确人工智能产业的分类，建	SH2：建立多层次人工智能统计体系，持续完善统计监测制度。加强人工智能产业监测和统计分析。 SH3：建立人工智能产业统计分类体系。制定人工智能产业统计分类标准，开展人工智能产业统计调查和监测分析。 GZ4：人工智能产业覆盖范围及其边界缺乏明确的划分。

续表

深圳条款	比较对象条款
立人工智能产业统计分类标准。建立人工智能产业调查分析系统，对人工智能产业规模、结构和效益等进行监测和分析，定期测算关键指标数据，掌握和预判人工智能产业的发展动态。 SZ6：探索建立人工智能产业统计指标体系，出台后按季度发布相关数据。	HZ1：建立适应人工智能发展的统计体系和评估监测体系。 HZ2：研究制定市人工智能产业统计和监测体系。 CD2：完善人工智能核心企业、核心产业、融合应用等关键统计指标、统计口径和统计方法。

四、“企业群体”条款

（一）人工智能企业数量和类型

“人工智能企业数量”是指企业总数量，“人工智能企业类型”主要是龙头、骨干、专精特新、单项冠军、独角兽等优质企业。经比较，深圳市与比较对象都对人工智能企业数量和类型进行了政策设计，优质企业的类型也基本一致（见表 8–12）。

表 8–12 “人工智能企业数量和类型”条款对比

深圳条款	比较对象条款
SZ5：2020 年深圳市人工智能企业已达 1022 家，形成了以华为、平安集团、腾讯、富士康等龙头企业为引领，汇聚商汤科技、云天励飞、奥比中光、大疆创新、优必选等骨干企业发展合力，促进中小微企业蓬勃发展的格局。	BJ1：新培育独角兽企业 5~10 家。 SH1：打造一批人工智能细分领域“隐形冠军”。 SH2：截至 2020 年底上海人工智能重点企业 1149 家。对于拥有较强创新能力的头部企业，力争培育一批世界级科技领军企业。 GZ2、GZ3、GZ4：到 2023 年聚集 / 培育 1000 家人工智能相关企业。 GZ2：加快打造一批人工智能全球领军企业和品牌。支持申报高企，挖掘和培育更多独角兽、隐形冠军企业。 GZ3：继续组织人工智能企业入库和骨干遴选，培育一批具有核心竞争力的龙头企业和独角兽企业。

续表

深圳条款	比较对象条款
SZ2、SZ5：到 2023 年培育 20 家以上技术创新能力处于国内领先水平的龙头企业。 SZ2：重点培育细分领域行业标杆（龙头企业、独角兽企业、高成长性特色企业）。 SZ4：到 2023 年汇聚一批创新企业。 SZ6：培育一批具有核心竞争力的创新型领军企业，孵化千亿级龙头企业。打造一批专精特新、单项冠军、独角兽人工智能企业。	GZ4：人工智能企业集中于产业链下游的应用层，产业链上游的基础层企业较少；人工智能企业规模有待壮大，缺乏有影响力、主导力的领军企业。力争通过 3~5 年，推动一批具有发展潜力的人工智能企业实现营收倍增。 HZ1：到 2023 年培育有影响力的领军企业 10 家以上，人工智能细分领域专精特中小企业 300 家以上、高新技术企业 500 家以上。 HZ2：力争到 2025 年培育人工智能相关企业达到 1000 家以上，行业应用标杆企业达到 80 家以上（单项冠军、隐形冠军及“小巨人”企业），具有国际影响力的人工智能“链主型”企业 10 家左右，具有全面云计算服务能力的智能制造云计算服务商 8 家以上。 HZ3：到 2024 年培育 3~5 家具有国际影响力的“链主型”企业，50 家隐形冠军、专精特新“小巨人”和单项冠军企业，5 家以上具有行业影响力的智能制造云计算服务商。 CD1：加快培育人工智能领军企业。 CD2：人工智能产业缺少本土培育的链主企业。到 2025 年企业数量达到 1000 家以上，链主企业数量达到 5 家以上，分类培育“50+”人工智能专精特新“小巨人”企业、“20+”数字化转型服务企业，类脑智能企业与营收规模实现倍数级增长。培育先进计算运维服务商、算力应用部署服务机构。

（二）人工智能企业行业分布

不同细分领域的人工智能企业，共同组成了不同的行业。经比较，深圳市识别了要重点打造的产业集群类型，谋划提出了人工智能产业重点细分领域，这一做法与比较对象基本一致，不同的则是不同地方对人工智能产业细分领域的产业集群的理解不同（见表 8–13）。

表 8–13 “人工智能企业行业分布”条款对比

深圳条款	比较对象条款
SZ2：到 2023 年打造 10 个重点产业集群。	SH1：跨界发展智能驾驶产业，融合发展智能机器人产业，集成发展智能硬件产业，协同发展人工智能软件产业，引领发展人工智能芯片产业，突破发展智能传感器产业。

续表

深圳条款	比较对象条款
SZ3：到 2025 年培育形成 4 个具有国际竞争力的高端产业集群：以智能芯片为有力支撑，以计算机视觉和智能语音为两大赋能引擎，前沿布局智能无人系统。	SH2：到 2025 年形成 10 个以上百亿级细分领域产业集群。 GZ2：遴选全市 AI+ 先进制造、AI+ 车辆交通、AI+ 健康医疗、AI+ 城市治理优势赛道，每条赛道遴选一批重点培育企业，包括产业龙头企业、高成长性企业、顶尖团队创业企业等。建设广州智能芯片产业集群。 HZ1：智能安防、智能机器人和智能软硬件等产业形成领先优势。围绕深度学习、计算机视觉、语音识别、自然语言处理、机器人学习等领域培育新兴业态。加强工业互联网、车联网等领域的技术集成和配套服务。 HZ2：到 2025 年打造 4~5 个千亿级人工智能产业集群。发展以视觉智能、智能网联汽车、智能机器人、智慧家居、智慧金融、智慧医疗、智慧教育等为重点的人工智能产业。力争建成 10 个以上不同应用领域产业链上下游共同体。 HZ3：围绕视觉智能、智能家居、智能网联汽车、智能机器人、智慧金融、智能新药研发等领域，打造 3~4 个千亿级人工智能产业集群。建立“五个一”集群培育机制。加速向国家级人工智能产业集群迈进。在数字安防、通信网络设备、智慧医疗等领域组建 10 个产业链上下游企业共同体。 CD2：到 2025 年百亿级产业集群数量达到 5 个以上。重点发展人工智能芯片、智能终端等优势产业，培育算力产业、智能传感器等潜力产业，加快人工智能系统软件、类脑智能等前沿领域实现产业化突破。在智慧医疗、智慧金融、智能交通、智能制造等领域，加快培育一批龙头、链主、领军、隐形冠军、专精特新“小巨人”企业，实施一批高能级项目。

（三）人工智能产品

“人工智能产品”包括产品类型、产品研发和产品市场开拓（各类不同的产品进入的市场范围，如形成产业化应用、国际市场、国内市场和深圳市场）等方面。经比较，深圳市和比较对象都要求促进人工智能产品研发、市场开拓，以市场为导向研发推出各类人工智能产品（见表 8–14）。

表 8-14 “人工智能产品”条款对比

深圳条款	比较对象条款
SZ2：智能工业机器人、智能服务机器人实现大规模应用并进入国际市场；微型无人机、工业级智能无人机等产品加快开发和产业化，开拓全球市场。	SH1：加快实现智慧娱乐、生活健康等领域智能家居产品产业化，开发智能监控摄像头、服务器等智能安防产品，发展全数字放大器、平板探测器等智能医疗模块，推进电网巡检、空域侦测、物流配送等领域智能无人系统研发及产业化。 SH2：发展新一代智能终端产品。形成一批具有示范推广效应的算法产品。
SZ6：鼓励企业依托河套深港科技创新合作区、前海深港现代服务业合作区或海外研发中心，研发基于国际主流大模型的创新产品，拓展国际市场。遴选符合条件的人工智能产品纳入软件首版次、重大技术装备首台（套）目录，对纳入目录的产品给予支持。采取“揭榜挂帅”方式鼓励共性通用技术产品研发及产业化。	GZ2：重点支持智能综合便民、智能安防、智能网联汽车、智能机器人、虚拟现实等关键智能产品研究、生产、应用和推广，以市场为导向促进智能产品多元化发展。 GZ4：建立人工智能产品库。举办人工智能创新产品对接会。 HZ1：开发一批战略产品。做好智能安防、智能机器人、智能家居等智能产品研究、生产和推广。推进教育娱乐、医疗康复、安防救援等特定应用场景智能服务机器人研发及产业化。加快新型可穿戴设备研发和产业化。 HZ3：加快重点应用场景智能产品、核心部件研发和产业化。 CD2：发展工业视觉、医学影像、虚拟现实、数字文娱等具有成都特色的智能终端产品。围绕国家超算成都中心、成都智算中心加快推动服务器、计算与存储、云平台、数据流通等核心软硬件的自主研发和产业化。

（四）智能传感器

“智能传感器”侧重建立核心技术攻关体系、重点应用场景产品研发。经比较，深圳市与比较对象对智能传感器的政策预期无明显差异（见表 8-15）。

表 8-15 “智能传感器”条款对比

深圳条款	比较对象条款
SZ2：重点发展面向新应用场景的智能传感器（智能工业级传感器、智能消费电子传感器、专用人工智能传感器，类脑视觉传感器等）。	SH1：重点发展新型智能工业传感器。发展高端智能消费电子传感器。提升智能传感器设计、加工制造、集成封装、计量检测等配套能力。 SH2：推动嵌入式智能压力传感器、加速度传感器、毫米波智能传感器研发与产业化。推动工业传感器、无线医疗传感器、车载传感器、激光雷达、毫米波雷达、智能水质传感器等各类传感器应用。

续表

深圳条款	比较对象条款
SZ5：重点突破传感器核心技术，支持面向智能制造、自动驾驶、消费终端的智能传感器研发和应用。推动新型超声波等智能传感器设计技术研发。攻关智能传感器配套软件算法。	GZ3：重点发展传感器设计、制造、封装及测试技术。加快汽摩电子传感器、新工业机器人传感器、医疗电子传感器等产品研发。 HZ1：研发应用具有自主知识产权的传感器。 HZ2：加快研发具备感知交互功能、基于新测量原理、实现多种测量方式的智能传感器。 HZ3：加快研制面向智能终端新应用场景的智能传感器产品，实现规模化生产。 CD1：推进智能传感器向中高端升级。 CD2：推动高性能工业传感器、无线医疗传感器、车载传感器、激光雷达、新兴生物传感器等各类传感器应用。重点提升图像、声学、健康监测、车规级雷达、车规级摄像头等智能传感器自主研发水平。

（五）智能芯片产业集群

“智能芯片产业集群”提出重点发展的智能芯片类型以及相应的技术攻关方向。经比较，深圳市与比较对象的智能芯片类型均涵盖了多种垂直应用场景（见表 8–16）。

表 8–16 “智能芯片产业集群”条款对比

深圳条款	比较对象条款
SZ2：重点发展面向多种垂直应用场景的智能芯片。 SZ3：实施智能芯片引领发展工程。实施云端智能芯片重大装备及关键零部件研制专项，推进可满足语音、图像、自然语言理解等多种应用的高性能云端深度学习处理器芯片的研发及产业化。实施一批终端和边缘端智能芯片产业化专项，在智能机器人、智能汽车、智能无人机等领域实现规模化应用。	BJ1：研发通用高算力训练芯片。研制多模态智能传感芯片、自主智能决策执行芯片、高能效边缘端异构智能芯片。 SH1：开发类神经网络分布计算、异构及可重构计算等处理器芯片，研发神经元芯片、类脑芯片等。推进高端通用处理器芯片自主开发及产业化，重点突破面向无人系统、视频监控、医疗设备、语音语义理解等终端和系统应用厂商的应用芯片。 SH2：前瞻布局类脑芯片。 SH3：支持研制云端芯片，布局类脑芯片。 GZ3：重点开展面向云端服务和行业终端应用的人工智能通用芯片研发。支持神经网络芯片、物联网芯片等研发设计。

续表

深圳条款	比较对象条款
实施基于新型指令集的智能芯片重大装备及关键零部件的研发及产业化专项，研制异构计算架构下的人工智能训练和推理芯片。 SZ5：重点开发神经网络芯片以及高能效、可重构类脑计算芯片。推进无人系统、视频监控、医疗设备、语音语义理解等终端应用芯片规模化发展。	HZ1：研发面向人工智能应用场景的定制芯片，设计面向新计算范式的芯片架构。 HZ2：重点支持视觉处理芯片、信息安全类芯片、类脑计算芯片等智能芯片项目。 CD1：推进嵌入式人工智能芯片的研发和应用，加快突破专用嵌入式芯片研发应用。 CD2：加快发展云存储、智能传感和信息网络领域专用芯片，支持智能传感类芯片、信息安全类芯片等智能芯片项目。重点研发设计指纹识别芯片、3D 人脸识别芯片等智能芯片，实现规模化商用。

（六）计算机视觉产业集群

“计算机视觉产业集群”提出重点发展的计算机视觉传感器、终端产品以及相应的技术攻关方向。经比较，杭州市提出的“中国视谷”这一计算机视觉产业的发展能级定位比深圳市更高（见表 8–17）。

表 8–17　“计算机视觉产业集群”条款对比

深圳条款	比较对象条款
SZ3：实施计算机视觉应用拓展工程。在高端图像传感器领域实施一批重大产业化专项和应用示范专项，加快三维视觉传感器产品的研发及产业化，大力拓展消费级和工业级应用领域；开展高成像质量、微型化的图像传感器研发，提升动态范围、低亮度成像等器件性能，实现在消费电子、医疗诊断等领域的规模化应用。推进复杂动态场景下识别有效检出率达到国际先进水平的视频图像身份识别系统研发及产业化，加快图像搜索、视频摘要、视频监控等解决方案在安防、金融、交通等领域的应用部署。在脑、肺、眼、骨、心脑血管、乳腺等典型疾病领域开展医学影像辅助诊断技术研发，推动医疗影像辅助诊断系统的产品化及临床辅助的规模化应用。	GZ3：形成完善的 4K 智能终端研发制造产业链。发展车载智能终端、医疗健康、智能家电、智能照明等智能终端产品和设备，加强移动智能、增强现实、虚拟现实、可穿戴等智能终端产品创新。 HZ2：发展数字安防、工业视觉、自动驾驶、医学影像、虚拟现实、新一代视频会议终端、数字文娱等具有杭州标识度的视觉智能产业，到 2025 年打响杭州“中国视谷”中国经济地理新地标品牌，视觉智能产业集群实现营业收入 1300 亿元。 HZ3：到 2024 年“中国视谷”等产业地标初步建成。

（七）智能语音产业集群

深圳市对“智能语音产业集群”进行了政策设计，比较对象未对智能语音作出产业集群层次的政策设计（见表 8-18）。

表 8-18 “智能语音产业集群”条款对比

深圳条款	比较对象条款
SZ3：实施智能语音跨越发展工程。争取建设高端声学传感器国家、省级高水平创新载体，加快可分离感知声音特征的智能声纹传感器的研发及产业化，在消费电子、安防监控、工业制造等领域实现应用。推进小型化、低成本的麦克风阵列系统的研发及产业化。推进具备智能去噪、远场识别等功能的智能语音交互系统研发及产业化。实施智能语音产业应用示范专项，在智能家居、车载终端等特定场景推广应用。实施一批智能翻译系统技术攻关计划。	—

（八）智能无人系统产业集群

“智能无人系统产业集群”主要包括智能驾驶、智能无人机、智能服务机器人、智能软件等领域。经比较，深圳市对智能驾驶、智能无人机、智能服务机器人等分别提出政策设想，智能软件嵌入其中，各地则将智能软件单列，整体上看，深圳市与比较对象的智能无人系统产业集群政策无根本差异（见表 8-19）。

表 8-19 “智能无人系统产业集群”条款对比

深圳条款	比较对象条款
SZ2：重点培育和发展智能网联汽车。建成覆盖地面、轨道、低空和海上的智能交通监控、管理和服务系统。开发数字化医疗影像设备、分析系统、诊断系统、健康检测系统等智能医疗设备。	SH1：推动高级自动驾驶产品研发及应用，支持满足智能驾驶要求的核心部件研发及产业化。培育国家智能网联汽车产业计量测试中心。自主突破轨道交通无人驾驶系统。大力推进教育娱乐、医疗康复、养老陪护、安防救援等特定应用场景智能服务机器人研发及产业化。开发焊接、装配、喷涂、搬运、检测等智能工业机器人。提升发展通用软件系统。

续表

深圳条款	比较对象条款
SZ3：实施智能无人系统培育工程。在车载高精度传感器、智能操作系统、智能计算平台等智能汽车零部件领域实施重大装备及关键零部件研制专项，实现智能汽车技术和产品的逐步成熟。推进智能飞控系统、专用集成电路（ASIC 芯片）、专用负载等关键零部件的研发及产业化，加快消费级和行业级无人机的商用化进程。实施无人机产业应用示范专项，推动在环境保护、应急救援、农业植保等重要行业领域规模化应用。推进智能家庭服务机器人、智能公共服务机器人的研发及产业化，完成手术机器人、医疗康复、消防救灾等机器人样机生产。研制智能服务机器人操作系统。 SZ6：开展人形机器人规模化应用。	SH2：初步实现 L4 级无人驾驶的规模化应用。加快“人—车—路—云”协同的基础设施建设。推动工业机器人智能跃升。推动智能服务机器人产业发展壮大。开发人工智能系统软件。 SH3：鼓励开发面向智能产品的操作系统。开展智能网联汽车关键技术、操作系统、专属芯片和核心零部件的自主研发和产业应用。鼓励无人机产业发展，支持建设民用无人驾驶航空试验基地（试验区）、无人机起降点及通用机场、无人机运行管理服务平台。鼓励无人船产业发展。 GZ3：鼓励开发面向人工智能的操作系统、数据库、中间件等关键基础软件。大力推进机器人关键零部件研发与制造。大力发展工业机器人和物流机器人。逐步拓展特定场景服务机器人研发及应用。大力发展高档数控机床、注塑机械、包装机械等智能装备。持续增强植保无人机、自动驾驶飞机、竞速无人机等核心竞争力。推动全开放或半开放自动驾驶应用落地转化。推动网联式自动驾驶规模化发展。 HZ1：开发专用操作系统。研发自主开源基础软件。 HZ2：重点推动智能感知系统硬件、操作系统、车联网、信息安全、高精度地图及定位等关键技术研发和产业化，到 2025 年智能网联汽车营业收入 1300 亿元。发展工业机器人、检验检测装备以及智能装备、公共服务机器人、家庭服务机器人、特殊机器人，到 2025 年智能机器人营业收入 1300 亿元。发展云服务应用软件，到 2025 年营业收入 700 亿元。 CD1：推动智能避障、自动巡航、面向复杂环境自主飞行、群体作业等技术在成都市实现产品化、产业化。推动救援、医疗、情感陪护、安防等特定场景智能服务机器人的研发及产业化。推进工业机器人智能化升级。重点发展汽车电子、ADAS（高级驾驶辅助系统）、整车集成、城市无人驾驶系统等领域。规划建设智能驾驶试验基地。

（九）存量企业服务

“存量企业服务”聚焦于政府对企业的服务机制。经比较，深圳市对存量企业服务仅规定对头部企业提供“链式服务”，未明确提出要提供比较对象那样的“一企一策”服务（见表 8-20）。

表 8-20 “存量企业服务”条款对比

深圳条款	比较对象条款
SZ4：组建人工智能头部企业库，围绕头部企业及其上下游核心供应链企业提供定制化、专业化的“链式服务”。	BJ1：对纳入服务包的企业开展“一企一策”服务。落实市、区两级企业服务包、服务管家机制，对人工智能领域有潜力的创新企业可适当放宽纳入服务包标准。 SH3：分层分类服务人工智能企业做强做优做大。完善企业梯度培育和专精特新“小巨人”企业培育政策措施，培育一批人工智能专精特新“小巨人”企业和独角兽企业，跟踪服务一批具有核心竞争力的数字化转型服务企业。聚焦于类脑智能、数字碳中和、系统软件等新兴领域，建立“一企一策”培育机制，重点给予资金支持，加快培育一批人工智能示范企业。围绕优化企业全生命周期服务，打造一流的政务服务环境。 GZ4：遴选年度最具发展潜力人工智能企业榜。建立人工智能产业链图谱和企业库。挖掘一批在细分领域处于领先地位的企业和具有较好发展潜力的企业给予重点服务。加大对链主企业在人才、土地、资金、技术、数据等要素供给方面的支持力度。采用“一企一策”方式，支持链主企业开展“四个一”行动（建立一个创新联合体、建设一个创新载体、开展一次招商、举办一次重要活动）。 HZ1：建立市人工智能企业库。 CD2：打造算法、算力、数据、场景等各类要素开放融通的营商环境。

（十）增量企业

“增量企业”主要分为引进外部的企业和孵化本地新企业。对于引进企业，深圳市制定了比比较对象更详细的招商工作流程。对于孵化企业，深圳市与比较对象都提出要建设孵化平台等（见表 8-21）。

表 8-21 “增量企业”条款对比

类型	深圳条款	比较对象条款
招商	SZ4：聚焦于 AI 芯片、高端传感器、自然语言处理等产业链关键、薄弱环节，市工信部门动态梳理提出技术优势明显、成长潜力大、带动效应强的人工智能招商目标对象。市工信部门	BJ1：推动一批国际知名研究机构、跨国企业、国内领军企业在京建设创新业务实体。 SH1：推动全球人工智能龙头企业在沪建立区域总部、创新中心、孵化基地和“双创”平台。 SH2、SH3：吸引国内外知名人工智能龙头企业在上海落地总部机构、拓展新兴业务。 SH2：鼓励龙头企业以上海为基地，开放人工智能操作系统、算法框架、共性技术和数据资源。完善重点招商项目落地全

续表

类型	深圳条款	比较对象条款
招商	牵头建立头部企业招商推荐机制，对其供应链关键和缺失环节开展定向招商，吸引相关配套企业来深研发生产。通过政府购买服务等激励方式，征集遴选若干对人工智能行业有深入了解、有紧密联系的机构。全面梳理市政府投资引导基金及其子基金参与投资外省市人工智能领域的企业和项目情况，动态跟踪洽谈被投人工智能领域的优秀企业和项目迁入或落地深圳市。 SZ6：推动国内外龙头企业在深设立人工智能子公司。开展人工智能企业定向招商，对新引进且符合条件的企业给予大力支持。	流程服务。 GZ1：优化招商引资政策，对新引进项目给予扶持。 GZ2：制定产业链招商清单及工作计划，强化人工智能产业链精准招商。引进和培育一批具有自主知识产权、具有行业影响力的集成电路设计企业。 GZ3：加大对国内外人工智能龙头企业的招引，开展靶向招商和补链招商，支持企业在广州建立总部，设立创新中心和孵化基地。 GZ4：制定产业链招商清单及工作计划，强化人工智能产业链精准招商。 HZ1：加大对国内外人工智能头部企业的招引。 HZ2：引进一批国内外企业型总部、区域性总部落户杭州。谋划 20 个左右战略性、全局性重大产业招商项目。引进智能网联整车企业。争取国家研发计划支持和创新基地建设项目落户杭州。 HZ3：加大全球行业地位突出、创新能力强的人工智能头部企业招引力度，谋划 10 个以上战略性、全局性重大招商项目。引进智慧教育领域头部企业在杭州设立区域性总部。 CD1：强化政府主体招商作用，研究出台专项鼓励政策和优惠扶持政策，引进战略投资者，推动龙头企业在蓉设立地区总部以及研发中心、营销中心、制造中心和结算中心。 CD2：争取生态服务型链主企业人工智能总部或相关事业部落户成都。面向智慧医疗、智慧金融、智能制造、智能驾驶等领域，通过场景开放、资本招商等方式，提升对行业应用型链主企业细分领域总部的吸引力度。重点引进国内外拥有 AI 大模型、智算中心、大型数据中心、省级及以上创新平台的技术平台型链主企业，推动企业在成都建立创新中心、孵化基地和“双创”平台。引进一批算力咨询解决方案商。
孵化	SZ2：培育孵化一大批具有创新活力的初创型人工智能企业。 SZ6：依托鹏城云脑搭建城市级人工智能生态孵化平台，为中小企业提供低成本智能算力资源、算法、工具集、模型库、适配认证等支持。	BJ1：建设人工智能领域标杆型孵化器。 SH2：引进国内外一流研究机构和人才团队，持续孵化培育人工智能创业企业。 HZ2：加快创意孵化园工程建设。 CD2：推动高校院所与各产业园区联合搭建人工智能领域新型创业平台。鼓励有条件的人工智能企业建设人工智能专业化众创空间。加快人工智能领域新型创业服务机构、成果转化中介机构集聚。

五、“业务场景”条款

（一）推广应用总体要求

“推广应用总体要求”明确要加强人工智能技术推广应用以及推广应用的若干重点领域。经比较，深圳市与比较对象都提出了推广应用的若干重点领域，尽管比较对象细化了推广方式等内容，但这些推广方式也是实践中各地的常用方式，因此整体上看深圳市与比较对象基本一致（见表 8–22）。

表 8–22 “推广应用总体要求”条款对比

深圳条款	比较对象条款
SZ1：在遵循有关法律法规和伦理安全规范的前提下，推动人工智能产品和服务的普及应用。推进人工智能在民生服务、社会治理、经济发展等领域的融合应用，支持人工智能新技术、新产品、新模式的应用推广。推动人工智能技术在科技创新、产业发展、生产制造、商贸流通、金融服务等领域规模化应用，支持企业应用人工智能提升研发、生产和服务的智能化水平。鼓励企业利用人工智能技术开展技术改造。探索搭建世界级先进技术应用推广平台。	BJ1：到 2025 年生成式产品成为国内市场主流应用和生态平台。探索具有首都特点的场景开放政策。 SH3：推动人工智能在经济、生活、城市治理等领域的规模化应用。鼓励各相关组织采用产品租赁、服务采购、系统集成、融资租赁等方式，利用人工智能技术和产品开展研发、制造、服务、管理等业务。 CD2：组织开展人工智能新技术新产品新模式在实体经济、民生服务、公园城市、“智慧蓉城”中的深度应用，形成人工智能技术成果“成都创造、成都转化、成都输出”的发展模式。 MG1：鼓励私人和公共机构进行自我审视，判断自身是否能够、通过何种方式，才可以尽可能地利用人工智能和机器学习技术为社会造福。

（二）应用场景管理

“应用场景管理”要明确场景数量目标、对场景的挖掘和管理制度。经比较，深圳市与比较对象均提出了场景建设的目标任务和重点领域，明确要建立场景开放制度和清单，对政府单位提出率先应用的要求，但深圳市未要求建立政府采购制度、激励机制、容错纠错机制、柔性监管制度等（见表 8–23）。

表 8-23　“应用场景管理”条款对比

深圳条款	比较对象条款
SZ1：建立人工智能应用场景开放制度，定期制定发布场景需求清单，公开征集应用场景解决方案，吸引境内外高水平人工智能产品和服务供给方。探索建立人工智能应用场景供需市场化运营机制。 SZ4：到 2023 年落地一批应用场景。面向制造、医疗、交通、金融、城市管理等征集遴选一批技术领先、特色鲜明、应用效果好的人工智能示范应用项目。 SZ5：人工智能技术已迅速渗透到社会治理、智能制造、智能金融、智能医疗、智能教育等领域，形成一批高水平应用场景。到 2023 年拓展 100 个人工智能融合应用场景。 SZ6：鼓励机关事业单位开放人工智能应用场景。依托“深 i 企”平台建设人工智能服务专	BJ1：围绕经济社会发展、科学研究发现、重大民生需求等，形成一批示范性强、影响力大、带动性广的重大应用场景。加强对政务服务、金融科技、科学研究等重点领域数据挖掘，打造形成一批可复制、可推广的标杆型示范应用场景。 SH2：规模化应用深度不足。到 2025 年形成十大类 100 个人工智能深度应用案例，培育 500 家智能化示范企业。 SH3：制定并定期更新人工智能示范应用清单。国家机关、事业单位、国有企业等应当率先落实人工智能示范应用清单，优化采购制度，健全交易机制。对于符合条件的人工智能领域新产品和首发服务应用，按照相关政策给予支持。政府采购的采购人经依法批准，可以通过非公开招标方式，采购达到公开招标数额标准的创新产品。将符合条件的人工智能产品和服务纳入本市创新产品推荐目录。建立人工智能应用场景开放制度。建立完善相关激励机制，定期征集和发布应用场景需求和示范解决方案清单。鼓励第三方服务机构等多元主体参与场景建设和运营。 GZ1：面向智慧城市、智能制造、智慧金融、智慧医疗等领域，进一步开放人工智能应用场景。 GZ2：以先进制造、车辆交通、健康医疗、城市治理等应用领域为牵引，强化人工智能应用示范场景建设，到 2023 年开展 100 个人工智能典型场景应用示范。探索本市人工智能企业自主技术的推广应用政策，将本市人工智能企业的产品、技术、平台、项目纳入政府采购目录。 GZ3：到 2023 年推出 500 个人工智能优秀案例和解决方案。探索规范有序的场景分类促进机制，建立设计场景征集、审核、发布、对接等全流程分类管理工作流程，分期分批推出广州城市机会场景示范项目建设“揭榜挂帅”任务。持续深入开展人工智能精准赋能中小企业活动。征集梳理重点行业领域人工智能应用需求清单，推进编制人工智能与数字经济相关供给目录、需求目录。 GZ4：到 2023 年开展 100 个人工智能典型场景应用示范。打造智慧交通、智慧医疗、智慧制造、智慧城市 4 个重点应用场景。遴选“最具创新价值落地案例 Top 30”榜单。征集人工智能企业场景应用需求。建立人工智能应用场景库。 HZ1：到 2023 年城市大脑、阿里 AI 应用成为典范；赋能亚运、未来社区、城市治理等形成示范；打造人工智能行业应用场景示范项目 20 个，培育行业应用场景标杆企业 80 家。

续表

深圳条款	比较对象条款
区，面向全社会征集并公开发布人工智能创新产品、市场化项目需求、应用场景需求。及时更新发布“城市 +AI”应用场景等清单。	HZ2：到 2025 年人工智能社会融合应用项目达到 200 个以上。健全应用场景建设容错纠错机制，实施“包容期”管理和柔性监管，推动政府、企事业单位首购首用。 HZ3：到 2024 年建成 5 个以上具有全国影响力的“AI+ 区块链”应用，建成 10 个以上省级行业“产业大脑”应用试点。建立健全智能终端产品应用激励机制。支持建立人工智能创新产品展示体验中心。 CD2：到 2025 年全市人工智能创新应用场景数量达到 100 个以上，形成 10 项以上可供全国推广的人工智能应用场景案例。 MG1：联邦政府应该探索新方法，提高关键机构应用人工智能完成任务的能力。国家科技委员会的机器学习和人工智能分会应该为政府的人工智能从业者开辟一个实践社区。

（三）重点领域

“重点领域”应用示范明确需要加强人工智能技术推广应用的重点领域。重点领域的选择依据主要是要具有本地优势。经比较，深圳市与比较对象均把制造、金融、物流、商务等作为重点领域（见表 8–24）。

表 8–24 “重点领域”条款对比

深圳条款	比较对象条款
SZ2：在智能制造（工业机器人、智能制造成套装备、智能柔性生产线、智能化管理）、智能金融、智能商务、智能物流等开展人工智能应用试点示范。 SZ5：鼓励制造企业开展机器换人工程。支持智能感知、智能生产线、智能仓库等在企业率先开展应用。探索打造一批“无人样板工厂”。支持国家工业互联二级节点建设。支持龙头	BJ2：推动通用人工智能技术在科学研究、金融、自动驾驶领域示范应用。 SH1：提升智能制造能级。推动建设“无人工厂”。创新智能投顾、智能客服等金融产品。 SH2：开展人工智能赋能智能制造试点示范，探索推广细分领域、特定环节人工智能应用标准方案。深化人工智能在风控、监管、客服、投顾、投研、支付等应用。推动农业生产智慧精准。建设智慧能源体系。增强企业管理运营智能化决策能力。 SH3：支持企业应用基于人工智能的新型商务服务和决策系统。推动智能制造关键技术装备、核心支撑软件、工业互联网等系统集成应用。支持企业通过促进产业高质量发展专项政策开展数字化、智能化技术改造升级。开展智能

续表

深圳条款	比较对象条款
企业建设基于人工智能网络的行业工业互联网平台。鼓励中小企业上云。国家新一代人工智能开放创新平台支持开发智能风控、智能投顾、智能客服等应用系统。推动人工智能技术在金融领域的应用。加强智能化装卸搬运、分拣包装、加工配送等智能物流装备的研发和推广应用。 SZ6：实施人工智能软件应用示范扶持计划，鼓励金融、商务、工业、交通等行业企业基于人工智能技术对现有生产、服务和管理方式进行升级。推动人工智能在制造业应用，探索建立制造业企业数据“标注＋训练”闭环机制，孵化高度智能化的生产机器人。加快推进低空智能融合基础设施项目建设，推动低空经济产业创新发展。	金融产品和服务创新。支持企业研发应用新兴智能物流装备。 GZ2：推动制造企业建设工业智能应用平台、工业大数据云平台及工业互联网等平台。加大首台（套）重大（重点）技术装备研发投入及产业化。建设一批智能示范工厂和数字化车间。 GZ3：支持传统优势产业龙头企业开展5G智慧化改造。打造电子行业智能工厂、石化行业数字孪生、船舶行业标识解析等智能制造标杆场景。搭建中小企业数字化转型平台。打造智能仓储、智能物流系统。推动干线物流、无人物流在南沙港和试点区域等开展示范和商业化运营。 HZ1：加快智能生产线、数字化车间、智能工厂建设。实施重大智能装备首台（套）推进工程。 HZ2：到2025年拥有3~4个具有国际竞争力的工业互联网平台和一批行业级工业互联网平台，培育20家具有行业影响力的智能制造系统解决方案供应商。鼓励龙头金融企业打造智慧金融应用创新平台。 HZ3：到2024年培育10家具有行业影响力的智能制造系统解决方案供应商，建成10个以上具有全国影响力的工业互联网平台。培育百家以上聚能工厂、云端工厂等“未来工厂”。 CD1：鼓励企业引进智能化柔性生产线。鼓励研发和建设智能制造云服务平台。在轨道交通、航空航天、汽车制造等行业打造示范工程。探索人工智能安全技术在金融领域的推广应用，构建金融信用信息平台和金融风险智能监控预警平台。 CD2：发展智慧医疗、智慧金融、智能交通、智能制造等优势领域。发展智慧零售、智能建造产业。加速数字碳中和、智慧农业布局。培育智慧商务、智能金融风控、智慧物流等新场景。

（四）民生领域

“民生领域”应用示范明确要推广人工智能技术应用的民生相关服务细分领域。经比较，深圳市和比较对象均聚焦医疗、教育、养老等细分领域（见表8–25）。

表 8–25 “民生领域”条款对比

深圳条款	比较对象条款
SZ1：推进人工智能技术在医疗、教育、就业、养老、文化、交通、住房保障等民生服务领域应用，构建优质、均衡、智能的民生服务体系。支持保护儿童、老年人、残疾人以及其他特殊人群权益的人工智能产品和服务。鼓励医疗机构使用人工智能产品与服务。 SZ2：推进人工智能医疗（医学影像辅助诊断技术及产品）、教育（智能学习、智能教育试点示范学校、智能校园、在线教育培训平台）、家居（酒店、办公楼、商场、社区、家庭等智能系统）、零售（无人门店、智能零售试验区）等创新应用。 SZ5：鼓励各类机构打通医疗大数据资源共享通道，推进深圳医疗信息大数据建设。推动基于人工智能的临床辅助分析工具开发。鼓励智能教育重点企业开发在线教育培训平台。建设虚拟现实教室、机器人智能实验室等创新性功能教室。建立智能教育管理共享大平台。引导辖区计算机视觉重点企业与云计算重点企业共同建设商品识别平台。支持推广精准营销、智慧商圈、智能配送等新型商贸服务和新零售消费模式，选择辖区主要大型商场探索建立智能零售试验区。 SZ6：民生诉求平台嵌入民意速办 AI 机器人。医疗卫生机构探索开展临床辅助决策、医学影像辅助诊断、医用机器人等人工智能应用试点。口岸、机场、高铁站、地铁站、政务活动场所、科技文化体育场馆、公园、旅游景区等公共场所搭建人工智能体验场景。	BJ2：推动通用人工智能技术在医疗领域示范应用。 SH1：加强自主智能医疗机器人和医疗设备等应用。推动智能陪护机器人、智能健康设备等应用。推动智能交互学习、数字文化展演等应用。推进精准营销、智慧商圈、智能配送等新型商贸服务，发展无人售货商店。 SH2：推进智能医疗创新突破。普及发展智能教育。发展人工智能赋能的新型零售方式。合理布设社区智能安防、智慧康养等终端设施。打造智能文娱创新业态。丰富智慧便捷出行服务。推动数字无障碍服务和各类公共服务智能化无障碍改造。 SH3：加强人工智能在教育、医疗、养老、抚幼、助残等领域应用。 GZ3：推进智慧社区建设。推动餐饮零售、居家休闲、旅游出行等各类场景智能化。加强“云上广交会”“智慧广交会”建设。形成一批智慧医疗示范项目。推广使用医疗机器人。建设智慧教室、智慧实验室等智能教学考试应用场景。建成广州教育治理大数据平台。推进建设云游戏基础设施。 HZ2、HZ3：推动人工智能在医疗、教育、文旅、养老、金融等民生重点领域应用，持续探索新型应用模式。 CD2：推进智能医疗创新突破。普及发展智能教育。合理布设智慧社区。提升“婴育、养老、救助”等智能化水平。

（五）智慧城市

“智慧城市”明确人工智能技术在政府治理、社会治理、城市管理等具体领域中的使用。经比较，深圳市与比较对象都要求推进建设智慧政务、智慧法院、智能交通、智能环保等一系列具体领域（见表 8–26）。

表 8–26 “智慧城市”条款对比

深圳条款	比较对象条款
SZ1：国家机关、公共企事业单位等应当率先使用人工智能产品和服务。推进人工智能技术在社会治理、法律服务、社会治安防控、应急救援等应用。推进人工智能技术在自然资源、生态环境、水利、节能减排等应用。推进人工智能技术在行政和司法应用。推进人工智能技术在金融风险、国有资产、规划投资、财政、税收、审计、统计等应用。 SZ2：推进智能政务、智能交通、智能安防、智能城市管理等建设。 SZ4：制定 AI 政务应用推进方案，推动警务安防、公共交通、城市管理、医疗健康、生态环境、文化教育等政府部门和水务、燃气、能源、地铁等国资国企率先应用 AI。 SZ5：推动基于人工智能技术的公共管理、服务和监管应用示范。打造助力政府部门科学决策的人工智能平台。推动人工智能技术在侦查、检察、审判、监管等司法业务应用，建设智慧法院服务系统，研发应用智慧司法信息服务系统。构建城市智能交通体系，发展智能交通产业。深圳智能网联交通测试示范平台完善自动驾驶技术体系，在坪山等区域以定点定线的形式在细分领域先行开展自动驾驶汽车应用示范。建设生态环境监测网络。建立涵盖监	BJ1：支持海淀区建设城市大脑 2.0。推动北京市高级别自动驾驶示范区 3.0 等项目实施。 BJ2：推动通用人工智能技术在政务服务、城市治理领域示范应用。 SH1：推动政府部门率先运用人工智能技术。完善智能感知和数据采集机制。建设智慧法庭。探索无人驾驶汽车应用等场景。发展智能化海空枢纽港。 SH2：围绕政务服务、城市管理、党建、社区治理、政法、交通管理、应急管理、规划建设、市场监管、生态环境等深化人工智能应用。建设城市数字孪生平台。建设智慧港口。 SH3：开发适用于政务服务和决策的人工智能平台。建设智能化城市基础设施，推动智能终端部署。围绕社区治理、公共安全、交通管理、应急管理、市场监管、生态环境保护、规划建设、建筑玻璃幕墙管理等深化人工智能应用。建设智慧司法系统。 GZ3：打造广州城市交通大脑，构建城市交通智慧感知平台、综合业务平台。 HZ1：在交通治理、城市管理、健康医疗、文化旅游、生态环境等应用城市大脑。探索经济管理的智能化。优化未来智慧城市基层组织管理运行机制。 HZ2：推动智能手段在政务服务、城市管理、交通、防控、应急等城市治理领域融合应用。 HZ3：探索数字孪生机制。推动智能手段在交通、物流、金融等城市治理领域融合应用。 CD1：探索无人驾驶汽车、无人机在物流环节应用。开拓智慧出行、智慧购物等应用场景。打造浸入式体验文旅项目。促进智慧法庭建设。推动机器人等在城市管理应用。推动图像识别等技术在公共安全监控、安全运行监测等应用。

续表

深圳条款	比较对象条款
测监控、预报预警、决策分析的智能环保体系。构建突发环境事件应急管理平台。 SZ6：持续推动智慧城市基础设施与智能网联汽车协同发展。在市容巡查、环境卫生领域适度超前布局市容巡查机器人、扫地机器人等应用。在消防监管、食品安全监管、建筑施工安全等开展人工智能应用。在房屋建筑工程中探索开展"智能审查＋人工确认"审图试点。在重大建筑单元与重点片区的建模渲染中探索丰富城市信息模型平台"数实融合"特效场景应用。	CD2：建设市、区（市）县、镇（街道）三级协同联动"智慧蓉城"运行管理平台，延伸至村（社区）、网格。推进成都市国家智能社会治理实验综合基地建设，打造一批典型智能治理场景和样板，研究制定符合智能社会治理需求的新理论、政策标准和治理机制。形成"智能服务、智能决策、智能监管"公园城市示范区建设模式。重点围绕智慧大运、疫情防控、交通管理、应急管理、智慧公安、水务管理等打造系列智慧应用场景。 MG1：美国政府应投资开发和应用一种自动空中交通管理系统。交通部应继续致力完善制度框架，确保全自动车辆和无人飞行器的安全整合，包括将新型车辆设计融入公共交通系统。

（六）赋能指标

"赋能指标"主要是上海市特色政策内容，要求基于赋能指标体系，评估整个城市的智能化水平（见表 8–27）。

表 8–27 "赋能指标"条款对比

深圳条款	比较对象条款
—	GZ2：支持行业协会联合链主单位构建并完善人工智能综合评价指标体系。 SH2：探索建立人工智能赋能指标体系，综合评价人工智能赋能城市数字化转型整体水平。 SH3：市有关部门应当组织行业组织等制定人工智能的应用成效评估方法，建立人工智能产品和应用的智能化水平评价机制，探索评估人工智能产品和应用的社会综合影响。按照规定对特色产业园区的智能化程度开展评估。

六、“产业布局”条款

（一）空间格局

“空间格局”主要指全市人工智能产业布局的整体形态。经比较，深圳市与比较对象均对全市人工智能产业空间格局进行了相应政策设计（见表 8–28）。

表 8–28　“空间格局”条款对比

深圳条款	比较对象条款
SZ2：“总部基地＋研发孵化＋高端制造”的“一轴两廊多节点”空间格局。 SZ4、SZ5：“总部基地＋研发孵化＋高端制造”的梯次产业空间布局。	SH1、SH2：构建“东西互动、多点联动”空间格局。 GZ1：广州人工智能与数字经济试验区构建“一江两岸三片区”空间格局，珠江南岸人工智能与数字经济产业创新集聚区即琶洲核心片区（含广州大学城），珠江北岸人工智能与数字经济产业融合发展区包括广州国际金融城片区和鱼珠片区。 GZ2：围绕“一区三城”，形成“核心引领、多极联动、同频共振、开放共享”人工智能创新空间格局。 GZ3：构建“一核多点”广州国家先导区建设空间布局，以广州人工智能与数字经济试验区为核心，各区以国家新型工业化产业示范基地和省人工智能、大数据产业园（创新创业孵化园）等为产业发展关键载体。 GZ4：广州人工智能与数字经济试验区已经形成“一核牵引、多点支撑”人工智能产业发展空间布局。 HZ2：形成“总部基地＋研发孵化＋高端制造”的“一轴一带多节点”空间格局。 CD2：构建成都市人工智能产业“1+7+N”空间承载布局。

（二）产业示范区

“产业示范区”主要明确一批需要着力建设的产业集聚度高的片区。经比较，深圳市与比较对象均对全市人工智能产业示范区进行了相应政策设计（见表 8–29）。

表 8–29 “产业示范区”条款对比

深圳条款	比较对象条款
SZ2：十大人工智能产业示范区：深圳高新区深圳湾片区和南山园区总部基地、深港科技创新合作区、罗湖人工智能产业基地、盐田人工智能产业基地、宝安立新湖智能装备未来产业集聚区、坂雪岗科技城、龙华人工智能产业基地、坪山人工智能产业基地、光明人工智能产业基地、深汕湾机器人小镇。 SZ4、SZ5：加快深圳软件园、南山人工智能产业基地、罗湖人工智能产业基地、深港科技创新合作区、龙华人工智能产业集聚基地、光明人工智能产业基地、盐田人工智能产业基地、坂雪岗科技城、宝安立新湖智能装备未来产业集聚区、坪山人工智能产业基地和深汕湾机器人小镇等人工智能基地建设。	BJ1：布局建设人工智能产业集聚区，升级和新建一批高质量人工智能产业空间载体。 SH1：打造“徐汇滨江—漕河泾—闵行紫竹”人工智能创新带，建设国家级人工智能产业集聚区。打造“张江—临港”人工智能创新承载区。 SH2：推进浦东张江、徐汇滨江、闵行马桥、临港新片区四大优势产业集聚区创新发展，全市因地制宜建设一批特色品牌载体。 HZ1：推进杭州城西科创大走廊、杭州高新开发区（滨江）、杭州城东智造大走廊等产业平台建设。以区、县（市）为主体，打造一批市级人工智能创新发展区。 HZ2：以余杭人工智能小镇、南湖科学中心为核心，打造城西人工智能产业轴。以萧山信息港小镇、滨江电子信息（物联网）产业示范基地、萧山机器人小镇、萧山图灵小镇、杭州大创小镇、杭州人工智能产业园为核心，打造拥江人工智能产业带。 HZ3：推进余杭人工智能小镇、南湖科学中心建设。引导紫金港科技城、浙大科技园、5G 创新产业园等特色产业平台建设。推动萧山信息港小镇、滨江电子信息（物联网）产业基地等建设。 CD2：依托成都科学城、龙潭工业机器人产业功能区、成都芯谷、白鹭湾新经济总部功能区、龙泉汽车城、成都医学城、天府牧山数字新城，打造以创新策源、智能终端、智能芯片、智慧金融、智能交通、智慧医疗、智慧城市等为重点的人工智能协同发展区。构建以新川创新科技园、菁蓉汇、天府软件园、天府生命科技园、金融城、瞪羚谷、未来科技城、白鹭湾科技生态园、“三医 +AI”产业科技园为代表的企业最集聚、应用最丰富、人才最密集的产业地标，到 2025 年具有全国影响力的产业地标达到 5 个以上。

（三）产业功能区

“产业功能区”是深圳市提出的特色概念，可以分为高端研发集聚区、应用示范先导区、创新政策试验区，其中只有上海市提出的浦东新区人工智能领域制度创新试点，类似于深圳市的创新政策试验区（见表 8–30）。

表 8–30 “产业功能区”条款对比

深圳条款	比较对象条款
SZ3：到 2025 年建成 3 个要素集聚、协同发展、特色鲜明的功能区。①高端研发集聚区。以南山区、龙岗区、光明区、福田区、宝安区为核心，充分发挥腾讯、华为、平安、大疆等龙头企业以及西丽大学城、中山大学深圳校区等高校科研机构的集聚优势，形成“龙头带动 + 平台集聚 + 要素汇集”的高端研发生态体系。高新区人工智能产业总部基地支持高校与企业建立联合实验室，鼓励高校科研机构建设专业孵化载体。鲲鹏产业生态基地强化华为海思的龙头带动作用，争取在智能芯片领域建设国家级创新载体。光明重大科技基础设施集群在类脑智能等人工智能前沿技术领域布局新型研发机构，进行人工智能前沿技术“无人区”探索。“互联网 +”未来科技城开发视觉感知技术。②应用示范先导区。建设数字政府和智慧城市，提升政务服务便利化、普惠化程度。支持人工智能技术服务提供商与行业应用企业开展“1+1”深度合作，打造一批“AI+ 产业”特色应用场景标杆项目。以南山区、罗湖区、龙华区为先导，形成工业制造、社会治理等典型场景的特色应用示范。南山区打造深圳湾科技生态园、南山智园等人工智能特色园区，促进智能医疗、智能物流、自动驾驶等重点领域应用落地。罗湖区人工智能小镇铺设“AI+5G+AIoT”新型基础设施，引进计算机视觉等领域国家级创新载体，试点行政管理、城市管理、环境保护等社会治理领域智能化应用。龙华区重点支持企业在智能制造领域开展技术研发、产品创新和示范应用。③创新政策试验区。以福田区、坪山区为前沿阵地，充分把握“先行先试”的政策“特权”，营造有利于人工智能前沿技术应用转化的政策生态。深港科技创新合作区开展多领域人工智能创新应用试点示范，探索建立数据资源跨境流通和开放共享制度、实施数据安全示范应用系统项目，试点建设人工智能产品风险与安全模拟测试平台。坪山区智能网联交通测试示范平台开展智能汽车开放道路测试和运营试点，研究建立智能汽车网络安全和隐私保护体系，以审慎、弹性、包容的原则制定智能汽车相关法律法规和技术标准。	SH3：浦东新区应当发挥人工智能创新应用先导区的作用，开展人工智能领域制度创新试点。浦东新区应当探索建立算力、算法模型、高质量数据集等人工智能资产评估体系，推动相关行业组织等制定人工智能资产评估导则，构建人工智能资产评估指标，支持相关机构在浦东新区开展人工智能资产评估。

（四）产业园区

“产业园区”主要是指比产业示范区更小的片区。经比较，深圳市与比较对象均提出要建设一批人工智能产业园区（见表 8–31）。

表 8–31 “产业园区”条款对比

深圳条款	比较对象条款
SZ1：推动建设人工智能产业园区。市规划和自然资源部门编制建设用地供应计划时，应当合理保障人工智能园区建设用地需求。探索建立宽松、灵活的产业空间管理机制，对于符合条件的企业，合理确定开发强度和配套功能。 SZ2：建设人工智能特色产业园、深圳软件园。 SZ6：选择条件成熟的区域打造人工智能产业集聚区，认定一批人工智能产业领域的市级软件名园。 SZ4：到 2023 年布局一批产业基地。力争用 3 年时间建设 5 个左右建设面积不少于 20 万平方米的人工智能小镇（园区）。	SH1：支持各区基于大数据、云计算、车联网、机器人等产业基础和特色优势，建设一批人工智能特色示范园区。推动华泾北杨等地区建设人工智能特色小镇。 SH2：搭建园区一体化综合运营与管理平台。加快布局园区智能化基础设施。建设主题型创新生态空间，提供研发设计、数据训练、算力共享、中试应用、科技金融等综合创新服务。 SH3：打造人工智能特色产业园区。鼓励人工智能特色产业园区在人才引进、知识产权保护、上市辅导、投融资对接、租金减免等方面提供服务。 GZ2：实施“一区一园一项目”，到 2023 年重点建设 10 个人工智能产业园，包括黄埔中国智能网联国家创新中心、天河软件价值创新园、南沙国际人工智能价值创新园、广州西岸产业园、番禺智能网联新能源汽车价值创新园、越秀黄花岗科技园、从化明珠智慧产业园等。 GZ3：选取以人工智能、大数据为主导发展方向、基础较好的产业园区，持续培育一批特色产业园区。 GZ4：对集聚 10 家以上人工智能企业的园区授以“人工智能特色园区”。 HZ1：支持各类市场主体建设人工智能空间载体，包括人工智能产业园、众创空间、科技企业孵化器、小微企业园、特色小镇等。推进未来科技城人工智能小镇、青山湖科技城微纳智造小镇、杭州高新开发区（滨江）人工智能产业基地、西湖区云栖小镇、萧山区中国 V 谷和机器人小镇、富阳区硅谷小镇等人工智能产业平台建设。 HZ3：谋划建设人工智能岛。 CD1：申建国家级人工智能产业示范园区。建设国家人工智能众创基地，建设一批全要素、开放式的人工智能众创空间。

七、“创新生态”条款

（一）产业创新载体

“产业创新载体”提出人工智能创新载体的类型和建设目标任务。经比较，深圳市与比较对象的人工智能产业创新载体类型基本一致（见表 8–32）。

表 8-32　“产业创新载体”条款对比

深圳条款	比较对象条款
SZ1：加快国家、省、市研究平台建设。支持建设重点实验室、特色实验基地、工程研究中心、产业创新中心、技术创新中心、企业技术中心、制造业创新中心等创新载体。培育和建设投资主体多元化、管理制度现代化、运行机制市场化、用工方式灵活化的新型研发机构。支持成立创新联合体。 SZ2：建设人工智能制造业创新中心；建设一批国家、省、市级重点实验室、工程研究中心和技术创新中心（鹏城实验室、基础研究机构、企业人工智能实验室）；建设国家新一代人工智能开放创新平台；鼓励高等院校、科研院所与企业合作建设一批人工智能技术创新平台。 SZ2、SZ5：到 2023 年累计建成 20 家以上创新载体。	BJ1：组建全栈国产化人工智能创新联合体。 SH1：建设上海类脑智能科学研究基地。筹建上海类脑芯片和片上智能系统研发与转化功能型平台。在智能制造、智能汽车、智能医疗、机器人、北斗导航、工业物联网、工业控制安全等领域建设瞄准应用需求、主体多元和市场化运作的功能型平台。 SH2：打造具有国际先进水平的国家级创新平台，加快建设上海人工智能实验室，推进建设无人系统科学中心、人工智能创新应用先导区应用场景公共服务平台，依托行业龙头企业建设国家新一代人工智能开放创新平台。建设具有行业影响力的功能型创新平台，推进人工智能研发与转化功能型平台、制造业创新中心、人工智能产业赋能中心等建设。依托龙头企业建设市级人工智能创新中心，鼓励行业企业建设联合实验室、企业级人工智能技术中心。 SH3：支持人工智能重大科技基础设施、重大科研平台建设，服务和推动国家实验室创新发展、全国重点实验室能力提升，支持高等学校、科研机构和企业等所属人工智能研究机构建设。高等学校、科研机构和企业等可以采取多种方式设立新型研发机构。 GZ2：推动建设粤港澳科学大数据研究院。吸引国内外一流高校、科研机构及企业设立新型研发机构。 GZ4：已建设人工智能与数字经济广东省实验室。支持人工智能创新平台建设（包括创新中心、创新平台、重点实验室、新型研发机构）。 HZ2：支持龙头企业牵头组建 3~5 家人工智能创新联合体和共性技术研发中心。谋划建设以人工智能关键技术突破为主要方向的市级创新载体。鼓励高校、科研机构与企业合作建设一批技术创新平台。布局建设 2~3 家人工智能领域国家、省重点实验室。支持阿里推进城市大脑国家新一代人工智能开放创新平台、海康威视深度打造视频感知国家新一代人工智能开放创新平台。推进之江实验室后续建设，支持创建世界一流的国家实验室，支持之江实验室“天枢”人工智能开源开放平台打造成为全球人工智能开发生态网络关键节点。研究智能无人系统、智能制造、智能家居等领域人工智能开放创新平台的构建。 HZ3：支持建设人工智能企业技术中心、新型研发机构。 CD1：建设新一代人工智能创新应用平台。组建成都人工智能产业技术研究院。吸引国内外人工智能企业和顶尖团队来蓉设立研发中心。

续表

深圳条款	比较对象条款
SZ6：支持科研机构与企业共建5家以上人工智能联合实验室，加快组建广东省人形机器人制造业创新中心。	CD2：到2025年省级及以上创新平台数量达到10个以上，企业研发投入占比达到15%以上，攻克“卡脖子”技术数量达到5项以上，人工智能科技成果转化率达到30%以上。推进天府实验室后续建设。建设“人工智能+”交叉创新平台、脑科学与类脑智能研究院。

（二）基础研究

“基础研究”强调部署人工智能基础研究项目。经比较，深圳市和比较对象均强调要加强布局开展人工智能领域基础研究（见表8–33）。

表8–33 “基础研究”条款对比

深圳条款	比较对象条款
SZ1：鼓励高等院校、科研机构、企业和其他组织开展长周期、跨学科的人工智能基础研究，承担和参与国家、省、市重大科技项目。市人民政府及其有关部门应当给予支持。市科技创新部门应当完善基础研究重大任务形成机制，强化对目标导向基础研究的系统部署，推动人工智能领域重点项目、基地、人才、资金一体化配置。	SH1：强化前沿基础研究。聚焦支持强人工智能和超人工智能研究。推动脑智能理论取得突破。持续开展类脑智能研究。加强人机混合增强智能研究。建立新型智能算法库。 GZ1：以突破人工智能基础机理、模型和算法“瓶颈”为重点。 HZ1：以实现人工智能基础理论、算法模型、底层机制和安全体系等领域突破为重点，超前布局可能引发人工智能范式变革的基础研究。到2023年大数据智能、跨媒体智能、群体智能、自主智能系统、人工智能安全、智能芯片等基础理论和核心技术取得突破，形成具有标志性的重大科技成果10项以上，核心发明专利300项以上。 HZ2：到2025年形成重大科技成果20项以上，获得核心发明专利2000项以上。 HZ3：到2024年在人工智能基础理论与核心技术攻关上取得重要进展，形成10项以上人工智能重大科技成果，获得1000项以上核心发明专利。 CD1：聚焦深度学习、跨媒体感知计算、混合增强智能、自主协同控制、类脑智能计算等前沿，超前布局基础研究。

续表

深圳条款	比较对象条款
SZ4：加强前沿基础研究。鹏城实验室、人工智能与数字经济广东省实验室、深圳市人工智能与机器人研究院等努力实现更多“从0到1”式的源头创新。光明重大科技基础设施集群开展更多“无人区”探索。实施一批人工智能前沿基础研究项目。	CD2：在人机交互、混合增强智能、群体智能、类脑智能、自主协同控制与优化决策等前沿领域加大投入，开展重大基础研究和前沿科学探索。推动扩大基础算法技术优势。加速算力基础设施国产替代。加快布局类脑计算、知识计算、下一代数据存储等前沿技术，推动算力中心性能突破性发展。加快基础大数据智能理论研究。 MG4：优先投资下一代人工智能以推动负责任的创新，为公众利益服务并使美国在人工智能领域保持世界领先地位，具体包含10个优先事项：推进以数据为中心的知识发现方法，促进联邦机器学习方法，了解人工智能的理论能力和局限性，开展可扩展的通用目的人工智能系统研究，在物理和虚拟环境中开发人工智能系统和仿真模拟，增强人工智能系统的感知能力，开发功能更强大、更可靠的机器人，改进硬件以促进人工智能，创建改进硬件的人工智能系统，拥抱可持续的人工智能和计算系统。

（三）基础理论

“基础理论”强调在重点方向实现人工智能基础理论突破。经比较，深圳市与比较对象均要求实现某种程度的人工智能基础理论突破（见表8–34）。

表8–34　“基础理论”条款对比

深圳条款	比较对象条款
SZ2：到2023年全市人工智能共性基础理论取得突破。在人工智能重大科学前沿的理论和应用基础两个层面组织实施重大基础科研专项。重点攻克深度学习、类脑智能计算、跨媒体感知计算、混合增强智能、群体智能、自主协同控制与优化决策理论等。	BJ1：到2025年通用人工智能雏形显现。围绕人工智能数学机理、大数据智能、多模态智能、决策智能、类脑智能、科学智能、具身智能等方向开展研究布局，形成具有国际影响力的人工智能原创理论体系。 SH2：面向人工智能数学基础等前沿领域，力争形成一批引领性理论成果。深化人工智能通用技术突破。 GZ2：以突破人工智能基础机理、模型和算法“瓶颈”为重点，布局人工智能前沿基础理论研究。 GZ3：争取在深度学习理论、类脑智能计算、混合增强智能理论等领域取得原始性突破。

续表

深圳条款	比较对象条款
	GZ4：遴选“十大前沿技术研究”项目，在遗传算法、神经网络、类脑智能与脑机接口、迁移学习等前沿理论及技术领域实现突破。 HZ2：突出人工智能基础理论、算法模型、数据标准、应用技术等核心环节，支持在杭创新中心和创新型企业的顶尖科学家及团队发展。 MG4：开发人—人工智能协作有效方法，具体包含五个优先事项：发展人类与人工智能合作科学；改进协作模型和性能指标；培养人智交互的信任；追求对人智系统的更深入理解；开发人工智能交互和协作的新范式。

（四）关键核心技术方向

“关键核心技术方向”提出人工智能产业创新载体和企业需要着力攻关的重点领域。经比较，深圳市和比较对象均对人工智能重点领域攻关做了政策设计，深圳市未对技术路线图提出要求（见表 8–35）。

表 8–35 “关键核心技术方向”条款对比

深圳条款	比较对象条款
SZ2：到 2023 年部分技术与应用研究达到世界先进水平。重点开发关键基础软件，发展深度搜索等核心算法，计算机视觉（重点强化优势）、语音识别、自然语言处理、跨媒体感知、自主无人驾驶等技术。	BJ1：支持创新主体重点突破分布式高效深度学习框架等基础平台技术。支持数据与知识深度联合学习等关键算法研发。研发全栈国产化的生成式大模型。加强自主开源深度学习框架研发攻关。国产人工智能芯片和深度学习框架等基础软硬件产品市场占比显著提升，算力芯片等基本实现自主可控。 BJ2：开展大模型创新算法及关键技术研究。加强大模型训练数据采集及治理工具研发。构建大模型基础软硬件体系。探索通用人工智能新路径。 SH1：集中攻克智能感知技术。突破理解认知技术“瓶颈”。强化计算处理技术研发。加强智能执行技术联合攻关。 SH2：年均申请发明专利 1000 件。建设先进算法模型。 SH3：通过政策支持、平台构建等方式，推动开展算法研发，实现算法可信化、硬件化、模块化、系统化和平台化。制定人工智能算法模型推荐目录。开展人工智能医疗器械关键技术研发，在智能辅

续表

深圳条款	比较对象条款
SZ5：在计算机视觉识别、语音识别、智能机器人、智能无人机、智能传感器、智能芯片等细分领域，已突破了一批关键核心技术。未来要突破机器学习、计算机视觉、自然语言处理、虚拟现实智能建模、自主无人智能技术等人工智能核心技术。	助诊断算法、手术定位导航、融合脑机接口等方面加强攻关突破。支持开发研制核心系统和关键软硬件。 GZ1：重点发展人工智能基础软件、芯片等，解决“卡脖子”技术问题。 GZ2：制定广州市人工智能产业技术路线图。 GZ3：以生物识别、自然语言处理、测试评价、适应性导航等为主攻方向。支持龙头企业和细分行业标杆企业推进应用型技术研发与科技成果转化应用。 HZ3：围绕人工智能基础理论、算法模型、数据标准、应用技术等核心环节，支持之江实验室、浙江大学、西湖大学、阿里达摩院等协同开展超前研究和创新攻关。 CD1：围绕语音识别、机器学习、智能搜索等关键技术，推进计算机视觉、智能语音处理、自然语言理解、智能决策控制以及新型人机交互等关键技术研发。 MG3：必须在联邦政府、工业界和学术界推动美国人工智能的技术突破。与工业界、学术界、外国伙伴和盟友以及其他非联邦政府机构合作，促进对人工智能研发的持续投资。

（五）技术攻关项目

“技术攻关项目”明确要建立人工智能技术攻关机制、项目库。经比较，深圳市与比较对象均大力支持实施人工智能技术攻关项目，但深圳市未要求建立人工智能科研、应用等领域的负面清单（见表 8–36）。

表 8–36 “技术攻关项目”条款对比

深圳条款	比较对象条款
SZ1：建立以市场需求为主导、“政产学研”深度融合的关键核心技术攻关机制。公开征集科技创新项目和成果，通过非周期性项目资助等方式予以支持。允许技术路线明显不同的多个牵头单位同时获得前期立	BJ1：采取“揭榜挂帅”等方式推动重大战略任务组织实施。 SH1：组织论证人工智能市级重大科技专项，支持人工智能基础前沿及关键共性技术攻关。 SH2：完善“揭榜挂帅”工作机制，探索合作共建超级应用场景，支持企业参与产业创新重点任务。打造一批算法转化示范项目。

续表

深圳条款	比较对象条款
项，在项目周期时间内定期开展考核，根据动态竞争结果给予资助，对实施效果良好、发展潜力大的项目可以追加支持。 SZ4：到 2023 年攻克一批核心关键技术，组织实施 30 个以上具备国际领先水平的技术攻关项目。围绕云端训练芯片、新型人机交互、智能决策控制、深度学习框架等人工智能产业链关键、薄弱环节，探索关键核心技术项目“揭榜挂帅”机制，开展市技术攻关、重大装备和关键零部件研制等扶持计划。 SZ5：到 2023 年组织实施 30 个以上重大科技产业发展项目。 SZ6：加快实施“智能算力网络关键技术体系研究及验证”项目。聚焦通用大模型、智能算力芯片、智能传感器、智能机器人、智能网联汽车等领域，实施人工智能科技重大专项扶持计划，重点支持打造基于国内外芯片和算法的开源通用大模型；支持重点企业持续研发和迭代商用通用大模型；开展通用型具身智能机器人的研发和应用。实施核心技术攻关载体扶持计划。	SH3：支持高等学校、科研机构和企业等开展人工智能相关跨学科交叉领域的研究，承担重大科技和产业创新专项。加大在战略性新兴产业项目中对人工智能产业技术创新的布局，加大在产业高质量专项中对人工智能产业技术创新、产业基础再造和产业示范应用的支持。在本市重大科技创新项目中设立人工智能专项，支持开展人工智能技术的基础理论以及核心技术研究。探索建立人工智能科研、应用等领域的负面清单。 GZ2、GZ4：支持承接国家科技创新 2030 ——“新一代人工智能”重大项目、国家自然科学基金、广东省自然科学基金等重大战略布局任务。 GZ2：实施重点领域研发计划，组织重大科技专项攻关，在类脑智能与脑机接口、语音识别、图像识别、无人驾驶、智能机器人、无人机、智能家居等核心领域取得攻关成果。 GZ3：组织高校、科研机构和企业承担工业和信息化部人工智能揭榜任务和省市各类揭榜攻关、科技专项。 GZ4：鼓励参加中国创新挑战赛（广东・广州），以“揭榜比拼”方式寻求核心技术问题解决方案。鼓励链主企业搭建“揭榜挂帅”平台。 HZ2：聚焦大数据智能、跨媒体感知计算、混合增强智能、群体智能、自主协同控制与优化决策等领域，开展重大基础研究和前沿科学探索，力争率先突破获取一批原创性重大科技成果，每年重点跟踪实施 5 个重大基础科研专项。持续建设人工智能关键技术攻关项目储备库。 HZ3：支持企业申报科技创新 2030 ——“新一代人工智能”重大项目、国家重点研发计划人工智能项目。争取国家、省重大科技专项。实施“揭榜挂帅”机制。 CD2：支持创新型企业与高校、科研院所共同承接国家、省、市重点研发计划项目和重大科技项目，力争每年开发 3~5 个具有自主知识产权的战略性标志成果产品。

（六）创新扶持政策

“创新扶持政策”旨在明确是否要为人工智能技术创新制定专项的支持性政策。经比较，深圳市与比较对象均要求制定创新扶持政策（见表 8–37）。

表 8–37　“创新扶持政策”条款对比

深圳条款	比较对象条款
SZ1：构建覆盖人工智能关键核心技术攻关全周期的扶持政策体系。	SH3：制定政策鼓励高等学校、科研机构和企业等开展面向人工智能领域重大科学前沿问题的基础理论研究和关键共性技术研发。 GZ2：加大对人工智能领域基础研究投入力度。 MG1：联邦政府应该优先发展人工智能的基础和长期研究项目。联邦政府和私营企业如果能够在人工智能研发领域长期稳定地投入资金，尤其是在高风险的基础研究领域的长期投资，会让整个国家从中受益。私营企业尤其不愿意在长期的基础研究领域进行投资，这就更凸显出联邦政府进行研发投资的重要性。

（七）创新项目管理

“创新项目管理”主要明确人工智能技术创新项目需要采用的适合的管理方式。经比较，深圳市提出项目经理人或者经理机构管理模式，杭州市提出混合所有制运行管理机制，二者都强调发挥项目实施主体的自发动力（见表 8–38）。

表 8–38　“创新项目管理”条款对比

深圳条款	比较对象条款
SZ1：探索实行项目经理人或者经理机构管理模式，委托第三方专业机构或者专人负责项目管理工作，优化过程管理、项目监督和绩效评价。	HZ1：以之江实验室、西湖大学等为样本，在项目组织、人才集聚、激励评价等方面开展探索与创新，完善混合所有制的运行管理机制。

（八）科研设备管理

“科研设备管理”主要明确人工智能关键科研设备使用机制。经比较，深圳市与比较对象均要求促进科研设备共享（见表 8–39）。

表 8-39 “科研设备管理”条款对比

深圳条款	比较对象条款
SZ1：鼓励面向社会开放重大科研基础设施和大型科研仪器。发挥国际科技信息中心、国际创新产业信息服务平台和大型科学仪器共享平台作用，完善开放共享的评价考核和激励机制。	SH3：鼓励高等学校、科研机构、企业等面向社会开放人工智能领域大型科学仪器设施。完善人工智能领域大型科学仪器设施开放共享激励机制。 GZ2：探索建立重大科技基础设施多方共建共享机制。

（九）创新自主性

“创新自主性”是指给予创新主体的某种自主权。经比较，深圳市与比较对象均要求给予人工智能创新团队和领军人才更为充分的创新自主性（见表 8-40）。

表 8-40 “创新自主性”条款对比

深圳条款	比较对象条款
SZ1：赋予人工智能创新团队和领军人才有关技术路线决定权和经费使用权。对承担重大科技攻关任务的科研人员，采取灵活的薪酬制度和奖励措施。	SH3：推动科研项目立项和组织管理方式改革，赋予人工智能创新团队和领军人才更大技术路线决定权和经费使用权，支持对承担人工智能重大科技攻关任务的科研人员采取灵活的薪酬制度和奖励措施。探索赋予科研人员人工智能领域职务科技成果所有权或者长期使用权。

（十）创新项目评价

“创新项目评价”是对创新项目水平进行某种评价。经比较，只有深圳市提出要建立项目评价制度（见表 8-41）。

表 8-41 “创新项目评价”条款对比

深圳条款	比较对象条款
SZ1：建立以质量、绩效、贡献为导向的项目评价制度，准确反映人工智能科技成果创新水平、转化应用绩效和对经济社会发展的实际贡献。完善自由探索型和任务导向型科技项目分类评价制度，建立非共识科技项目的评价机制。	—

（十一）创新成果转化

“创新成果转化”要求人工智能创新成果形成一定的产业化成果。经比较，深圳市与比较对象虽然转化路径不同，但均对促进创新成果转化作出了具体要求，其中深圳市未要求前沿科技项目成果沿途转化（见表 8–42）。

表 8–42 “创新成果转化”条款对比

深圳条款	比较对象条款
SZ1：建立有利于促进科技成果转化的激励机制。鼓励和支持人工智能领域国家科技重大专项和重点研发计划项目所取得的研究成果在深圳开展产业化应用研究。鼓励人工智能企业离岸创新成果在本市转化，在相关方面视同国内创新成果支持。支持高等院校、科研机构的专业技术人员按照有关规定离岗创业、在职创业或者到企业兼职从事人工智能领域科技成果转化。支持和鼓励社会资本设立人工智能科技成果转化专业服务机构，提供交易代理、价值评估、人才培训、创业孵化等全方位科技成果转化服务。鼓励行业组织提供创业培育和辅导、知识产权保护、投资融资、可信技术研发、风险分析和控制、技术支持等服务。 SZ6：实施战略性新兴产业产业化事后补助扶持计划，鼓励战略性新兴产业重点领域应用人工智能技术开展产业化项目。	BJ1：完善面向市场需求的技术成果转化机制。 SH3：建立有利于促进人工智能领域科技成果转化的激励机制，推动相关主体开展科技成果转化合作，支持高等学校、科研机构科研人员离岗创业、在岗创业或者到企业兼职从事科技成果转化，鼓励设立各类人工智能领域科技成果转化专业服务机构。 GZ2：发挥科技中介如成果交易等机构作用。科研机构、高等院校科研人员在与企业共同开展研发时，鼓励关联单位对新产品、新技术共同出资成立公司，探索核心技术骨干以技术入股，推动科研成果快速落地转化。 GZ4：促进前沿科技项目成果沿途转化。 HZ2：推进人工智能科技成果转移转化，孵化派生一批人工智能创业企业。

（十二）知识产权

“知识产权”突出人工智能知识产权的创造、使用、保护等关键环节。经比较，深圳市与比较对象均要求加强人工智能知识产权各环节工作，其中深圳市未要求完善海外维权制度（见表 8–43）。

表 8–43 “知识产权”条款对比

深圳条款	比较对象条款
SZ1：推动知识产权资本化。加强新技术、新业态、新模式知识产权保护，推动建立人工智能产业领域及其关键技术环节的知识产权保护制度。 SZ2：加强人工智能领域的知识产权保护，建立人工智能知识产权联盟，构筑和运营专利池。建设知识产权服务平台（人工智能产业知识产权运营体系和公共服务平台）。 SZ3：鼓励建立人工智能知识产权服务平台。探索建立人工智能公共专利池。 SZ5：支持建设人工智能产业知识产权保护联盟。鼓励建设人工智能产业专利数据库。支持打造人工智能公共专利池。实施严格的知识产权保护制度。打造集注册登记、交易运营、行政执法、司法保护、仲裁调解及行业自治于一体的人工智能知识产权综合服务平台，贯通知识产权“创造、运用、保护、管理、服务”全链条。	SH1：加大对人工智能新技术、新业态和新模式的知识产权保护力度，支持有条件的企业申请国内外专利，开展知识产权评议和专利导航。 SH2：鼓励开展人工智能知识产权分析服务和运营服务。 SH3：完善人工智能领域知识产权的协作保护、快速维权和海外维权制度。加强人工智能领域的知识产权保护，健全人工智能领域技术创新、知识产权保护和标准化互动支撑机制，推动人工智能创新成果的知识产权化。支持将人工智能领域相关专利申请列入专利快速审查与确权服务范围。 GZ2：加强知识产权保护力度。探索知识产权质押贷款等金融产品创新。 HZ1：加强人工智能领域的知识产权保护和创造。 CD1：加快推进专利基础信息资源开放共享，建设人工智能公共专利池。支持在重点领域建设具有基础支撑能力的知识产权服务平台。 CD2：支持龙头企业、行业协会建设面向人工智能领域的专利协同运营平台和知识产权服务平台，建设科技成果库。

八、“人才生态”条款

（一）人才队伍

“人才队伍”提出人工智能人才的重点类型和总体规模。经比较，深圳市和比较对象均要求引进培育一批人工智能人才，深圳市还强调市场机制在人才队伍建设中的作用（见表 8–44）。

表 8–44 “人才队伍”条款对比

深圳条款	比较对象条款
SZ4：到 2023 年吸引一批顶尖人才团队。 SZ5：到 2023 年引进培育 5 个国际顶级人工智能团队。构建以市场发现、市场评价、市场认可、市场引进为体系的人力资源配置机制。	BJ1：到 2025 年高水平学者数量超万人，国内占比保持领先。加快构建多层次、高质量的人才梯队。 SH2：人才综合优势尚未形成。力争到 2025 年上海人工智能人才规模达到 30 万人。构建多层次人才梯队，构建面向技术开发的人工智能顶尖科学家、算法研发工程师、训练师等全链条人才队伍，加快培养一批把握技术产业发展趋势和社会影响的人工智能行业专家和管理人才。 GZ2：引进和培养人工智能领域各类高、精、尖人才和研发团队。 GZ4：大力引进和培养人工智能领域高精尖缺型人才。 HZ1：到 2023 年引进培育人工智能领域全球顶尖科技人才 40 名、高端研发人才 1000 名、高级技术人员 5000 名。 CD2：高层次人才缺乏。到 2025 年集聚“30+”国际国内顶尖人工智能人才，培养“10000+”AI 高水平研发人才和高素质技能人才，人工智能从业人员规模达到 10 万以上。构建面向技术开发与实际应用的人工智能科学家、算法研发工程师、训练师等全链条人才队伍。 MG1：美国政府能够培养技术过硬的多元化人才队伍。美国国家科技委员会（NSTC）机器学习与人工智能网络信息技术研发分委员会、科学技术工程教育委员会应该联合发起一项关于人工智能从业者流水线的研究，促进从业者包括人工智能研究人员、专家和用户在数量、质量和多样性上的合理增长。

（二）引进外部高端人才

“引进外部高端人才”要求引进国际、国内的人工智能高端人才。经比较，深圳市与比较对象均高度重视引进人工智能外部高端人才，在引进方式上也基本相同（见表 8–45）。

表 8–45 “引进外部高端人才”条款对比

深圳条款	比较对象条款
SZ1：吸引国际高端人才，建立海外人才储备库。以重大项目聚集国内外人工智能顶尖人才以及高水平团队。	BJ1：着力引进、培养一批具有世界影响力的顶尖人才、青年人才。引进各层级科学家、产业和工程技术人才。

续表

深圳条款	比较对象条款
SZ2：加强人工智能产业人才需求预测。靶向引进领军型人才团队。创新海外高层次人工智能人才引进机制。柔性引进人工智能人才。 SZ3：加大国际领军人才和骨干人才引进力度。 SZ4：吸引人工智能大赛优秀人才团队落户深圳。 SZ5：创建全球人工智能高端人才数据库。探索关键核心技术项目“揭榜挂帅”机制，吸引人工智能领军人才及科研团队前来“揭榜”。办好深圳国际创客周、全国大众创业万众创新活动周深圳分会场等活动。鼓励人工智能企业通过招聘录用、项目合作、技术咨询等柔性方式引才。 SZ2、SZ5：建立急需紧缺人才目录。 SZ4、SZ5：利用“鹏城孔雀计划”和“鹏城英才计划”等现有人才引进政策，引进人工智能基础理论、关键技术、应用落地等紧缺人才，重点引进机器学习、生物识别、自动驾驶、智能机器人等顶尖创新团队。 SZ6：通过举办高水平赛事，发现、会聚和引进优秀人工智能团队和人才。	SH1：引进国际顶尖人才及团队，集聚一大批海内外高层次人才。组织开展人工智能创新创业和技能竞赛。 SH2：集聚 20 个以上国际顶尖人工智能团队。加大国际顶尖科学家和高水平创新团队引进力度。 GZ3：制定人工智能产业各层次人才认定标准和紧缺人才目录。有针对性地引进人工智能顶尖人才和团队。 HZ1：通过重大研发任务和新型研发平台培养、引进高端人才，支持引进人工智能领域的顶尖科学家和团队。鼓励采取灵活方式柔性引进人工智能人才。统筹利用省、市高端人才计划加强人工智能人才引进培养。设立市人工智能领军人才计划。 HZ2：建立急需紧缺人才储备库。引进高端人才，倡导柔性引才模式，吸纳一批人工智能领域的世界顶尖科学家、行业领军人才。 CD1：以重大研发任务和基础平台建设为载体，会聚人工智能高端人才。举办人工智能领域顶级学术会议。加强人工智能领域优秀人才引进工作。鼓励采取“企业提需求＋高校出编制＋政府给支持”等协同引才模式，以及项目合作、技术咨询等方式柔性引进人工智能人才。 CD2：采用国际通行的人才遴选机制，构建国内外人工智能顶尖专家网络。建立人工智能高层次人才特聘专家制度，利用蓉漂人才荟、蓉贝等平台，加大国际顶尖科学家和高水平创新团队引进，探索关键核心技术攻关“揭榜挂帅”、重大场景应用技术咨询等方式，提供具有国际竞争力的事业发展机会。推行“企业提需求＋政府给支持”模式，引进人工智能领域带项目及技术的顶尖创新人才和创新团队来蓉从事科研、教学和成果转化工作。鼓励采取“校企共用、政企校共同分担相关费用”方式，开展校地企联合引进高层次创新应用人才。

（三）本地人才教育

“本地人才教育”要求本地的中小学、高等院校等教育机构加强人工智能学科、专业建设。经比较，深圳市与比较对象均要求本地教育机构加强人工智能学科和专业人才的教育（见表 8–46）。

表 8–46　“本地人才教育”条款对比

深圳条款	比较对象条款
SZ1：支持本地高等院校开设人工智能相关学科和交叉学科。推动开展人工智能基础教育和应用型职业技能教育。 SZ2：建设人工智能学科（包括高等院校人工智能学科和招生，中小学引入人工智能课程）。 SZ3：深化产教融合，鼓励企业与高等院校合作开设相关专业，协同培养创新型中青年科技人才、工程技术人才。 SZ4、SZ5：支持高校扩大人工智能相关学科方向招生数量，适时建立人工智能学院。支持职业院校在相关专业中增加人工智能内容，培养人工智能技能型人才。启动中小学人工智能教育试点，在部分学校开展人工智能教育课程开发和实践探索。 SZ5：重点培养贯通人工智能理论、方法、技术、产品与应用等的纵向复合型人才，以及掌握“人工智能 +”经济、社会、管理、标准、法律等的横向复合型人才。支持深圳各高校在原有基础上拓宽人工智能专业教育内容，重视人工智能与数学、计算机科学、生物学、社会学、法学等学科专业教育的交叉融合，形成“人工智能 +X”复合专业培养新模式。	BJ1：支持高等学校加强人工智能专业建设，探索开展“X+ 人工智能”交叉融合人才培养模式。 SH1：推动有条件的高校设立人工智能学院和专业。 SH2：鼓励高校形成“人工智能 +X”复合专业培养新模式，建设具有国际顶尖理论水平和产业实践经验的师资队伍，建设人工智能教育公共服务平台。 SH3：鼓励高校设立人工智能相关学科和交叉学科。 GZ2：以中山大学等高校为头阵，在高校中加强基础学科建设，培养交叉学科背景人才。推动开设类脑智能等高级课程。 GZ3：鼓励高校按照标准和目录指导设置人工智能相关专业。 HZ1：支持浙江大学人工智能交叉学科的人才培养，推动有条件的高校设立人工智能学院。鼓励在高校拓展人工智能专业的教育内容。 HZ2：推动人工智能学科建设，支持有条件的高等院校拓宽人工智能专业教育内容，加强与相关专业学科交叉融合，推进“人工智能 +X”复合型专业人才培养。支持浙江大学人工智能及关联学科建设，高水平建设西湖大学，加快建成人工智能重点学科群。 CD1：鼓励高校院所增加人工智能相关学科方向的博士、硕士招生名额。支持高校拓宽人工智能专业教学内容，形成“人工智能 +X”复合专业培养新模式。鼓励高校院所与企业等机构合作开展人工智能学科建设。支持和培养人工智能领军人才。 CD2：引导和鼓励在蓉高校调整和新增一批人工智能相关学科专业，推进课程体系建设，形成“人工智能 +”复合专业培养新模式。重点培养万名以上数据分析、数据采集、数据标记、数据处理、系统模型搭建、机器人维护和操作、智能制造流程管理、智能设备维护等方面的专业技能人才。

续表

深圳条款	比较对象条款
SZ6：加强高校人工智能学科建设。组建深圳市 AI 教育联盟和 AI 讲师团，支持学校与企业、科研机构等联动开设“第二课堂”，推动人工智能进校园，加强人工智能通识教育。	MG1：人工智能相关知识和教育培训越发成为联邦科学、技术、工程学和数学教育计划的强调重点。

（四）本地人才培训

“本地人才培训”要求校企合作培训人工智能产业人才。经比较，深圳市与比较对象在本地人才培训方面的政策要求基本一致，如建设人工智能人才实训基地、开展人工智能竞赛（见表 8–47）。

表 8–47 “本地人才培训”条款对比

深圳条款	比较对象条款
SZ1：鼓励企业创办研究机构，与学校联合建设实验室，建立“产学研”合作复合型人才培养模式。 SZ2：建设人才培育平台（人工智能实训基地）。 SZ4：支持人工智能骨干企业与全国高校人工智能学院合作建设人工智能人才实训基地。 SZ5：组织人工智能领域领先企业与本市高校、科研院所合作，实施多项人工智能“产学研”合作协同育人项目，同时设置明确的考核指标对育人项目进行评价。支持人工智能领域骨干企业与高校、	SH1：支持高校、科研院所、产业联盟和骨干企业合作建设面向重点行业应用的人工智能人才实训基地。 SH2：建成 20 个左右人才培养与实训基地。 SH3：支持企业、高等学校和科研机构共建产教融合育人基地，加强复合型人才培养。 GZ2：支持开展人工智能竞赛。 GZ3：引导高校、科研机构及企业联合开展复合型人才培养，建设人工智能人才实训基地。优先将人工智能相关职业纳入市级职业技能大赛重点项目，鼓励人工智能企业广泛开展职业技能竞赛、岗位练兵、技术比武等活动。 GZ2、GZ4：支持社会机构开展人工智能技能培训。 GZ4：强化职业教育与产业联动。 HZ1：引导高校院所对接人工智能龙头企业建设教育培训基地。 HZ2：打造一批人工智能实训基地。 CD2：到 2025 年建成 10 个左右人才培养与实训基地。支持高校与企业联合建设医疗、金融等场景化人工智能实训（实习）基地，培养人工智能专业应用型人才。重点支持产业人才综合实训中心、人才学院等新型人才输出机构的建设。

续表

深圳条款	比较对象条款
科研院所及行业协会合作建设面向重点领域的人工智能人才实训基地，组织开展人工智能创新创业和技能竞赛。支持人工智能企业针对性地安排相关的知识培训，鼓励人工智能企业有计划地让员工跨部门、跨专业地轮换岗位。 SZ6：支持高校与企业合作建设人工智能人才实训基地，在服装、珠宝等时尚创意产业领域开展人工智能应用岗位实操培训。支持高校、企业围绕通用大模型等领域开展人才联合培养。	MG1：适当的公共政策能够确保工人获得相关培训，在辅助自动化的岗位上获得成功。 MG2：针对未来的就业形势教育和培训国民，包括教育年轻人在未来的就业市场中获得成功（为所有儿童提供高质量的早期教育、所有学生在高中毕业后就做好职业生涯准备、所有美国人都有机会获得能够承受得起的高等教育）；扩大培训和再培训（扩大工作驱动的培训和终身学习的可接入性、指导资金用于有效的教育和培训计划中、拓展学徒制）。 MG3：培训未来的美国人工智能研究人员和用户，包括学徒制、技能培训、STEM 教育，同时强调计算机科学，以确保美国工人，包括联邦政府雇员，能够充分利用人工智能带来的机会。 MG4：更好地了解国家人工智能研发劳动力需求，具体包含十个优先事项：描述和评估人工智能劳动力；制定各学习阶段的人工智能教学材料；支持人工智能高等教育人员；培训 / 再培训劳动力；探索多元化和多学科专业知识的影响；识别和吸引世界上最优秀的人才；发展区域人工智能专业知识，兼顾弱势区域的均衡发展；研究加强联邦政府人工智能劳动力的方案；将伦理、法律和社会影响纳入人工智能教育和培训；向外部利益相关者传达联邦政府劳动力的优先事项。

（五）人才使用

“人才使用”侧重引导人工智能人才去解决行业里的重要难题。经比较，深圳市与比较对象都要求人才承担项目、开展创业（见表 8-48）。

表 8-48 “人才使用”条款对比

深圳条款	比较对象条款
SZ2：优化人工智能人才培养机制，如给予“鹏城英才”研发经费资助及奖励，支持开展关键核心技术项目“揭榜挂帅”，支持牵头组织或参与国际大科学计划和大科学工程。 SZ5：支持和激励人工智能人才在深圳开展创新创业活动。 SZ6：探索推出企业人才会聚计划，推动人才向人工智能产业集聚。	SH1：注重利用重大专项、重大创新平台培养使用人才。 CD2：优化科技骨干人员持股制度、技术开发奖励制度，激发本土人才创新创业活力。

（六）人才评价

“人才评价”要求科学开展人工智能人才评价工作。经比较，深圳市与比较对象都要求形成科学有效的人工智能人才评价体系（见表 8–49）。

表 8–49 “人才评价”条款对比

深圳条款	比较对象条款
SZ1：建立以创新价值、能力、贡献为导向的科技人才评价体系，将科技成果转化创造的经济效益和社会效益作为人工智能人才职称评审的重要评价因素。建立健全以用人单位人才评价为主导的人工智能创新人才评定机制。鼓励企业通过竞赛、实训等方式，健全人工智能人才评定工具及机制。 SZ2：强化市场发现、市场认可、市场评价为基础的人才评价体系，构建人工智能人才评价机制。	SH1：加强创新人才培养选拔，构建多层次、高质量的人才梯队。 SH2：建立政府、行业组织、企业、服务机构的合作联动机制，完善人工智能人才评价体系。 SH3：完善人工智能领域人才评价标准，推动人工智能工程技术人员中、高级职称评审以及人工智能训练师考评等工作。 CD2：完善人工智能人才评价体系，建立人工智能顶尖人才早期发现、培养和跟踪机制。建立灵活的人才评价机制。

（七）人才待遇

“人才待遇”强调给人工智能人才与其水平相适应的待遇。经比较，深圳市与比较对象都要求将人工智能人才纳入现行人才政策，但深圳市未提出制定个性化政策、落地即支持政策、“一事一议”政策（见表 8–50）。

表 8–50 “人才待遇”条款对比

深圳条款	比较对象条款
SZ1：人工智能企业引进的人才，在企业设立、项目申报和出入境、住房、外汇管理、医疗保障、子女就学等方面，	BJ1：研究制定本市人工智能领域人才引进、培养、服务政策措施。探索实施海外人才来京落地即支持政策。 SH1：针对人工智能领域高峰人才，探索制定个性化政策，开通落户绿色通道。 SH3：将人工智能领域的高层次、高技能以及紧缺人才纳入人才政策支持范围，在户籍和居住证办理、住房、医疗保障、子女就学等方面提供便利。

续表

深圳条款	比较对象条款
按照有关规定享受本市人才政策待遇。	GZ2：对高端紧缺人才在住房、入户、医疗以及子女教育等方面给予政策倾斜支持。 HZ1：制定人工智能人才政策。 GZ3：给予符合条件的人工智能从业者住房、子女教育和粤港澳大湾区个人所得税优惠政策。在广州市重大人才工程中，突出对人工智能人才的遴选支持，对顶尖科学家和具有颠覆性技术的团队给予“一事一议”政策。

九、“平台生态”条款

（一）开源开放创新平台

“开源开放创新平台”主要包括数据开放平台、算力开放平台、算法开源平台等大类。经比较，深圳市与比较对象对每一大类平台均提出了政策设想（见表 8–51）。

表 8–51　“开源开放创新平台”条款对比

深圳条款	比较对象条款
SZ1：鼓励和支持企业面向细分行业场景，建设人工智能开放创新平台。 SZ2：建设开源开放、共享协同的人工智能创新服务平台：数据归集核心平台、算法汇聚核心平台、算力开放核心平台。 SZ3：到 2025 年建成一批开源开放创新平台。鼓励企业围绕人工智能关键共性技术和细分行业场景搭建人工智能开源及共性技术平台。加快推进建设基础软硬件、计算机视觉、智能无人系统、智能语音等关键和共性支撑技术的开放创新平台，支持搭建面向医疗、金融、制造等	BJ1：搭建基于国产软硬件的人工智能训练和服务基础设施。 SH3：支持建设运营针对自主技术的开源平台、开源社区和开源项目，推进开源软件项目合规应用。 GZ1：建设人工智能开源软硬件基础平台、群体智能服务平台、自主无人系统支撑平台、人工智能基础数据与安全检测平台。 GZ2：构建开放协同创新平台体系。建设佳都科技智慧交通等省新一代人工智能开放创新平台。 GZ3：打造国家、省级新一代人工智能开放创新平台，建设人机协同开放平台。 GZ4：建设智能金融装备国家新一代人工智能开放创新平台。 HZ1：依托之江实验室、阿里云、海康威视等建设

续表

深圳条款	比较对象条款
重点应用场景的行业开放创新平台。 SZ4：搭建人工智能开放创新平台，集成各类基础算法和基础工具。 SZ5：依托国家超级计算深圳中心、鹏城实验室、深圳超算二期 –E 级超级计算机等重大科技基础设施，联合人工智能各细分领域龙头企业，面向政务、医疗、金融等行业，打造人工智能开源平台，推动数据共享、算法汇聚及算力开放。	国家新一代人工智能开放创新平台。支持人工智能开源社区建设。建设智能软硬件、智能汽车、智能机器人、智能安防、智能家居等共性技术研发平台。 HZ3：到 2024 年之江实验室“天枢”人工智能开源开放平台创新能力大幅提升，成为全球人工智能开发生态网络关键节点。支持建设“城市大脑”等国家新一代人工智能开放创新平台。 CD1：建设开源技术创新平台。 CD2：打造开悟平台等系列开放创新平台，构建为研究人员和开发者开放的研究与应用探索平台。

（二）数据开放平台

“数据开放平台”主要是公共数据、行业数据和个人数据的开放共享。经比较，深圳市与比较对象均重视建设数据开放平台，其中深圳市未要求建立开放政务数据重点领域负面清单制度、公共数据产品和服务价格形成机制（见表 8–52）。

表 8–52 “数据开放平台”条款对比

类型	深圳条款	比较对象条款
公共数据	SZ1：按照公共数据资源体系整体规划和相关制度规范要求，构建人工智能产业公共数据资源体系。建设公共数据开放平台，建立人工智能应用领域的公共数据共享目录和共享规则，推动公共数据分类分级有序开放。鼓励从事人工智能研究和应用的组织和个人依托公共数据开放平台，开发人工智能产品和服务。	BJ1：聚焦城市大脑、智慧政务、智慧民生服务等动态更新公共数据开放计划，完善金融、交通、空间等各类公共数据专区建设。挖掘公共数据价值，有条件开放公共数据，探索推进公共数据专区授权运营。 SH1：聚焦教育、交通、环境、医疗、商业等完善政务数据资源共享开放政策，研究开放政务数据重点领域负面清单制度，出台政务数据依申请公开使用细则。 SH2：打造一批高质量、大规模公共数据集，形成依场景的标准化公共数据供给模式。 SH3：依托公共数据开放机制，在经济发展、民生服务、城市治理等领域建立公共数据动态开放清单，在生命健康、自动驾驶等领域推动公共数据分类分级有序开放。支持相关主体单独或者联合申请公共数据开放。

续表

类型	深圳条款	比较对象条款
公共数据	SZ2：搭建国家公共数据开放网站粤港澳大湾区子站，探索央地数据资源共享机制。 SZ4：制定政务及公共机构数据资源开放清单和开放计划，建设公共数据资源开放共享平台和实验室，为AI应用开发提供医疗、交通、金融、税收等政务及公共机构数据资源库。 SZ5：推动政府部门开放数据。 SZ6：2023年底前出台公共数据资源目录，制定公共数据开放计划。搭建全市公共数据开放运营平台，建立多模态公共数据集，将教育、医疗等行业的数据与企业数据融通使用。	GZ3：夯实市“数字政府”公共数据治理基础，创新管理体制。提升“穗好办”政务服务平台公共支撑能力和“穗智管”城市运行管理中枢平台支撑能力。 HZ1：建立健全政务数据资源共享开放管理规范，研究制定开放数据重点领域负面清单制度。 HZ2：建立公共数据目录体系和采集机制，循序建立数据采集、汇聚、治理、共享、开放、应用及授权运营规则。推进杭州市一体化智能化公共数据平台建设升级。完善一体化智能化公共数据平台开放域系统。 HZ3：到2024年杭州市一体化智能化公共数据平台基本建成。探索建立公共数据产品和服务价格形成机制。 HZ2、HZ3：建立权威高效的数据共享协调机制，扩大公共数据按需归集和管理范围。 MG1：联邦机构应该将人工智能的公开培训数据及公开数据标准放在首要位置。政府应该强调发布数据集的重要性，公布大量政府数据集的目标。 MG3：增加对高质量的、完全可追溯的联邦数据、模型和计算资源的访问权限，同时根据相关法律政策规定，保持对隐私和机密的安全保护。 MG4：开发用于人工智能训练和测试的共享公共数据集和环境，具体包含四个优先事项：开发并提供可访问的数据集；开发共享的大规模和专业的先进计算和硬件资源；使测试资源响应商业和公共利益；开发开源软件库和工具包。
行业数据（企业数据）	SZ2：支持龙头企业建立行业数据资源开放共享平台。搭建行业动态本体特征库和标准数据资源库、云服务平台。 SZ3、SZ4：支持龙头企业、科研机构等主体建设人工智能数据资源开放平台，构建行业数据标签体系，提供人工智能训练数据集、标准测试数据集等数据资源库。	BJ2：形成安全合规的开放基础训练数据集。建设文字、图片、音频、视频等大模型预训练语料库。 SH1：围绕气象、电力、燃气、通信等构建涵盖多类型数据的开放性行业大数据训练库。 SH2：建设大数据联合创新实验室，打造逻辑型互联、分布式存储、市场化服务的行业数据供给机制。 SH3：支持将数据与行业知识深度融合，开发数据产品。鼓励研制数据标注的专业工具和系列标准，建设面向人工智能训练的大数据实验室，构建大规模人工智能数据资源库。支持人工智能企业对人工智能应用中生成的数据进行开发使用，鼓励企业通过上海数据交易所开展数据产品交易。

续表

类型	深圳条款	比较对象条款
行业数据（企业数据）	SZ5：鼓励企业和社会机构提供行业数据服务，促进多源数据融合。	GZ1：建设行业数据应用平台。 MG1：交通部应该与产业界和研究人员合作，加强用于安全、研究和其他目的的数据共享。联邦机构应在短期内建立起丰富的数据集，收集数据时要注意保护消费者隐私。
个人数据	SZ1：从事人工智能研究和应用的组织和个人对外提供其依法获取的个人数据的，除法律、法规另有规定的外，应当进行去标识化处理。	—
数据共享开放	SZ1：建立人工智能应用领域的公共数据和行业数据标准体系，实现数据互通。推动人工智能领域数据流通利用，促进数据要素资源化、资产化、资本化发展。 SZ3：推动各方联合归集粤港澳大湾区政府、社会、互联网等各类数据资源，促进多源数据融合和公共数据开放共享。鼓励龙头企业和科研机构等开放数据、提供数据服务，引导形成规范、高效的数据共享开放体系。 SZ4：数据资源平台要处理好数据隐私与数据开放关系，保障数据安全。 SZ5：以大数据应用项目为突破，实现人工智能与大数据融合创新。	BJ1：研究建立数据集开放共享机制。 BJ2：支持在依法设立的数据交易机构开展数据流通、交易。鼓励开展内容信息服务的互联网平台提供高质量语料数据，供创新主体申请使用。研究平台激励机制，搭建数据集精细化标注众包服务平台。 SH1：建立数据共享交换监管制度。建立上海大数据应用创新中心，促进社会数据资源共享交换和交易流通。 SH2：针对数据采集、标注、流通、应用等关键环节加快标准制定和试点示范。 GZ3：利用市场力量推动数据流通，支持企业充分挖掘公共数据商业价值。 GZ4：制定数据汇集、开放、共享、应用及授权运营规则。 HZ1：建立基础数据共享开放平台、天池大数据众智平台。 HZ2：支持公众和企业充分挖掘公共数据的商业价值。支持建设人工智能训练数据资源库、标准测试数据集、知识图谱平台。支持搭建大数据众智平台，实现数据、算力、算法一体化共建共享共用。 HZ3：发展数据交易市场运营体系。探索建设基于区块链技术的数据交易平台和数据交易中心。

续表

类型	深圳条款	比较对象条款
数据共享开放	SZ6：研究出台数据要素市场培育政策措施，进一步做大深圳数据交易所交易规模，鼓励行业龙头企业、平台型企业提供高质量数据产品和专业化数据服务，引导企业发掘数据资产、开放数据资源、参与数据交易，打造一批企业数据品牌。重点培育数源商、数据开发商、数据服务商、平台服务商等多元主体，推动数据的采、存、洗、标、训等业务全面发展。	CD1：支持建设高质量人工智能训练资源库、标准测试数据集并推动共享，鼓励建设提供知识图谱、算法训练等共性服务的开放性云平台。按照市场化机制优先开放社会公众、市场主体关注度和需求度较高的公共数据。 CD2：打造高效、智能的规模化人工智能数据生产（开放）平台。建设数据资源共享平台，有序推动数据资源确权、开放和流通。探索建设数据靶场。

（三）算力开放平台

“算力开放平台”是提供人工智能普惠算力的平台。经比较，深圳市与比较对象都要求建设算力开放平台，其中深圳市未对算力资源市场化交易、公共算力资源供给办法提出政策要求（见表 8–53）。

表 8–53　“算力开放平台”条款对比

深圳条款	比较对象条款
SZ1：鼓励和支持建设人工智能算力基础设施、开源开发平台和开源社区，利用国家超级计算深圳中心、鹏城云脑等计算平台，开放算力资源，培育共享协作的开源治理生态。	BJ1：分别在海淀区、朝阳区建设北京人工智能公共算力中心、北京数字经济算力中心。在人工智能产业聚集区新建或改建升级一批人工智能商业化算力中心，推动自主可控软硬件算力生态建设。整合公有云算力资源，向人工智能创新主体开放。 BJ2：与云厂商加强合作，明确供给技术标准、软硬件服务要求、算力供给规模和支持措施，为创新主体提供多元化优质普惠算力。建设统一的多云算力调度平台。

续表

深圳条款	比较对象条款
SZ3：支持行业龙头企业、高校和科研院所，建设大规模分布式的人工智能算力基础设施，搭建向行业开放的人工智能高效能计算平台。鼓励龙头企业开放算力资源。 SZ4：推进深圳超算二期–E级超级计算机、鹏城云脑二期等算力平台建设。支持建设人工智能算力基础设施。 SZ5：支持企业、高校、科研院所、社会组织利用本市重大算力平台进行技术开发。支持智能芯片企业参与算力平台建设。 SZ6：建设城市级算力统筹调度平台，实现“算力一网化、统筹一体化、调度一站式”。鹏城云脑Ⅲ项目2023年底前启动建设。	SH2：提升人工智能计算加速资源比例，打造基于人工智能的加速器体系。加快建设人工智能公共算力平台。探索存算一体化等新型算力平台研发布局。 SH3：加强算力基础设施规划，推动公共算力基础设施建设。支持开展基于自主研发人工智能专用计算架构的算力基础设施建设与开放应用。鼓励参与算力基础设施建设，开展算力资源市场化交易。制定公共算力资源供给办法，推动公共算力资源平台建设与利用，加强算力科学调度，通过算力奖励等方式，保障中小企业获得普惠的公共算力。 GZ2：加快推动广州市人工智能公共算力中心建设。 GZ3：支持广州超算中心升级，规划建设自主可控的人工智能算力中心和下一代数据中心。 GZ4：已建设国家超级计算广州中心、广州人工智能公共算力中心。推动广州人工智能公共算力中心和新一代应用能力型国产超算系统建设。支持鼓励在穗高校、科研机构、中小企业向算力中心购买服务，以事后奖补的形式给予支持。 HZ2：争取设立国家超级计算中心。 CD2：高标准运营国家超算成都中心。 MG3：国防部、商务部、卫生及公众服务部、能源部部长，国家航空航天局局长，国家科学基金会主任应在相关法律允许范围内，通过增加可自由分配的资源和储备资源或任何其他适当机制给人工智能应用优先配置高性能的计算资源。

（四）算法开源平台

“算法开源平台”是实现算法开放共享的平台。经比较，深圳市与比较对象都要求建设算法开源平台，深圳市未对算法交易平台进行政策设计（见表 8–54）。

表 8–54 “算法开源平台”条款对比

深圳条款	比较对象条款
SZ3：面向重点应用场景打造定制化训练	BJ1：鼓励人工智能技术和算法开源开放。建设大模型算法及工具开源开放平台。

续表

深圳条款	比较对象条款
和服务平台、一站式人工智能开发平台、端计算模型生成平台。 SZ3、SZ4：支持龙头企业建设人工智能开源平台，研发开源人工智能计算框架、算法库、模型库、工具集。依托开源平台建设面向全球开发者的人工智能开源社区，提供开源代码托管、开源项目孵化、开源协作工具开发服务。 SZ5：支持人工智能算法汇聚。	SH2：建设面向重点应用领域的公共算法服务平台、算法应用信息平台、算法交易平台等。 SH3：支持人工智能龙头企业开放人工智能操作系统、算法框架、共性技术和数据资源。制定算法协同创新合作指引，完善算法模型交易流通中的利益分享机制。 GZ1：建设人工智能算法平台。 GZ4：推动广东省新一代人工智能开放创新平台人工智能算法、模型等服务共享，发布一批共享服务清单。 HZ2：支持阿里“飞天”等国产超大规模云计算操作系统建设。 CD2：建立人工智能开源软件基础平台。支持研制引擎框架工具体系，开发自然语言处理等技术领域函数库和工具包。支持研发面向计算机视觉等技术的大规模预训练模型。支持开发自主可控的人工智能算法开源开发框架、公共算法服务平台、算法基准测试平台、通用算法库等算法生产性平台。支持建设算法应用信息平台、算法复现平台。开发人工智能通用开源算法库、模型库以及人机交互的基础软件平台。开发服务器级操作系统、自动机器学习系统。

（五）公共服务平台

“公共服务平台”是服务人工智能企业业务的各类平台。经比较，深圳市与比较对象都要求建设各类公共服务平台，深圳市未要求建设人工智能行业领域的风险监测预警平台（见表 8–55）。

表 8–55　“公共服务平台”条款对比

深圳条款	比较对象条款
SZ1：推动人工智能测试检测以及认证平台建设，提供功能测试、安全性测试、可靠性评估、伦理安全风险评估等服务。支持设立基础电子元器件检测认证及实验平台，面向智能终端、5G、智能汽车、高端装备等重点市场，加快完善相关标准体系。	BJ1：支持举办中关村论坛人工智能平行论坛等国际人工智能交流会议。 BJ2：建设大模型评测开放服务平台，建立公平高效的自适应评测体系。

续表

深圳条款	比较对象条款
SZ2：建设技术标准服务平台、检验检测服务平台（面向智能传感器、智能机器人、智能网联汽车、智能交通等领域检验、测试平台和新一代人工智能软件和信息安全检测服务平台）、行业交流服务平台（人工智能行业大会、企业家峰会、专题展览、论坛、竞赛路演平台）。 SZ3：支持骨干企业、科研院所建设人工智能标准研究平台，加快推进深圳标准创新孵化基地等标准科研基础设施建设。引进国家级检测认证机构，建设集功能测试、性能测试、安全性测试、算法测试、模型评估和可靠性评估于一体的人工智能测试检测及认证平台。建设智能汽车车规级认证服务平台。建设面向智能无人机、视频图像身份识别系统等重点智能产品的评估评测平台。 SZ4：到 2023 年建设一批公共服务平台。 SZ5：支持深圳市领军企业、高等院校、科研院所、服务机构共建人工智能检验检测公共服务平台。支持协会与领军企业、科研院所等主体联合搭建人工智能行业交流合作平台，采取比赛（全球人工智能大赛）、峰会、展会（搭建人工智能技术和产品的展示交易平台）、讲坛（开设人工智能讲坛）等相结合形式。 SZ6：实施公共技术服务平台扶持计划，培育一批各具特色的人工智能公共技术服务平台。高标准举办人工智能峰会、展会、学术会议等品牌活动，依托市工业展览馆规划建设人工智能体验展示平台。	SH1：搭建人工智能企业创新交流平台，举办全球人工智能高端会议。提高超级计算、智能云服务的公共供给水平，提供研发工具、检验测评、系统安全等创新创业公共服务。 SH3：鼓励链主企业发展检验检测等服务。 GZ1：建设试验检测平台。 GZ2：搭建人工智能技术公共服务平台、多场景训练与测试验证重点实验室等人工智能应用测试实体。建设广州国资国企云平台等数字化业务支撑平台。建立人工智能数据标准、测评、知识产权等服务体系。支持创办世界级人工智能技术创新大赛。 GZ3：到 2023 年支持 20 个以上人工智能公共服务平台。建设各类评估评测公共服务平台。打造国际化交流合作平台，建设各类人工智能体验载体，组织人工智能技术和产品交流推介。 GZ4：支持公共算力中心举办人工智能发展峰会及算力应用大赛。 HZ1：研发自主可控安全硬件服务平台。举办高规格的人工智能创新创业大赛和论坛。 HZ2：推动新型智能计算架构试验验证等重大科学装置建设。支持多元主体搭建技术创新服务综合体。支持机构为企业提供创业辅导、工业设计、智能生产等创新型服务。推广数据开放创新应用大赛。举办云栖大会、全球人工智能大会等人工智能会议论坛。 HZ3：支持各类创新主体搭建行业公共服务平台和对接交流平台。支持建设工业互联网模型算法公共测试验证中心。建设人工智能测试平台。 CD1：构建人工智能产品评估评测体系和验证测试平台。 CD2：构建人工智能产品评估评测体系。建设人工智能安全检测平台。研发面向金融、政务、电商等行业领域的风险监测预警平台，加快漏洞库、风险库、案例集等共享资源建设。打造以数据驱动和 AI 赋能为核心的数字化转型服务平台。

十、“基础设施”条款

“基础设施”是指支撑人工智能企业业务开展的各种硬件设施。经比较，深圳市与比较对象都要求建设各类基础设施（见表 8–56）。

表 8–56　“基础设施”条款对比

深圳条款	比较对象条款
SZ1：统筹规划以通信网络、数据中心、计算系统、一站式开发平台等为核心的产业基础设施建设，完善以市场为主体的建设运营机制。优化网络基础设施建设协调机制，解决用电、用地、审批、入场等问题。完善数据中心运行评估评价体系，探索提升数据中心能效标准，搭建支撑人工智能发展的绿色数据中心。 SZ2：建设下一代网络基础设施（IPv6 规模化商用、5G 网络商用试点和推广、多轨道宽带卫星通信）、物联网基础设施（感知设施和信息采集系统）、高效能计算基础设施（国家超级计算深圳中心、企业自主建设计算集群）、城市大数据中心（市级）。	SH1：建设智能计算设施，布局超级计算、分布式计算、云计算相结合的高性能计算应用环境，部署空天地一体化的网络，加快下一代移动通信、物联传感、北斗通信等网络基础设施建设。 SH3：协同长三角其他省市打造全国一体化大数据中心体系长三角国家枢纽节点，优化数据中心基础设施建设布局，引导数据中心集约化、规模化、绿色化发展。 HZ1：加快推进 IPv6、光纤网络、5G 网络、区块链服务网络、窄带物联网、北斗导航网络、工业互联网、车联网和天地一体化信息网等设施建设和应用。探索无人驾驶对道路智能化配置的要求，形成解决方案。 HZ2：全市统筹 5G、物联网、互联网数据中心、云计算平台等新一代信息基础设施建设运营。对全市供水、排水、燃气等市政基础设施进行智能化升级改造。 HZ3：加快 5G、物联网、云计算、数据中心、边缘计算中心、超算中心等新型基础设施建设。 HZ2、HZ3：支持国家（杭州）新型互联网交换中心建设。争取国家重大信息基础设施布局。打造集智慧照明、视频监控、交通疏导、环境监测、无线通信、信息交互、应急求助等功能于一体的城市公共设施综合物联网络。 CD1：加快布局一批区域性、行业性数据中心。 CD2：适度超前部署 5G 和光纤超宽带“双千兆”网络。加快城市级泛在感知物联网络部署。争取国家新型互联网交换中心布局。在医疗健康、综合交通、能源环境、文化旅游、知识产权、科学、应急等统筹布局建设公共性基础性数据中心。建设全国一体化大数据中心成渝枢纽节点，构建“超算中心 + 智算中心 + 云计算数据中心 + 边缘数据中心”发展格局。

十一、"对外合作"条款

（一）跨国合作

"跨国合作"是指本地人工智能行业主体要与国外主体开展某种合作。经比较，深圳市与比较对象都要求加强国际合作（见表 8–57）。

表 8–57 "跨国合作"条款对比

深圳条款	比较对象条款
SZ1：鼓励和支持在基础研究、基础平台、技术开发、人才培育等方面开展国际交流与合作。支持和鼓励举办人工智能境内外高水平的学术交流和产业合作活动。建立与国际标准化组织、有影响力国际学术和产业组织的标准交流合作机制。鼓励高等院校、科研机构等参与和主导国际科学计划和科学工程。鼓励企业参与有影响力的国际组织并开展相关活动，推动人工智能产品和服务在国内外示范应用。制订、实施与国际接轨的人才政策。支持前海深港现代服务业合作区、河套深港科技创新合作区、光明科学城等区域自主开展人工智能基础研究和应用基础研究，建立与国际接轨的科研管理制度，探索实施更加开放、便捷的国际组织注册制度。 SZ3：以深港科技创新合作区为核心，开展人工智能核心关键技术的国际合作。	BJ1：开展国际交流合作，融入全球人工智能创新网络。 SH1：支持设立海外人工智能研发机构。 SH2：做强世界人工智能大会品牌。完善国际组织、产业联盟、知名企业等沟通对话和协同合作机制，引进国际高水平学术会议，办好 2024 国际人工智能联合会议（IJCAI）。 SH3：深化国际合作，引进人工智能相关国际高水平学术会议、联合创新机构等。支持企业、高等学校、科研机构和其他组织在人工智能基础研究、技术开发、产业发展、标准制定、人才培养等方面加强国际合作。探索引入、融合国际化人工智能领域职业培训项目。 HZ1：布局海外创新中心和研究中心，引进国际人工智能创新资源。与国内外著名高校建立联合研究中心和实验室。 HZ2：支持有条件企业与全球知名研究机构、海外顶尖高校院所开展研发攻关。 CD2：引进国际高水平学术会议，汇聚全球人工智能前沿思想、创新成果、产业项目、应用实践。支持人工智能龙头企业全球布局，对外开展兼并收购、股权投资等，加强与海外高水平大学、科研机构合作，设立一批海外研发机构、孵化器、技术转移中心。加快建设天府软件园国家数字服务出口基地，推动共建人工智能国际科技合作基地、联合研究中心。 MG1：美国政府应在涉及人工智能的国际参与方面制定政府层面政策，制定需要国际参与和监督的人工智能热点领域清单；加深与关键国际利益相关者合作，包括外国政府、国际组织、业界、学术界等，促进人工智能研发交流合作。

续表

深圳条款	比较对象条款
SZ5：支持市高校通过新建国际联合实验室、发起世界级大科学项目等方式，吸引国际知名学者参与科学研究。重视全球范围内的人才交流。鼓励国外学生赴深圳市各高校留学。 SZ6：依托河套深港科技创新合作区、前海深港现代服务业合作区链接中国香港及国际资源。	MG3：必须提供支持人工智能研究和创新的国际环境，为美国人工智能产业打开市场，同时保护美国人工智能技术优势，保护关键人工智能技术不被战略对手和敌对国家窃取。 MG4：美国国家科学委员会 2022 年研究报告表明，没有一个国家在当今世界科学和工程的所有方面处于领先地位。人工智能领域研究成果地理分布也越来越分散。要为人工智能研究的国际合作建立有原则和可协调的方法，具体包括四个优先事项：为开发和使用可信赖人工智能培育全球文化，发展全球伙伴关系；支持全球人工智能系统、标准和框架的发展；促进思想和专业知识的国际交流；鼓励人工智能朝着造福全球目的发展。

（二）与港澳台合作

“与港澳台合作”是指本地人工智能行业主体要与香港特别行政区、澳门特别行政区、台湾省开展某种合作。经比较，深圳市、广州市等比较对象要求加强与香港特别行政区合作，其中深圳市未对人工智能产业领域与港澳规则衔接提出要求（见表 8–58）。

表 8–58　“与港澳台合作”条款对比

深圳条款	比较对象条款
SZ3：推动建立与香港等人工智能人才高地的人才交流、人才培育、人才引进联动机制。 SZ4：鼓励粤港澳大湾区人工智能机构间的科研合作。与香港、澳门等粤港澳大湾区高校联合共建一批人工智能领域优势学科。 SZ6：联合香港企业、科研机构、高校等，打造深港人工智能算力赋能中心。	SH2：推进“人工智能沪港通”，为沪港科技交流合作开辟新的空间。 GZ3：推进与港澳在人工智能创新应用领域的规则衔接。支持穗港澳人工智能企业、高校、科研院所共建高水平的协同创新平台。参与“广深港”“广珠澳”科技创新走廊建设，共同探索人工智能治理和监管模式，落实数据分类分级安全保护制度，探索个人信息跨境流动。 CD2：紧密对接长三角、粤港澳大湾区等国家枢纽节点，探索建立与其他国家枢纽节点间的算力资源调度、交易机制。

（三）区域合作

“区域合作”是指本地人工智能行业主体要与港澳台之外的国内主体开展某种合作。经比较，深圳市与比较对象均提出加强与周边区域的算力合作，其中深圳市未提出其他领域的合作方向（见表 8–59）。

表 8–59 “区域合作”条款对比

深圳条款	比较对象条款
SZ6：与周边城市加强智能算力合作，谋划共建粤港澳大湾区智能算力统筹调度平台。	BJ1：加强与天津、河北、山西、内蒙古等算力合作，共建多云算力调度平台。 BJ2：优化与天津、河北、山西、内蒙古等区域算力集群的直连基础光传输网络。 SH2：推动形成人工智能核心基础研究跨区域合作机制。推进长三角人工智能产业链协同互补、整体应用示范和基础设施统筹布局。 SH3：推动长江三角洲区域人工智能产业协同融合发展。拓展与国内其他区域的人工智能产业合作。 GZ3：广深联合建设人工智能国家级、省级实验室。 HZ1：与上海等试验区密切协作，构建长三角区域协同创新共同体。 CD2：协同推进成渝新一代人工智能科技创新公共服务平台建设。 CD2：在人工智能产业合作、创新协同、设施共建、场景共享等方面突破，提升成德眉资区域人工智能产业整体竞争力。推进跨城市布局一批基于人工智能技术的智慧应用场景。聚焦智能芯片、智能终端、智能传感器等协同打造人工智能全产业链生态。成渝共同争取国家新型互联网交换中心等试点。探索建立成渝两地统一标准、开放互通的公共应用平台，推动政务数据资源共享，共同探索超大城市智慧治理模式。围绕先进计算、AI 芯片、机器视觉、智能制造等强化与北京、上海、深圳等人工智能产业发展先进区域产业链上下游资源对接。

十二、“行业风险”条款

（一）风险监管

“风险监管”是政府部门对人工智能产业安全风险、法律风险和伦理风险的监管。经比较，深圳市与比较对象都要求建立完善风险监管制度，其中深圳市未要求生物识别技术主体建立算法管理制度（见表 8–60）。

表 8-60　“风险监管”条款对比

深圳条款	比较对象条款
SZ1：根据人工智能应用的风险等级、应用场景、影响范围等具体情境，实施分级分类差异化监管，完善人工智能领域监管机制。制定人工智能应用分级分类监管办法。高风险的人工智能应用应当采用事前评估和风险预警的监管模式。中低风险的人工智能应用应当采用事前披露和事后跟踪的监管模式。 SZ2：探索建立人工智能及大数据应用监管机制（针对安全风险、法律风险和伦理风险）。 SZ3、SZ5：充分研究人工智能与实体经济、社会治理、行业发展等方面深度融合的安全风险、法律风险和伦理风险，探索建立适合人工智能产业的弹性监管机制。 SZ5：评估人工智能产品和系统的关键性能，推动人工智能安全认证。	BJ1：研究模型算法可信性评测基准，构建人工智能系统可信分级分类评测体系。对人工智能系统稳定性技术、可解释性增强技术、公平性技术、安全性技术开展研究。针对敏感领域数据隐私保护问题，加强隐私保护策略与系统构建，开展底层密码算法和技术研发。 BJ2：探索营造稳定包容的监管环境，鼓励创新主体采用安全可信的软件、工具、计算和数据资源。 SH1：建立保障人工智能健康发展的制度规范。 SH2：健全人工智能发展法规体系、标准体系、监管体系。 SH3：统筹人工智能产业发展与安全，保障产业链供应链安全。依法对人工智能应用开展安全检查和监管。顺应人工智能快速迭代的特点，制定、修改或者废止相应的监管规则和标准，探索分级治理和沙盒监管。对高风险的人工智能产品和服务实行清单式管理，遵循必要、正当、可控等原则进行合规审查。利用生物识别技术提供服务的主体以及提供技术支持的主体，应当采取安全可控的技术保障措施，建立健全算法管理制度。鼓励企业或者第三方机构开展算法模型检测与评估。加强保护算法模型，对经检测评估的算法模型开展备案制度探索。 GZ2：加强人工智能潜在风险研判和防范，加大对人工智能产品开发、成果应用等监管和科技伦理风险评估，完善数据监管治理体系。 HZ1：加强人工智能相关法律、伦理和社会问题研究。 HZ2：率先在全国探索建立数据确权、标准规范归集、价值评估和要素定价机制，开创性建立数据安全利用及数据交易的标准化体系和全生命周期数据资源安全保障体系。加强数据规范体系建设，对数据拥有方全生命周期各阶段数据质量和安全进行检验检测，对数据治理服务提供方的解决方案服务能力进行评价。 CD2：围绕发展路径、政策实验和社会实验、成果转化机制等探索制定人工智能数据安全制度。

续表

深圳条款	比较对象条款
SZ6：建立健全公开透明的人工智能监管体系，依法依规、包容审慎开展监管，围绕网络安全、数据安全、科技伦理、就业促进等领域建立风险防范和应对机制。强化人工智能产品和系统的网络安全防护，坚持安全可信和创新发展并重。	MG1：人工智能可以应用于很多产品，这些应用必须受到政府监管，以保护公众免遭伤害，同时确保公平的经济竞争。决策者应考虑适当调整监管措施，在不影响安全或者市场公平的前提下，减少创新成本和障碍。目前人工智能产品监管挑战的例子主要集中于自动化车辆（如自驾驶汽车）和采用人工智能的无人飞行器。利用人工智能控制真实世界的设备将引发安全忧虑，尤其是在系统暴露于复杂人类环境情况下。参与人工智能问题的机构应该向美国政府和私营部门网络安全部门确保人工智能系统和生态系统在应对智能对手时能够保持安全性和恢复力。 MG3：减少使用人工智能技术的障碍，同时保护美国技术、经济和国家安全，保护公民自由、隐私和美国价值观。 MG4：制定方法来理解和减轻人工智能带来的伦理、法律和社会风险，以确保人工智能系统反映美国的价值观并促进公平，具体包含四个优先事项：投资基础研究，包括通过社会技术系统设计来提升核心价值观以及研究人工智能的伦理、法律和社会影响；理解和减轻人工智能的社会和道德风险；使用人工智能解决道德、法律和社会问题；了解人工智能的更广泛影响。此外，要构建安全的人工智能和确保人工智能系统的安全性。

（二）法规

“法规”是指规范本地人工智能产业发展的地方性法规。经比较，深圳市与比较对象均要求推动人工智能地方立法（见表 8–61）。

表 8–61 “法规”条款对比

深圳条款	比较对象条款
SZ2：探索制定人工智能规范化管理地方性法规（数据公开、数据安全、数据资产保护和个人隐私保护）；加强建设企业数据保护制度。 SZ3：加快推进深圳经济特区数据立法，为数据共享和应用发展奠定法律基础和法治保障。 SZ6：2023 年底前出台公共数据开放管理办法。	SH2：推动人工智能地方立法。 HZ1：制定公共数据资源开放管理办法，依法、合规、有序向人工智能企业和研发机构开放交通、教育、医疗、旅游等重点领域数据信息。 CD2：推动人工智能地方立法。

（三）标准

“标准”是指规范本地人工智能产业发展的国际、国家、地方等各类标准。经比较，深圳市与比较对象均要求建设人工智能标准体系，其中深圳市未提出要建立“深圳标准”的专门标识（见表 8–62）。

表 8–62 “标准”条款对比

深圳条款	比较对象条款
SZ1：建立和完善人工智能地方标准体系。鼓励参与制定人工智能领域的国际标准、国家标准、行业标准、地方标准和团体标准。 SZ2：加快智能金融、智慧医疗、智能网联汽车、智能机器人等标准化。鼓励参与国际标准化工作，建立国际标准交流合作机制。技术标准和应用规范：数据处理标准、基础硬件设施、应用服务和安全隐私。 SZ3：构建标准技术符合性验证体系，开展计算机视觉、自然语言理解等标准化，加快推进智能金融、智能机器人、智能网联交通等标准化。鼓励企业、第三方机构参与人工智能领域的行业标准、国家标准和国际标准体系的制定，建立与国际标准化组织、有影响力国际学术和产业组织的标准交流合作机制。	SH1：加强标准制定及测试认证，支持参与人工智能综合标准、基础共性技术标准制定，建立公共领域人工智能应用安全测试与认证制度。 SH2：建立适应上海人工智能产业发展需求的标准体系。推动重点领域标准和计量技术规范研制。参与 10 个国家或国际标准编制。鼓励行业组织和企业制订团体标准、地方标准、行业标准。 SH3：支持参与算法性能、数据安全、隐私保护、产品兼容性、性能测试等技术标准制定。制定人工智能地方标准。推动行业组织制定机器人智能化水平分级、应用安全测试等标准。引导先行研究制定与人工智能相关的企业标准、团体标准。经自愿申请和第三方机构评价，符合国内领先、国际先进要求的，可以在标准文本上使用人工智能“上海标准”的专门标识。 HZ1：推进新一代人工智能技术标准制定。制定本市人工智能城市治理标准。鼓励参与或主导制定行业、国家和国际标准。 HZ2：至 2025 年制定 30 项以上人工智能技术标准规范。 HZ3：鼓励主导或参与制定人工智能数据、算法、系统等标准。 CD1：支持参与人工智能产业标准研制，鼓励参与国际标准化。 CD2：开展人工智能综合标准化体系研究，构建产业标准规范体系。参与 3 个以上国家或国际标准编制。鼓励制定团体标准、地方标准、行业标准，参与国家标准和国际标准制修订。

续表

深圳条款	比较对象条款
SZ5：建立行业标准、国家标准、国际标准组成的人工智能标准体系。	MG3：确保制定的技术标准可以尽量减少受恶意攻击者袭击的可能性，要反映出联邦政府对科技创新、提升公众对人工智能技术系统的信任和自信等方面优先考虑的态度；还要制定相应的国际标准来促进和保护这些优先考虑事项。 MG4：通过标准和基准衡量和评估人工智能技术，具体包含五个优先事项：制定广泛的人工智能标准；建立人工智能技术基准；增加人工智能测试平台的可用性；让人工智能社区参与标准和基准制定；制定人工智能系统审计和监控标准。

（四）伦理

“伦理”是指人工智能产业领域的科技伦理。经比较，深圳市与比较对象均要求加强人工智能伦理安全（见表 8–63）。

表 8–63 “伦理”条款对比

深圳条款	比较对象条款
SZ1：按照国家人工智能治理相关规定，设立市人工智能伦理委员会，履行六项职责。市人工智能伦理委员会的日常工作由市产业主管部门承担。人工智能企业应当将遵守伦理安全规范纳入本单位职业规范要求，并将伦理安全风险教育、法律法规教育纳入本单位人工智能从业人员培训内容。	BJ1：加强人工智能伦理安全规范及社会治理实践研究。开展科技伦理审查及业务培训。探索建立人工智能伦理高风险科技活动伦理审查结果专家复核机制。 BJ2：建设通用人工智能领域科技伦理治理公共服务平台，服务政府监管，促进行业自律。 SH1：建立保障人工智能健康发展的伦理道德框架。 SH2：制定人工智能细分领域伦理标准和安全风险等级体系。 SH3：设立人工智能伦理专家委员会，履行六项职责。 HZ2：研究人工智能伦理安全，理性认识人工智能发展产生的安全问题，对人类产生的危害进行量化估计，合理限定人工智能的应用范围。 HZ3：探索制定保障人工智能健康发展的伦理规则和制度体系。 CD2：依托成都人工智能产业生态联盟成立人工智能伦理委员会，建立伦理道德多层次判断结构、人机协作伦理框架，制定人工智能细分领域伦理标准和安全风险等级体系，构建复杂场景下突发事件解决方案。

续表

深圳条款	比较对象条款
SZ2：组织人工智能伦理安全论坛、专项研究课题、专题论坛活动。	MG1：使用人工智能系统进行决策或为相关决策提供支持的联邦机构在决定个人事宜时，应当特别注意确保这些系统的效力和公平，以证据为基础进行验证和确认。资助各州和地方政府使用人工智能系统进行有关个人决策的联邦机构应当对资金的使用条件进行审核，确保使用联邦资金购买的以人工智能为基础的产品或服务能够产生足够透明的结果，以证据确保其效力和公平性。

（五）遵守

“遵守”是指人工智能行业主体落实人工智能各类规范要求。经比较，深圳市与比较对象均要求公共决策、公共利益相关算法公开说明，深圳市还要求行业主体遵守人工智能伦理安全规范。

表 8–64 “遵守”条款对比

深圳条款	比较对象条款
SZ1：从事人工智能研究和应用的组织或者个人，应当遵守人工智能伦理安全规范，在合理范围内开展相关活动。相关组织或者个人应当对人工智能产品和服务在国家利益、公共安全、商业秩序以及个人权益等方面可能产生的不利影响进行伦理安全规范审查和风险评估。对于公共决策领域以及涉及公共利益的商业领域的算法，提供人工智能产品和服务的组织或者个人应当采取利于公众理解的方式进行算法说明。鼓励和支持单位和个人开展人工智能研究和应用监督活动，向市产业主管部门、行业组织等举报违反法律、法规以及人工智能伦理安全规范的行为。 SZ6：引导人工智能相关企业和组织健康发展。	BJ2：对具有舆论属性或社会动员能力的人工智能相关互联网信息服务，开展常态化联系服务，指导创新主体引入技术工具进行安全检测、按规定申报安全评估、履行算法备案等程序。指导创新主体加强网络和数据安全管理，落实网络安全、数据安全和个人信息保护主体责任，强化安全管理制度建设和工作落实。 SH3：对涉及公共利益的算法模型，鼓励相关主体主动向市经济信息化等有关主管部门提交评估报告，并采取公众可理解的方式对算法的基本原理、目的意图等进行说明。相关主体开展人工智能研发和应用，应当遵守法律、法规规定，增强伦理意识，并不得从事六类行为。

（六）责任

“责任”是指人工智能行业主体不落实人工智能各类规范要求的后果。经比较，深圳市与比较对象均要求追究违法行为主体的责任（见表 8–65）。

表 8–65 “责任”条款对比

深圳条款	比较对象条款
SZ1：开展人工智能研究和应用活动，不得从事七类相关行为，违反规定的，依照《中华人民共和国民法典》以及国家安全、个人信息保护、消费者权益保护等有关法律、法规给予处罚或者追究相应责任。 SZ6：防范和打击违法行为。	SH3：可以就人工智能产业发展过程中的轻微违法行为等制定依法不予行政处罚清单，通过批评教育、指导约谈等措施促进公民、法人和其他组织依法合规开展生产经营活动。

十三、“行业监管”条款

（一）先行先试

一般而言，“先行先试”是指在法律法规监管制度下可以先开展试验；而“试点示范”是指遴选典型企业开展典型业务活动，这些典型业务活动不在法律法规监管制度“许可”范围。经比较，深圳市与比较对象均提出开展先行先试（见表 8–66）。

表 8–66 “先行先试”条款对比

深圳条款	比较对象条款
SZ1：除涉及国家安全、公共利益和公民人身安全的领域外，对于国家、地方尚未制定标准但符合国际先进产品标准或者规范的低风险人工智能产品和服务，允许通	BJ1：发挥中关村先行先试“试验田”作用，推动相关体制机制改革，释放制度创新红利。 BJ2：争取在中关村国家自主创新示范区核心区先行先试，推动实行包容审慎监管试点。建设数据基础制度先行先试示范区，探索打造数据训练基地。 SH2：探索采用试点、沙箱等监管方式。 SH3：支持根据有关规定在公路、城市道路、特定区域范围内开展智能网联汽车测试、示范应用和示范运营。完善无人船电子航道测绘、智能航运通信等保障体系，在特定区域开展无人船航道测试。市有

续表

深圳条款	比较对象条款
过测试、试验、试点等方式开展先行先试。 SZ6：鼓励各区在公共服务和城市治理等先行先试，创造条件开展全域全时人工智能应用示范。	关部门和浦东新区人民政府根据国家和本市有关规定，在智能网联汽车商业化运营、人工智能医疗器械和人工智能辅助药物研发的技术攻关、无人机和无人船的测试与运营等领域加大创新试点力度。对中低风险的人工智能产品和服务采用事前披露和事后控制的治理模式，促进先行先试。 GZ3：到 2023 年开放智能网联汽车道路 1000 公里。开展金融科技创新监管试点，支持人工智能在金融领域合理合法应用。 HZ1：开展公共数据开放利用改革试点。 HZ3：制定和实施大数据标准规范，选取一批行业试点，率先探索建立逻辑清晰、责任明确的公共数据归集、归档、共享、开放标准体系流程。 CD2：探索形成人工智能细分领域行业规则和标准规范并在医疗、金融、交通等领域开展先行先试。在统一要素市场、统一政务服务、共建共享高端要素聚集平台等方面先行先试，推进共建算力调度中心，构建跨行业、跨城市、跨层级的算力服务资源池。支持建设“算法超市”等算法交易平台，开展人工智能算法运营和交易试点。

（二）市场准入

“市场准入”是指市场主体进入人工智能产业并从事人工智能业务的条件、程序。经比较，深圳市与比较对象均对放宽人工智能部分领域的市场准入提出要求（见表 8–67）。

表 8–67 “市场准入”条款对比

深圳条款	比较对象条款
SZ1：建立电子元器件和集成电路交易平台，确立相关市场准入的实验标准和评估流程，降低 5G、物联网等新一代信息技术和新型基础设施在相关领域准入门槛，推动相关融合应用示范。	SH3：加强人工智能医疗器械注册审批相关指导服务，支持相关创新产品进入国家创新医疗器械特别审批程序；支持探索符合条件的人工智能医疗器械在临床应用中的收费模式。 HZ1：支持龙头企业进入人工智能领域。

（三）监管互认

“监管互认”是指一个地方认可另一个地方对同一个对象的人工智能领域审查或认证结果。经比较，深圳市和比较对象对人工智能领域监管互认提出要求，其中深圳市没有提出与周边区域实现各种监管互认（见表 8–68）。

表 8–68 “监管互认”条款对比

深圳条款	比较对象条款
SZ1：允许采信由国家认证认可监督管理委员会会同国家药品监督管理局认定的第三方检验机构出具的医疗器械注册检验报告。鼓励医疗机构建立注册类医疗器械临床试验伦理审查互认机制。	SH3：探索共同推进长江三角洲跨区域人工智能产业发展规划衔接、技术标准互认、关键领域测试数据共享互认、基础设施建设成本分担和利益共享等。 CD2：促进人工智能产业链在成渝地区“双城”经济圈合理布局，行业标准衔接互认。

（四）行业自律

“行业自律”是指人工智能行业组织自身要主动促进行业内的经营主体自觉遵守各项规范要求。经比较，深圳市与比较对象均要求培育行业自律（见表 8–69）。

表 8–69 “行业自律”条款对比

深圳条款	比较对象条款
SZ1：培育本市符合国际发展趋势、具有市场竞争力的人工智能标准组织和行业组织。行业组织依照法律、法规和章程的规定，开展行业自律管理，引导和督促本行业的经营者依法竞争，维护市场竞争秩序。鼓励行业组织参与制定人工智能相关行业标准、技术指南、设计准则等行业制度规范，提供信息、技术、培训等服务，开展政策宣传、标准推广等活动。	SH2：发布落实相关行业倡议，建立健全行业监督机制，制定从业人员行为规范，加强伦理教育和培训。 SH3：人工智能行业协会及其他人工智能相关行业组织应当加强行业自律。 CD2：推动行业自律自治，发布落实相关行业倡议，建立健全行业监督机制，制定从业人员行为规范，加强伦理教育和培训。

（五）企业自律

“企业自律”是指人工智能企业自身要主动遵守各项规范要求。经比较，深圳市与比较对象均要求企业加强自律（见表 8-70）。

表 8-70　“企业自律”条款对比

深圳条款	比较对象条款
SZ1：鼓励人工智能企业利用技术创新、技术对抗等方式，防范人工智能产品和服务可能出现的伦理安全风险和合规风险。	BJ2：鼓励创新主体开展数据安全管理认证及个人信息保护认证，落实数据跨境传输安全管理制度。 SH2：在人工智能开发应用各环节融入伦理原则，推动建立企业内部监管审查机制。 SH3：用人单位在使用人工智能技术辅助劳动纪律管理、劳动者工作调度、招聘和晋升决策等应用中，应当符合法律、法规和伦理规范，不得设置歧视性条件。 CD2：强化企业社会责任意识，在人工智能开发应用各环节融入伦理原则。 MG1：从业者必须确保采用人工智能的系统可控、开放、透明、可理解，能够与人类有效合作，符合人类的价值观和目标。

十四、“资金供给”条款

（一）政府财政资金供给

“政府财政资金供给”是指政府直接补充人工智能产业发展所需的资金。经比较，深圳市与比较对象均要求制定比较全面的人工智能领域财政资金支持政策，开展财政补贴和政府采购（见表 8-71）。

表 8-71　“政府财政资金供给”条款对比

深圳条款	比较对象条款
SZ1：加大科技创新财政投入，建立健全稳定和竞争相协调的投入机制，强化对人工智能基础研究与技术开发的支持。对企业开展智能化改造、技术装备升级换代改造给予资金支持。	BJ1：进一步加大政策创新和财政支持。实施人工智能领域专项科技计划，引导创新主体加大创新资源投入。发挥市、区两级相关产业发展、科技创新专项资金及基金的引导作用。

续表

深圳条款	比较对象条款
SZ2：开展人工智能专项扶持计划（市级各财政专项资金、符合世界贸易组织规则和有关国际贸易准则的产业扶持体系）；加强专项资金项目管理监督和绩效评价。 SZ3：对经认定的人工智能数据资源开放平台、高效能计算平台、行业开放创新平台、检测及认证平台、标准研究平台、知识产权服务平台，按照本市专项资金政策相关资助标准予以资助。对智能芯片、智能无人系统重大装备及关键零部件研制项目，对智能终端、自动驾驶、智能安防等领域的芯片研发及产业化项目，对智能汽车、智能无人机、智能服务机器人等领域的研发及产业化项目，对计算机视觉、智能语音等领域的研发及产业化项目，按照总投资额的一定比例给予事后资助。对主导制定国际标准、国家标准、行业标准的单位，分别予以资金支持。对“AI+ 产业”特色应用场景标杆项目中场景提供方的投资采购额以及技术、产品及服务提供机构的实际研发投入给予奖励。 SZ4：发挥市级各财政专项资金支持作用，对人工智能领域基础理论研究、核心技术攻关、公共服务平台建设、应用示范等方面给予倾斜支持。研究对企业实施人工智能技术应用项目，按经审计的项目总投入给予一定的事后奖励。	SH1：完善政府支持人工智能发展的专项扶持政策，统筹使用产业转型升级、信息化建设、战略性新兴产业发展、重点科研计划等专项资金，引导企业加大人工智能投入和应用项目建设。 SH2：加大市、区两级相关财政专项资金对人工智能发展支持，完善市、区资金支持联动机制。 SH3：统筹各类专项资金，对人工智能基础研究、技术创新、成果转化、示范应用、人才引进和重要国际合作交流予以支持。对于获得市级资金支持的企业、机构或者项目，各区可以给予相应配套支持。市、区财政部门聚焦人工智能智能芯片首轮流片、人工智能首台（套）重大技术装备、人工智能首版次软件应用、人工智能首版次软件产品等新技术、新产品，对符合条件的创新项目加强专项支持，探索开展贷款贴息等支持方式。 GZ2：加大财政资金对人工智能技术、产品、平台以及示范应用创新等方面支持。确保个人、企业及时有效享受科技创新奖励、优惠、补贴政策。 GZ3：推动实施人工智能重大专项，加大对人工智能基础前沿研究、关键共性技术攻关和示范应用支持。 GZ4：在市重点领域研发计划中设置人工智能重大科技专项，鼓励企业自主或与高校、科研机构组建创新联合体开展关键核心技术攻关，通过竞争方式给予支持。发动本市人工智能企业参加中国创新创业大赛（广东・广州赛区）等赛事，对优胜企业通过“以赛代评”方式予以适当财政支持。 HZ1：加大对人工智能产品和服务的政府采购支持力度。加大对人工智能基础研究、关键技术攻关和融合应用的财政支持。 HZ2：统筹全市工业和信息化、科技、金融、人才、商务等各类专项资金。

续表

深圳条款	比较对象条款
SZ5：发挥市、区各类财政专项资金支持作用，对人工智能基础理论研究、核心技术攻关、公共服务平台搭建、智能应用示范等给予倾斜。加强专项资金项目管理、监督和绩效评价。加大制造企业机器换人技改补贴力度。 SZ6：加大财政资金投入力度，重点支持人工智能创新和应用。实施软件云服务应用示范扶持计划，鼓励有关单位采购智能算力云服务。	CD1：依托国家和省、市科技计划（专项、基金等），推进高校院所及重点企业参与新一代人工智能重大专项项目实施及创新基地建设。 CD2：建立市级和区（市）县联合机制，争取国家和省级专项资金支持，促进全市各级产业专项资金用于支持人工智能核心关键技术攻关、产业链构建、重大应用示范和公共服务平台建设。对参与人工智能相关基础设施建设的企业给予补助，对推动重点任务实施成效较好的企业给予相关奖励。 MG1：从联邦研究经费到政府实验室，人工智能发展史的大多数阶段都有美国政府支持的身影。

（二）政府其他资金供给

“政府其他资金供给”是指把财政资金以外的、政府又有一定分配权的资金补充到人工智能产业发展中。经比较，深圳市与比较对象均要求发挥政府投资基金等政府其他资金的引导作用，其中深圳市未提出国有资本参与人工智能产业投资（见表8–72）。

表8–72 “政府其他资金供给”条款对比

深圳条款	比较对象条款
SZ1：发挥市人民政府投资引导基金扶持作用，聚焦人工智能核心领域与关键环节开展专项扶持。发挥中小微企业融资担保基金作用，加大对人工智能初创企业信用担保力度。 SZ2：政府各类产业基金、资金池、融资工具等要将人工智能作为投入重点。 SZ4：政府各类投资引导基金及其相关参股子基金要将本市人工智能企业作为支持重点。	BJ1：发挥政府投资基金引导作用。 SH1：发挥现有政府投资基金作用。 SH2：发挥市人工智能产业投资基金等政府基金引导作用。 SH3：设立人工智能产业基金等政府性基金，重点支持人工智能领域早期项目和初创型高成长性企业。鼓励国有资本参与人工智能产业投资，建立健全适应人工智能产业发展的国资监管制度。 GZ3：充分利用现有的政府投资基金，探索设立人工智能专项子基金。 GZ4：发挥广州科技创新母基金、广州新兴产业基金等政府引导基金作用，引导社会资本投资本市人工智能企业。

续表

深圳条款	比较对象条款
SZ6：发挥政府投资引导基金作用，形成规模1000亿元的人工智能基金群。	HZ3：在市产业基金中设立人工智能产业专项投资基金。 CD1：利用现有政府投资基金支持人工智能项目。

（三）社会资金供给

“社会资金供给”是指投入人工智能产业的政府以外的各类资本。经比较，深圳市与比较对象均鼓励社会资金参与人工智能产业发展，深圳市未提出鼓励专项贷款（见表8–73）。

表8–73 “社会资金供给”条款对比

深圳条款	比较对象条款
SZ1：鼓励社会资本参与人工智能产业发展。鼓励企业和社会力量以设立基金、联合资助、慈善捐赠等形式多渠道参与基础研究与技术开发。支持社会力量开展人工智能奖励活动，对在人工智能基础研究、关键核心技术攻关、科技成果推广应用等方面取得成果或者做出贡献的个人、组织给予奖励。 SZ2、SZ3：鼓励龙头骨干企业、专业化投资机构成立市场化基金。 SZ5：充分利用多层次资本市场参与人工智能重大项目实施和科技成果转化应用。	BJ1：支持长期资本、耐心资本面向人工智能芯片、框架和核心算法开展早期硬科技投资。持续做好人工智能企业挂牌上市培育。 SH1：引导多元社会资本支持人工智能产业发展。 SH2：探索科创板相关机制创新，支持人工智能领军企业上市。鼓励专业投资机构、行业龙头企业相关市场化基金运作。 SH3：支持人工智能企业在科创板等资本市场上市融资。通过风险投资、创业投资基金及资本市场融资等多种渠道，引导社会资本支持人工智能产业发展。鼓励银行等金融机构为人工智能企业提供专项贷款支持。 GZ2：引导创投等各类社会资本加大投资力度。率先推行“一链一行”工作机制。 GZ3：构建人工智能与数字经济企业融资支持体系，推出专项信贷支持方案。鼓励加大对人工智能产业龙头企业的信贷支持。吸引风投创投等社会资本参与投资人工智能中小微企业。推动人工智能企业上市。加强对企业早期投资、长期投资、分阶段连续投资和产业链组合投资。 GZ4：开发人工智能专属信贷产品。依托赛事活动打造人工智能企业与银行、投资机构等社会资本对接平台。多渠道对接多层次资本市场。

续表

深圳条款	比较对象条款
SZ6：鼓励人工智能企业在境内外多层次资本市场开展股权融资，支持风投、创投机构加强对人工智能初创企业投资并购，在深圳创投日活动中设立人工智能专场。	HZ1：发挥战略性新兴产业投资基金、创投引导基金、天使投资引导基金作用，加大对人工智能创业企业支持。设立人工智能创业（天使）投资基金，支持人工智能初创企业。支持企业通过境内外上市等方式扩大直接融资。推进产业基金对人工智能重大产业化项目支持，推动社会资本参与人工智能产业化。 HZ2：充分发挥信息经济创业投资基金杠杆作用，建立人工智能产业引导基金，吸引社会资金、金融资本设立种子基金、天使基金、创投基金等子基金。推动企业对接资本市场，推进优质企业股改上市。 CD1：鼓励龙头骨干企业、产业创新联盟牵头成立市场化的人工智能发展基金。运用政府和社会资本合作等模式，引导社会资本参与人工智能重大项目实施和科技成果转化应用。 CD2：到 2025 年投融资规模突破 300 亿元。支持引导基金、重大产业化投资基金设立人工智能子基金，对具有成长潜力的人工智能创新型企业进行重点支持。支持创投机构多元化募资，吸引创投机构集聚，形成面向人工智能行业的多层次资本集群。加强科创板上市辅导培育。综合运用宏观审慎评估、再贷款、再贴现等货币政策工具和手段，充分发挥新经济专业化银行的职能作用，全方位保障不同生命周期的人工智能企业融资需求。依托国有控股融资担保公司和市级再担保公司，分类分层建立全面覆盖的银政担、银政风险分担机制。

（四）保险资金供给

“保险资金供给”是指对人工智能领域开发保险产品。经比较，深圳市与比较对象都要求创新开发和提供保险资金（见表 8–74）。

表 8–74　“保险资金供给”条款对比

深圳条款	比较对象条款
SZ1：探索完善适应人工智能产品和服务的专门性保险赔偿体系，为人工智能产品和服务提供全链条的保险保障。	SH3：鼓励相关保险机构按照国家规定开发适应人工智能产业特点的保险产品，覆盖产品研发、生产、销售、应用等全周期经营活动。支持相关主体在应用人工智能产品和服务时购买相关保险产品。

续表

深圳条款	比较对象条款
SZ3：设置科技保险等分散科技创新风险的科技金融工具。	CD2：开展“贷款＋外部直投”“投保联动”等综合金融服务模式探索，支持保险机构开展专利保险等服务，探索符合条件的中小高新技术企业定向发行高收益债券。

十五、“社会引导”条款

（一）社会影响

“社会影响”是指人工智能技术和产品应用后给当前社会经济、生活带来的新改变。经比较，深圳市与比较对象均要求注意人工智能发展带来的社会影响（见表 8–75）。

表 8–75 “社会影响”条款对比

深圳条款	比较对象条款
SZ4：对人工智能对各行业领域的影响开展跟踪研究。	CD1：研究完善适应人工智能快速发展的教育、医疗、保险、社会救助等政策。 MG1：人工智能和自动化技术将拉大高教育程度和低教育程度工人之间的差距，加剧经济不平等。总统办公室应在年底前形成一份后续报告，进一步研究人工智能和自动化对美国就业市场的影响，提出应对政策的纲要。 MG2：为转型中的工人提供帮助，确保所有人受益。主要包括强化社会安全保障网络（强化失业保险、为工人提供指导以度过就业转变、强化其他安全保障网络）；增加工资、竞争和工人议价的能力；制定策略以减少地理差异的影响；现代化的税收政策；为不可预见性做好准备。

（二）社会实验

“社会实验”是指在人工智能技术和产品应用之前先开展局部实验，以研判可能给当前社会经济、生活带来的新改变。经比较，深圳市与比较对象均要求开展人工智能社会实验（见表 8–76）。

表 8–76 “社会实验”条款对比

深圳条款	比较对象条款
SZ1：开展人工智能社会实验，研究人工智能发展对个人和组织的行为方式、收入变化、社会心理，以及对就业结构、社会公平等方面的综合影响，持续积累数据和实践经验。	HZ1：开展人工智能政策试验和社会实验。 CD2：选择典型应用场景，开展人工智能社会实验，形成相应实验结果和分析报告。支持相关领域研发机构、高校、联盟、企业等共同参与课题研究，提供实验场景，探索人工智能发展的新路径、新机制。

（三）社会宣传

“社会宣传”是指将人工智能领域的有关情况向社会告知。经比较，深圳市与比较对象均要求开展人工智能发展成效宣传和科普（见表 8–77）。

表 8–77 “社会宣传”条款对比

深圳条款	比较对象条款
SZ1：利用广播、电视、报刊和互联网等媒体及时宣传人工智能产业发展情况和取得的成效，做好舆论引导，帮助公众应对人工智能发展带来的生活方式、就业形式以及伦理道德等方面的变化。加强人工智能伦理安全规范和社会价值观引导，开展人工智能知识宣传、教育、培训、科普。 SZ4：宣传推广人工智能示范应用项目，提升全社会对人工智能赋能实体经济效应认知。 SZ5：支持已设立人工智能学科的高校以及科研机构将相关教学、科研资源对外开放，面向社会公众的人工智能科普公共服务。	SH3：推动人工智能领域科学技术普及工作，通过广播、电视、报刊和互联网等媒体宣传人工智能产业新进展、新成效，加强人工智能领域伦理安全和社会价值观引导。 GZ2：鼓励进行形式多样的人工智能科普创作。 GZ3：利用各类媒体宣传推介广州国家先导区建设成果及扶持政策，加大“广州经验”“广州模式”提炼力度。 GZ4：编制人工智能科普丛书。 HZ1：开展人工智能教育培训和科普活动。宣传人工智能新进展、新成效。 HZ2：充分利用各种传统媒体和新兴媒体，宣传杭州人工智能发展新进展、新成效。 CD2：深入挖掘典型案例，提炼人工智能产业链发展成果。 MG1：美国国家科技委员会机器学习和人工智能分委员会应当监控人工智能技术发展，定期向上级主管部门领导汇报人工智能发展状况，尤其是发展技术中的里程碑式突破，及时更新里程碑清单，在合适时机向公众报告人工智能技术的发展状况。政府应该监控其他国家的人工智能发展，尤其是其人工智能技术的里程碑式突破。

续表

深圳条款	比较对象条款
SZ6：加大人工智能研发成果、创新产品和应用场景的发布和宣传力度。	人工智能相关行业应该和政府合作，及时向政府反馈行业最新发展动态，包括近期可能在技术上取得的重大突破。 MG3：必须提升公众对人工智能技术的信任和信心。

十六、“政策实施”条款

（一）政策衔接

“政策衔接”是指与上级人工智能产业政策的衔接和本级政策的衔接。经比较，深圳市与比较对象均衔接国家、省级人工智能政策，以及本级国民经济和社会发展“十四五”等规划（见表 8-78）。

表 8-78 “政策衔接”条款对比

深圳条款	比较对象条款
SZ2：根据国务院《新一代人工智能发展规划》（国发〔2017〕35 号）、工业和信息化部《促进新一代人工智能产业发展三年行动计划（2018—2020 年）》（工信部科〔2017〕315 号）和《广东省新一代人工智能发展规划》（粤府〔2018〕64 号）等政策措施。 SZ3：深入贯彻《关于支持深圳建设中国特色社会主义先行示范区的意见》，落实《国家发展改革委关于加快推进战略性新兴产业集群建设有关工作的通知》。 SZ4：落实《深圳市重点产业链“链长制”工作方案》，推进人工智能产业链“链长制”工作，加快人工智能创新应用先导区、创新发展实验区和集群建设。 SZ5：深入贯彻落实《中共中央　国务院关于支持深圳建设中国特色社会主义先行示范区的意见》《深圳市新一代人工智能发展行动计划》等文件精神。	SH1：贯彻落实国家《新一代人工智能发展规划》。 SH2：根据《上海市国民经济和社会发展第十四个五年规划和二〇三五年远景目标纲要》《上海市先进制造业发展“十四五”规划》等文件。 GZ2：根据《广州市构建“链长制”推进产业高质量发展的意见》的要求。 GZ3：加强与国家、省人工智能创新应用先导区规划实施的衔接。 GZ4：根据《广州市人工智能产业链高质量发展三年行动计划（2021—2023 年）》要求。 CD1：深入贯彻落实国务院《关于印发新一代人工智能发展规划的通知》。

（二）政策实施计划

“政策实施计划”要求编制人工智能产业政策的相关实施计划。经比较，深圳市与比较对象均要求进一步编制相关实施计划（见表8–79）。

表8–79　“政策实施计划”条款对比

深圳条款	比较对象条款
SZ1：人工智能产业发展应当纳入本市国民经济和社会发展规划，明确人工智能产业发展的总体思路、发展目标、主要任务和政策措施。编制本市人工智能产业发展计划。	BJ1：制定人工智能领域年度发展工作计划。 SH3：编制人工智能产业发展规划，纳入国民经济和社会发展规划。 GZ1：各片区在本导则指导下，结合实际制定精准产业发展规划。 MG3：制订并实施一项行动计划，以保持美国在对经济和国家安全利益至关重要的人工智能和技术上的优势。拥有管理权限的执行机构的负责人应当重新审视其与人工智能应用有关的权力，并向行政管理和预算局提交计划，确保落实备忘录中的内容。应通过国家标准与技术研究院（National Institute of Standards and Technology）发布一份计划，为联邦参与制定技术标准和相关工具提供指导。

（三）政策落地

“政策落地”主要是报告人工智能产业政策落地情况及对其考核。经比较，深圳市与比较对象均要求定期报告政策实施情况，并对其进行考核，但深圳没有要求发布白皮书。

表8–80　“政策落地”条款对比

深圳条款	比较对象条款
SZ1：每年上半年向社会发布本市上一年度人工智能产业发展年度计划实施情况的报告。 SZ2：跟踪监测和动态管理实施情况。	GZ2：构建动态的人工智能创新发展评估评价机制，建立第三方评估机制，加强产业发展政策绩效评价。 GZ4：编制《广州市人工智能产业发展年度白皮书》。 HZ2：编制和发布杭州人工智能发展白皮书。工作推进情况纳入年度考核。

续表

深圳条款	比较对象条款
SZ4：各有关单位于每季度前10日前将上季度工作进展情况、每年1月底前将上年度工作总结报市工业和信息化局。建立工作考核评价制度，加强督查督办，定期通报工作进展。 SZ6：推动《深圳经济特区人工智能产业促进条例》落细落小落地落实。	CD2：探索产业智慧化管理路径，加强规划实施情况动态监测、科学评估，对重点任务和重大项目推进情况进行年度监测、中期评估和总结评估。 MG4：要评估联邦机构对《2020年国家人工智能倡议法案》（NAIIA）和《国家人工智能研发战略计划》的实施情况。

（四）政策调整

“政策调整”要求跟踪人工智能产业研究并对政策进行调整。经比较，深圳与比较对象均要求开展政策跟踪研究和调整（见表8-81）。

表8-81 “政策调整”条款对比

深圳条款	比较对象条款
SZ1：开展人工智能发展的监测和评估，准确把握技术和产业发展趋势，开展人工智能对经济社会综合影响以及对策研究，及时调整产业发展政策。 SZ2：构建人工智能产业跟踪研究平台。	BJ1：加强人工智能领域信息工作，及时掌握国内外科研产业动态。 GZ2：做好政策动态调整。

第三节 现有文献中的因果性分析

因果性或因果关系是原因和结果之间关系的简称。把差异性比较结果作为果，需要寻找造成某个差异性比较结果的原因。

一、大部分文献没有分析原因

现有文献中针对差异性比较结果的研究，整体上看原因分析不够充分，直观表现为文献中不专列原因分析标题。大部分文献没有分析原因，比如：

陈婧嫣等（2021）在其研究不足中提出在梳理和描绘各国人工智能政策差异与分野之后，并未进一步对其背后的原因加以分析；陈小亮等（2019）在国家之间比较中发现，发达经济体很少制定量化指标，我国注重制定量化目标，发达经济体注重直接增加基础性研发投入，我国缺少对基础性研发的直接扶持和培育，发达经济体通常不会主导人工智能的产业化应用，我国高度重视人工智能的产业化应用，但未分析产生这一差异的原因。

二、少部分文献常用的原因

少部分文献简单分析了原因，虽然整体上采用了多个视角，主要从区域经济发展基础、产业发展基础等17个视角（见表8–82）中选择一些角度，但只是初步回应了产生差异的各类主要原因，对于某项具体的比较结果没有从多个角度展开分析，这是因为政策文本全方位比较后的政策差异结果比较多，难以逐个对政策差异结果进行多个角度的细致分析。

表8–82　政策比较结果原因分析的角度

序号	角度	举例	代表文献
1	区域经济发展基础	人工智能发展规划考虑各自所在地域经济基础因素。	章小童等（2020）
		长三角是全国数字经济最活跃、体量最大、占比最高的区域，区域内各省市发展较为均衡，良好的经济和技术优势使其能够较早地开展人工智能的布局和发展。	单晓红等（2021）
		不同地区政策类工具的使用呈现一定的差异化，可能与经济发展因素相关。	袁野等（2021A）
2	产业发展基础	人工智能政策目标直接反映了各省市在中国人工智能发展中的地位差异。	曾坚朋等（2019）
		目前人工智能发展尚处于新兴阶段（所以各国政策集中在其前端研发和中间转化环节）。	毛子骏等（2020）
		美国自动化技术走在世界前列（所以关注自动化安全）。	李雨青（2021）
		具体国情和人工智能产业发展阶段存在差异（所以国内外人工智能教育应用政策在政府层面和教育层面各有不同）。	段世飞等（2019）

续表

序号	角度	举例	代表文献
2	产业发展基础	我国人工智能整体发展水平比较落后（所以注重国际合作）。	汤志伟等（2019）
		我国人工智能相较其他国家起步较晚，缺乏初始的人才和技术积累（所以我国偏向于直接引进人工智能人才）。	袁野等（2021B）
		我国人工智能整体发展尚处于初级阶段（所以需求型政策工具占比较少）。	李明等（2020）
		我国对人工智能技术安全的关注说明当下国内正处于人工智能产业布局与技术研发的关键时期。	李雨青（2021）
		河北人工智能产业的基础极为薄弱（所以政策体系在总体数量、层级结构合理性、内容完整连续性等方面滞后于北京、天津）。	金双龙等（2020）
		人工智能产业链下游的成熟实体中段产品在我国并不多，传统产业的"AI+"赋能处于初级阶段（所以创新准备和创新运行政策更多）。	王兆祥等（2020）
		区域政策差异原因之一是企业资源存在差异。	单晓红等（2021）
		西部人工智能产业基础相对落后（所以政策发布数量最少）。	袁野等（2021A）
		部分省市结合自身产业优势选择重点发展的领域。	李良成等（2019）
3	产业运行规律	技术引进、运用必须与实践相结合，才会发挥真正效果（所以中国比美国更强调消化吸收、科技成果转化目标实现）。	汤志伟等（2019）
		技术安全是人工智能健康长久发展的基石（所以中国、美国最关注技术安全）。	李雨青（2021）
		东部地区政府充分考虑到人工智能产业技术的迭代性（所以将目标规划类、法规管制类政策工具覆盖率位于前列）。	袁野等（2021A）
4	特色优势	美国企业、研发机构、军方、智库基金会等在基础研究中一直处于主体地位（所以偏好自愿类工具）。	曾坚朋等（2019）
		欧盟选择道德伦理与技术规范领域是要规避中国与美国两个大国的竞争，发挥自己的优势。	关皓元等（2021）

续表

序号	角度	举例	代表文献
4	特色优势	中国人工智能企业是政府规划的跟随者（所以企业角色是跟随）；美国人工智能企业是最具活力的创新主体且是驱动人工智能发展的主要动力（所以企业角色活跃）。	陈婧嫣等（2021）
5	重要性	人工智能上升为事关国家综合竞争力的重大焦点（所以美国人工智能优先使用强制类工具）。	曾坚朋等（2019）
		核心技术开发程度是人工智能产业能否得到持续发展的关键因素之一。	汤志伟等（2019）
		各级政策主体充分认识到人工智能运用场景化条件与科技人才作用的重要性（所以形成了供给型政策中 5 个分项政策所占比例）。	王兆祥等（2020）
6	解决相关问题	社会传统规则与法律伦理挑战、产业融合和集成智能需要依靠越来越多的关联主体参与，人工智能研发投入巨大（所以重视环境型政策供给）。	王兆祥等（2020）
		人工智能产业的技术研发需要大量的资金投入（所以政府对人工智能创新主体的投融资政策比较重视）；考虑人工智能技术发展对社会伦理、法律法规等层面产生的影响（所以国家非常重视法规管制类政策的使用）。	袁野等（2021A）
		日本人工智能政策首先是以回应人口减少、老龄化以及医疗和护理费用不断增加等现实的社会问题为方向的。	陈婧嫣等（2021）
7	政府能力	四地政府能力的异质性（所以政策目标的具体维度有差异）。	黄剑锋（2020）
8	实施难度	金融类政策使用的风险和难度较大（所以西部地区金融支持类政策的覆盖率低）。	袁野等（2021A）
9	国家政策导向	美国人工智能的发展是特朗普“美国优先”执政理念在人工智能领域的贯彻执行。	曾坚朋等（2019）
		欧盟对人工智能侵害公民隐私权给予了极大的关注（所以关注数据安全）。	李雨青（2021）
10	与目标一致性	人工智能在我国的发展更加注重产业化和应用化（所以更加注重强制类、市场类等工具）。	曾坚朋等（2019）
		技术发展是我国人工智能布局的首要目标（所以关注技术安全）。	李雨青（2021）

续表

序号	角度	举例	代表文献
10	与目标一致性	美国人工智能政策中关于伦理和风险的关注更多侧重为保证其人工智能全球领先地位而做出一些让步。	张成岗等（2023）
		美国对于人工智能技术风险十分重视，这是由美国发展目标决定的。	李雨青（2021）
11	政策主体偏好	主要决策者为工信、科技、网络等相关职能部门（所以五国对人才培养的应用力度稍显不足）。	毛子骏等（2020）
		基于我国具体国情而采取自上而下的政策推行路径（所以我国央地政府在推行人工智能政策中具有较好的一致性）。	李明等（2020）
		美国优先使用强制类工具与美国一贯强调的“小政府、大市场”施政偏好有所不同。	李雨青（2021）
		面向产业发展还是面向社会变革这一方向性目标的差异体现了各国在人工智能的经济效益和社会效益之间的侧重或平衡。在美国的政策环境下对创新活动的预先限制往往被认为造成经济和社会停滞的原因。我国人工智能政策体现了我国政府特有的引导能力和顶层设计能力。	陈婧嫣等（2021）
		国家是政策的顶层设计者（所以国家的法规管制政策覆盖率排在第一）。	袁野等（2021A）
		国务院制定的政策更重视宏观上的目标规划、法规管制和社会保障，地方政府更加重视人工智能带来的效率提升和产业变革。	刘红波等（2018）
12	文化和体制机制	我国发挥了举国体制的制度优势，美国一直奉行“大市场小政府”原则。	曾坚朋等（2019）
		考虑到中美两个国家的文化、国家体制等不同（所以中国更偏向于国家行政机关执行，美国更偏向于地方行政机关执行）。	汤志伟等（2019）
		我国有开放共享新发展理念（所以我国在国际上积极参与人工智能的研发治理）。	沙德春等（2021）
		人工智能发展规划考虑各自所在地域文化特色因素。	章小童等（2020）
		各国国情、社会结构和文化传统等差异使得政府注意力配置点不同。	张成岗等（2023）

续表

序号	角度	举例	代表文献
12	文化和体制机制	区域政策差异原因之一是学术生态不同。	单晓红等（2021）
13	地理环境特征	人工智能发展规划考虑各自所在地域地理环境特征因素。	章小童等（2020）
		区域政策差异原因之一是区域优势不同。	单晓红等（2021）
		不同地区政策类工具的使用呈现一定的差异化，可能与区位优势因素相关。	袁野等（2021A）
14	有益性结果	国际合作对我国人工智能论文产出的影响也十分显著。	汤志伟等（2019）
		策略性政策工具是为了保障人工智能产业发展目标的顺利完成（所以国家层面策略性政策和目标规划使用覆盖率差距不大）。	袁野等（2021A）
15	危害性后果	导致金融和税收优惠两类财政性政策的重复使用（所以税收优惠政策相对于其他几种政策使用较低）。	袁野等（2021A）
16	规划有效时间	地方多数规划到2022年前后，国家《新一代人工智能发展规划》到2030年，所以部分地区未能体现国家部分内容。	张涛等（2021）
17	国际环境	以美国为首的西方发达国家对华技术限制（所以我国制定对人工智能基础研究领域偏向的支持政策）。	王兆祥等（2020）

第四节　形成差异性比较结果的原因类型

周振华（1990）将影响产业政策制定与实施的基本变量分为经济发展战略（对产业政策有着决定性影响，产业政策仅仅是作为实现经济发展战略的措施提出来的）、经济体制模式（决定产业政策实现机制，主要涉及政策制定者与政策执行者之间存在什么性质的关系）、一国经济环境（资源禀赋条件）、产业发展状态（产业初始状态和产业新状态）。本书以这4个基本变量为基础，把形成差异性比较结果的原因分为三大类型。

一、政策制定过程中形成差异化的原因

探讨一地的政策制定者如何制定政策文本具体条款，是寻找分析原因的起点。一般而言，一地的政策制定者应当尽可能或基本做到理性经济人的角色。政策制定者应该充分掌握合理的政策制定方法（比如可以做到识别本地资源禀赋、比较优势，研判影响本地产业发展壮大的各类生产要素），充分了解本地人工智能产业发展情况，之后才能制定政策文本具体条款，因此应当假设政策制定过程基本合理，否则难以判断政策制定具体过程中形成的差异，因为对政策制定具体过程难以获取准确的证据。

二、影响产业发展预期的本地客观原因

1. 本地行政单位权限和手段

深圳市与国内五市的行政单位推动人工智能产业发展的权限和手段基本一致，且与美国联邦政府对人工智能产业的干预能力相比也具独立性。

2. 本地产业发展基础和优势

人工智能产业发展基础和优势是存量，发展规划是增量，政策支持的目的就是在存量基础上实现增量。人工智能产业在本地具有基础和优势，主要是指产业规模具有一定能级，龙头企业或机构具有一定行业竞争力，重点赛道的技术具有一定的先发优势，产业形成一定的集群化态势。其中，最主要的是本地的龙头企业或机构，这是政策支持的重点对象，要寻找到这些企业或机构并设法支持其更高质量发展。这些基础和优势要经过调查研究、横向对比等判断后才能确认。

3. 产业发展一般水平

人工智能产业发展一般水平基本决定了可见的增量发展预期，也就是落后地区要达到先行地区的先进水平，勇闯“无人区”的发展预期要建立在本

地龙头企业或机构已经达到行业内最高水平的基础上。可以从行业报告等研究型材料中寻找已经被总结的发展情况来表示发展水平。

4. 产业发展一般规律

人工智能产业发展一般规律基本决定了可用的干预手段。比如，人工智能产业是人才密集型的，对此政府要在专业人才上给予更多支持；人工智能产业的最大痛点是场景应用，对此政府要在场景应用上给予更多示范项目和管理制度支持。这些规律一般从行业调查研究中获取。

三、影响产业发展预期的本地主观原因

1. 本地落实上级战略导向的意图

上级战略导向中规定的工作任务是要积极落实的。深圳市首先要完成两个国家级试点规定的任务，这是本市人工智能产业的基本导向。此外，国家、广东省人工智能产业政策中尽管很少直接提及深圳市要落实的任务，但深圳市要主动对照上级政策文本具体条款，谋求发挥更大作用。

2. 对产业发展的个性化愿景

各地对人工智能产业发展都会形成某种愿景。普遍愿景可以通过政策文本共同性的系统分析获取，这也会成为深圳市的政策目标，比如人工智能在智慧城市建设中发挥巨大作用，整个城市运行实现智能化是一个普遍愿景，那么深圳市就需要在政策上支持人工智能技术在智慧城市中的使用。个性化愿景与普遍愿景不同，简单地说，被第一次提出的愿景可以是个性化愿景。

3. 本地政策主体的偏好

本地政策主体实质上就是一个个具体的工作人员，其往往有一定的政策偏好，比如有的偏好使用资金支持的手段，有的偏好帮助企业自主提升市场化竞争能力，有的偏好以技术创新来引领行业发展，一系列不同的偏好直接决定了相应的政策文本具体条款。一般情况下，政策主体的偏好也难以找到客观证据。

4. 现有体制机制或做法

各地针对某类工作一般都建立了不同形式的推进机制，在需要新增人工

智能产业发展工作任务时，既可以选择新建一套推进机制，也可以在原先推进机制上新增；一地在人工智能产业领域新部署的工作任务，在另一地则是在其他领域某项工作中有部署。

第五节 针对深圳市人工智能产业政策差异性比较结果的原因分析

一、“主管部门”条款

主要原因是遵循深圳市现有体制机制。根据深府办〔2012〕25号，深圳新兴高技术产业发展领导小组组长是市长，成员包括各市直部门和各区主要负责人。深圳市遵循了这一既定的新兴高技术产业发展推进机制，不仅将人工智能产业发展纳入该小组工作范畴，也对市政府、各区政府（含街道）提出了人工智能产业发展工作任务。此外，街道层面在人工智能应用中不是责任单位，如《深圳市人民政府关于加快智慧城市和数字政府建设的若干意见》（深府〔2020〕89号）中的责任单位是各区人民政府、市直各有关单位，不含街道层面。

二、“外部咨询主体”条款

主要原因是遵循深圳市现有体制机制。根据深圳市人工智能产业协会（2023）、《深圳市人民政府关于发展壮大战略性新兴产业集群和培育发展未来产业的意见》（深府〔2022〕1号），人工智能产业应用层中的智能机器人、智能传感器、智能网联汽车、智能终端、脑科学与类脑智能纳入了全市“20+8”优势产业集群，一个产业集群要求对应建立一家战略咨询支撑机构。

三、“推进手段”条款

主要原因是遵循深圳市现有体制机制。之所以深圳市政策比较文本中未充分运用体制机制改革的手段来破解行业发展的政府规制障碍，一方面是因为另行出台了一系列政府规制文件，比如《深圳经济特区人工智能产业促进条例》《深圳市人民政府关于印发深圳市多功能智能杆基础设施管理办法的通知》；另一方面是因为在相关领域体制机制改革中可以涉及或覆盖人工智能，比如《国家发展改革委关于推广借鉴深圳经济特区创新举措和经验做法的通知》（发改地区〔2021〕1072 号）中的“率先形成基础研究长期持续稳定投入机制”“建立关键核心技术攻关新机制”等体制机制改革。

四、“计算机视觉产业集群”条款

主要原因是深圳市本地产业发展基础和优势。深圳市计算机视觉产业规模相对偏小、不够聚集，没有杭州市发展水平高，难以支撑“中国视谷”。深圳市人工智能产业协会（2023）调研发现全市机器视觉典型企业主要是奥比中光科技集团股份有限公司、深圳思谋信息科技有限公司、深圳市光鉴科技有限公司、跨维（深圳）智能数字科技有限公司。而根据《杭州市人民政府办公厅关于高标准建设“中国视谷”高质量发展视觉智能产业的实施意见》（杭政办函〔2023〕58 号），预计到 2027 年“中国视谷”[以杭州高新区（滨江）萧山特别合作园为窗口园区，以萧山、滨江为双核心] 视觉智能核心产业营收达到 4000 亿元，总体规模达到 1 万亿元，培育千亿级企业 2 家、细分赛道领军企业 30 家，开发视觉智能领域新产品新应用 1000 个。

五、“存量企业服务”条款

主要原因是遵循深圳市现有做法。定制化是指根据用户的需求，对产品或服务进行个性化配置或加工。深圳市围绕头部企业及其上下游核心供应链企业提供定制化服务，包括“一企一策”服务。

六、“应用场景管理”条款

主要原因是深圳市本地政策主体的偏好。深圳市政策主体偏好市场化机制，比如“探索建立人工智能应用场景供需市场化运营机制”，希望以市场化机制来带动或代替政府采购制度、激励机制、容错纠错机制等。

七、“赋能指标”条款

主要原因是深圳市本地政策主体的偏好。深圳市政策主体偏好的是项目的赋能情况（SZ4：宣传推广人工智能示范应用项目，提升全社会对人工智能赋能实体经济效应的认知），而不是人工智能对全市整体性的赋能情况、人工智能产品和应用的成效评估。

八、“关键核心技术方向”条款

主要原因是人工智能产业发展一般规律。人工智能产业技术路线图难以制定，一个重要的原因是截至 2023 年 9 月重要的人工智能技术往往不由国内企业率先推出，比如 ChatGPT 可以理解并生成自然语言，是近年来人工智能领域的重要突破之一，它是由美国人工智能研究实验室 OpenAI 于 2022 年 11 月 30 日推出的。

九、“技术攻关项目”条款

主要原因是人工智能产业发展一般规律。实践中，人工智能科研、应用等领域的负面清单难以制定。一方面，对人工智能技术要以鼓励创新发展作为政策主基调。另一方面，国内尚未对人工智能技术划定不能创新发展的范围，人工智能全国性立法也尚未完成（人工智能法草案进入国务院 2023 年度立法工作计划，预备年内提请全国人大常委会审议[①]），主要在中国社会科学院国情调研重大项目、“我国人工智能伦理审查和监管制度建设状况调研”课题组发布的《人工智能法示范法 1.0（专家建议稿）》[②]中建议“国家建立人工

① 对细分领域国家层面已有命令（令）。比如，自 2023 年 8 月 15 日起施行的《生成式人工智能服务管理暂行办法》要求提供和使用生成式人工智能服务，应当遵守法律、行政法规，尊重社会公德和伦理道德，遵守一系列规定，如“不得利用算法、数据、平台等优势，实施垄断和不正当竞争行为”“不得侵害他人肖像权、名誉权、荣誉权、隐私权和个人信息权益”。

② 《人工智能法示范法 1.0（专家建议稿）》，参见 https://www.163.com/dy/article/ICBOVEVE0511A72B.html（2023-10-10 登录）。

智能负面清单制度，对负面清单内的产品、服务实施许可管理，对负面清单外的产品、服务实施备案管理”，“开展人工智能负面清单内产品、服务的研发、提供活动前，应当取得国家人工智能主管机关的行政许可”。截至2023年9月，世界范围内主要是欧盟通过立法形式，制定了某种准负面清单。比如2023年6月，欧洲议会通过《人工智能法案》（*AI Act*）草案，禁止在公共场合实时扫描人脸、用性别等信息对人们进行分类、基于过去犯罪行为构建预测性警务系统等一系列人工智能技术应用。

十、“创新成果转化”条款

主要原因是遵循深圳市现有体制机制。根据《国家发展改革委关于推广借鉴深圳经济特区创新举措和经验做法的通知》（发改地区〔2021〕1072号），其中一条是建立科技成果“沿途下蛋”高效转化机制，但主要依托综合性国家科学中心先行启动区。

十一、“知识产权”条款

主要原因是人工智能产业发展一般水平。初步判断，深圳市人工智能企业的海外业务没有上海市人工智能企业多，对知识产权协作保护、快速维权和海外维权制度的需求不够大。例如，上海市2018—2023年连续举办的世界人工智能大会（WAIC）已成为国内人工智能领域最具影响力的专业化、国际化高端平台，仅2023年大会就推动了300余项产品首发首秀走向国内外市场；仅张江人工智能岛（位于张江科学城中部核心区）就集聚了IBM研发总部、微软实验室、英飞凌大中华区总部等跨国企业巨头。此外，根据前瞻研究院梳理[①]，上海市人工智能产业链中外资相关企业有英伟达、英特尔、西门子、博世等，而深圳市人工智能展会未达到世界人工智能大会的影响力，深圳市人工智能行业协会（2023）所列举的本市人工智能典型企业也没有外资企业。

---

① 《5年翻3倍！上海人工智能产业规模已超3800亿元（附上海市人工智能产业链）》，参见https://www.sohu.com/a/695179325_121118710（2023-10-10登录）。

十二、“人才待遇”条款

主要原因是遵循深圳市现有体制机制。北京市海外人才来京落地即支持政策、上海市高峰人才个性化政策、广州市顶尖科学家和具有颠覆性技术的团队“一事一议”政策，都是针对少数关键人才的特色政策。深圳市将人工智能人才纳入现有人才政策体系，没有进一步针对性地区分少数关键人才。

十三、“数据开放平台”条款

主要原因是深圳市本地政策主体的偏好。深圳市政策主体偏好政务公共机构数据资源开放清单，而上海市政策主体偏好开放政务数据重点领域负面清单制度；深圳市强调公共数据开放、未提及公共数据可以市场化交易，而杭州市强调公共数据产品和服务价格形成机制，希望公共数据按照市场化交易。

十四、“算力开放平台”条款

主要原因是人工智能产业发展一般水平。根据《中国综合算力指数（2022年）》报告，截至2021年底，我国算力指数Top10省（市）前3位分别是上海市、广东省（深圳市、广州市等）、北京市；算力规模指数Top10省（区、市）分别是江苏省、河北省、上海市、广东省、浙江省、内蒙古自治区、北京市、山东省、贵州省、山西省，其中江苏省、河北省分别作为上海市、北京市的周边地区，积极承接其外溢需求，两省算力在用规模和在建规模均处于全国前列。可见，上海市算力建设规模具有优势，需要通过算力资源市场化交易、公共算力资源供给办法进行规范。深圳市算力建设规模相对不够大，对优化资源供给和交易方式的紧迫性没有上海市大，而且聚焦鹏城云脑等硬件设施建设。

十五、“算法开源平台”条款

主要原因是人工智能产业发展一般水平。上海市人工智能算法创新具有优势，需要算法交易平台、算法交易流通中的利益分享机制。根据《上海新一代人工智能算法创新行动计划（2021—2023年）》，到2023年上海人工智能算法水平总体保持国内领先、部分领域达到国际一流，初步成为前沿成果丰硕、应用生态活跃、创新人才集聚的国际人工智能算法高地，要在基础理论、核心算法、通用模型、软件框架等领域创造10个左右引领性成果，在城市数字化转型重点领域打造具有示范推广效应的100个算法产品和100个算法应用典范案例。而深圳市算法创新能力相对没有上海市强。

十六、"公共服务平台"条款

主要原因是遵循深圳市现有做法。比如：深圳市金融办自主开发建设"深圳市金融风险监测预警平台"和"深圳市地方金融监管信息平台"，并在2017年12月上线试运行；深圳市金融办与腾讯公司合作共建了灵鲲金融安全大数据平台，于2018年7月正式上线。

十七、"与港澳台合作"条款

主要原因是遵循深圳市现有做法。规则衔接是深圳市正在推进的一项具体工作。2020年10月，中共中央办公厅、国务院办公厅印发《深圳建设中国特色社会主义先行示范区综合改革试点实施方案（2020—2025年）》，将"支持以规则衔接深化粤港澳大湾区合作发展"纳入综合改革试点。根据《国家发展改革委关于推广借鉴深圳经济特区创新举措和经验做法的通知》（发改地区〔2021〕1072号），探索粤港澳大湾区法律规则衔接、探索创新大湾区标准化协同机制等举措可以涵盖人工智能领域。

十八、"区域合作"条款

主要原因是本地行政单位权限和人工智能产业发展一般水平。广州市是广东省省会、副省级城市，香港特别行政区是省级行政单位，两地在人工智能产业的行政权限上与深圳相同或更高。从IDC和浪潮信息（2023）、中国新一代人工智能发展战略研究院（2022）、火石创造排名看，深圳市和广州市都属于第一梯队城市，人工智能产业发展水平都较高。与深圳市相比，北京市在京津冀城市群、上海市在长江三角洲城市群、成都市在成都城市群各城市中，三市行政单位级别更高、权限更大，人工智能产业发展水平也具有明显的领先地位。

十九、“风险监管”条款

主要原因是人工智能产业发展一般水平。上海市人工智能算法创新相对深圳市更有优势，其中利用生物识别技术的算法创新也更有优势，需要建立该领域的算法管理制度。这种生物识别技术算法管理与 2023 年 6 月欧洲议会通过的《人工智能法案》（*AI Act*）草案禁止在公共场合实时扫描人脸的监管是相似的。

二十、“标准”条款

主要原因是遵循深圳市现有做法。“深圳标准”认证是由国家认监委批准、深圳市市场监督管理局主管推进的对高端产品和优质服务的认证活动。“深圳标准”定位于国内领先、国际一流，是先进技术、高端产品、卓越管理和优质服务的品牌象征。2018 年 7 月 24 日，深圳市市场和质量监督管理委员会发布了《深圳标准标识管理办法》。实际上，深圳市政策要求推动建立人工智能地方标准，其经认证后也纳入了“深圳标准”。

二十一、“监管互认”条款

主要原因是本地行政单位权限和人工智能产业发展一般水平。深圳市未能提出区域性监管互认的原因与“区域合作”条款的原因类似。

二十二、“政府其他资金供给”条款

主要原因是遵循深圳市现有做法。深圳市国企对人工智能产业的投资已融入现有产业引导基金。比如，深圳市创新投资集团有限公司是以资本为主要联结纽带、以母子公司为主体的大型投资企业集团。深圳市引导基金投资有限公司成立于2015年，规模1000亿元人民币，是由深圳市人民政府出资设立并按市场化方式运作的地方政府引导基金，2016年10月委托深圳市创新投资集团有限公司管理，按照“政府引导、市场运作、杠杆放大、防范风险”原则，充分发挥市场资源配置作用和财政资金引导放大作用，引导社会资本投向创新创业、新兴产业发展、城市基础设施建设、民生事业发展等领域。截至2023年6月底，深圳市引导基金参股子基金144只，总规模约4733亿元，市引导基金承诺出资总额约1038.23亿元，总体放大倍数约4.6倍。又如，2022年12月深圳市首只“20+8”战略性新兴产业集群基金——工业软件基金落地龙岗，该基金由深圳市龙岗金融投资控股有限公司携手深圳市创新投资集团有限公司、深圳市引导基金投资有限公司、珠海格力金投等共同发起设立。

二十三、“社会资金供给”条款

主要原因是遵循深圳市现有做法。根据2023年6月《深圳市科技创新委员会关于公布科技型中小微企业贷款贴息贴保入库企业名单的通知》，确定深圳市慧眼通科技有限公司等6090家企业为深圳市科技型中小微企业贷款贴息贴保入库企业，其中含有一批获得贷款的人工智能企业。此外，截至2023年6月末，深圳市高新技术企业、科技型中小企业获贷率分别达55.7%、49.2%。

二十四、“政策落地”条款

主要原因是深圳市本地政策主体的偏好。根据笔者自身有关工作经验，深圳市政策主体偏好自己总结政策落地情况、自己内部使用，但广州市等地可能偏好基于政府部门自己总结报告进一步拓展发布人工智能产业发展年度白皮书（预计应该包含企业微观发展情况、本地政策落地情况），以对社会各界发挥更充分的引导作用。此外，深圳市人工智能产业协会作为社会组织，2022年6月自发编制发布的《深圳市人工智能产业发展白皮书（2022年度）》《深圳市人工智能产业发展白皮书（2023年度）》聚焦企业角度调查研究微观发展情况，不分析人工智能产业政策落地情况。

第九章　基于适宜性要求的深圳市人工智能产业政策比较对策建议

针对对策建议合理性分析不足的问题，本书把“因果性分析清楚”、被比较对象有经济资源改变作为判断对策建议具有适宜性的主要标准，按照这一标准从差异性比较结果中筛选出可以改进政策文本具体条款的对策建议。

第一节　现有文献中的政策比较对策建议

一、“对策轻”

现有文献中有关对策的内容在全文篇幅上占比偏小，只是在论文结尾部分涉及，而描述是论文的主体部分，使得现有研究内容结构在整体上呈现“描述重”“对策轻”的特点。

二、对策为改进方向

现有文献中对策建议本身偏宏观性，侧重提出若干改进的方向，难以直接转化为新的政策文本具体条款。比如，陈小亮等（2019）提出“加大对人工智能关键领域基础性研发支持力度”之后未对其进行展开，实际上该建议需要进一步明确人工智能关键领域是否为“人工智能企业行业分布”“关键核心技术方向”等内涵，“基础性研发”是否为“基础研究”“基础理论”等内涵，“支持力度”是否为“行业监管”“政府财政资金供给”等内涵，然后才能选择合适的政策语言纳入政策文本具体条款中。一些对策建议举例见表 9-1。

表 9-1　对策建议举例

序号	举例	代表文献
1	尽量不要制定明确的量化目标，尤其应避免将人工智能与经济增长目标直接挂钩；加大对人工智能关键领域基础性研发的支持力度；从选择性产业政策转向功能性产业政策，减少对项目审批、目录指导等直接干预手段的使用，注重营造良好的发展环境。	陈小亮等（2019）
2	加强数据管理，在开放数据的同时重视数据安全保护；增加人工智能职业培训，改善就业结构；增强人工智能应用宣传和立法，增加人们对人工智能的理解和信任。	沙德春等（2021）
3	发挥区位优势作用，注重政策主题协调发展；强化政策文种作用，完善区域人工智能产业政策体系；“产学研用”相结合，加强政策主体间合作发展。	单晓红等（2021）
4	各类政策工具应均衡使用；子类政策工具使用须有所侧重；提高各政策工具的可实施性。	袁野等（2021A）
5	加快推动国家政策落实于行动；持续稳定支持人工智能基础研究；建立开放共享完善的数据生态系统；加强风投引导和应用场景部署；达成伦理和法律共识。	于汉超（2018）

三、对策合理性分析不足

现有文献对对策建议的合理性分析整体上不充分。一方面，大多数文献在未充分分析比较结果原因的情况下直接提出对策建议，其中部分文献把被比较对象与比较对象之间的差异性政策文本具体条款直接作为对策建议（陈小亮等，2019），背后隐藏的基本逻辑是发达经济体、国家或地区等比较对象政策是更合理的，可以直接复制使用。另一方面，部分文献是从区域经济发展基础、产业发展基础等 13 个视角中选择少数角度，简略地论证对策建议的合理性。

此外，少数文献在摘要中提到了对策建议要具有“可操作性”（张涛等，2021；李明等，2020），但没有针对性细化“可操作性”的具体标准和分析过程。

对策建议合理性分析的角度见表 9–2。

表 9–2 对策建议合理性分析的角度

序号	角度	举例	代表文献
1	区域经济发展基础	京津冀区域应充分发挥北京及天津科教、制造业和航运优势（所以建议发挥区位优势作用）。	单晓红等（2021）
		区域科创中心、科技园区等其他产业资源（所以建议依托这些资源落实细化区域人工智能产业协同发展政策）。	金双龙等（2020）
2	产业发展基础	各地区要根据实际情况利用区域优势资源来推进人工智能技术理论与关键技术的突破。	张涛等（2021）
		当前我国人工智能的发展尚处于初级阶段（所以建议加大国家层面的政策制定力度）；各省市的经济、技术等水平发展存在着较大的差异（所以建议增强政策制定灵活性与适用性）。	李明等（2020）
		相对于美国和英国而言，中国在 AI 人才数据技能培养方面存在明显不足（所以建议重视数据技能培养）。	刘进等（2021）
3	产业运行规律	人工智能面临较大的不确定性（所以建议尽量不要制定明确的量化目标）。	陈小亮等（2019）
		在创新链的早期阶段，应用政策工具的激励措施产生更有效的作用（所以建议要更关注早期阶段）。	赵顺龙等（2022）
		区域人工智能产业政策涉及多个主体、多个层次和多项内容（所以建议完善区域人工智能产业政策体系）。	金双龙等（2020）
		人工智能产业具有关联性强、涉及面广和利益主体多元等特点（所以建议加强政策主体间合作发展）。	单晓红等（2021）
4	特色优势	人工智能相关从业企业作为产业发展的核心主体对市场需求最为敏感（所以建议发挥跨区域行业组织的纽带作用）。	金双龙等（2020）
		潜在的庞大数据体量是我国的天然优势（所以建议建立开放共享完善的数据生态系统）。	于汉超（2018）
		企业是市场上最具有活力和创新性的组织（所以建议对于不同企业类型给予相应的政策引导）。	汤志伟等（2019）

续表

序号	角度	举例	代表文献
5	现实缺失	现实中很少有相应的法律法规来保护公众的隐私（所以建议重视人工智能产业的安全、伦理问题）。	韩婷俐等（2020）
		人工智能相关规范、标准、制度等尚不统一（所以建议中央政府制定宏观上的、具有权威性的人工智能政策）；我国央地政府间的互动与合作十分有限（所以建议加强央地政府间合作）。	李明等（2020）
		尚未形成完善的继续教育学习体系以帮助劳动者转型（所以建议人工智能公共政策要突出基础教育体系与社会学习体系的建设与重构）。	贾开等（2018）
		我国针对创新主体的规制性词基本没有（所以建议采取限制性、监管性的人工智能企业评估规制政策）。	王兆祥等（2020）
		我国人工智能政策主要以国务院在 2017 年出台行政法规为形式，尚未达到法律层面（所以建议加快促进人工智能相关的法律政策出台）。	汤志伟等（2019）
		我国在统计 AI 人才时往往将 AI 人才与计算机人才、大数据人才、软件人才等传统人才相混淆（所以建议科学界定 AI 人才标准）；我国在特殊教育、继续教育、成人教育等阶段人才培养政策布局存在空白（所以建议制定科学的人才培养目标）。	刘进等（2021）
		法国人工智能教育应用政策相对具体和明确，我国可以借鉴法国经验，出台具体的人工智能教育政策（即我国现实缺失某种政策，某发达国家出台了某种政策，我国也应出台某种政策）。	段世飞等（2019）
		相对于欧美对人工智能社会风险与法律风险的偏重，我国对社会风险与法律风险的重视有待加强。	李雨青（2021）
6	重要性	基础理论及关键技术研发是人工智能产业发展的核心基础（所以建议加强人工智能基础理论及关键技术研发能力）。	张涛等（2021）
		人工智能需要基础性研发支撑（所以建议加大对人工智能关键领域基础性研发的支持力度）。	陈小亮等（2019）

续表

序号	角度	举例	代表文献
6	重要性	加强央地政府间的合作是推动人工智能健康快速发展的关键（所以建议加强央地政府间合作）。	李明等（2020）
		数据是机器学习的核心，是AI发展的基本要素之一（所以建议重视人才的数据技能培养）。	刘进等（2021）
7	政策原理	扶持新兴产业的政策是长期的（所以建议尽量不要制定明确的量化目标）。	陈小亮等（2019）
		产业政策应随着人工智能产业发展现状及具体要求进行动态调整（所以建议构建区域人工智能产业协同监测共享平台）。	金双龙等（2020）
		统一完整的创业政策体系应该包括“根—干—枝”三个层级（所以建议完善区域人工智能产业政策体系）。	金双龙等（2020）
		政府可以利用“看得见的手”对重大经济活动进行有目的、有计划的引导（所以建议继续加大对人工智能产业的财政投入）。	韩婷俐等（2020）
		在制定人工智能政策过程中，需要充分考虑不同地区经济条件、人才状况和经济及产业基础，从实际出发，不可盲目跟进、攀比（所以建议因地制宜的考量还需再充分）。	章小童等（2020）
		人工智能政策体系应包括战略布局的宏观性政策和具体细则的实施性政策（所以建议强化政策文种作用）。	单晓红等（2021）
		各子类政策工具的使用应当符合产业和技术生命周期的发展规律（所以建议子类政策工具使用须有所侧重）。	袁野等（2021A）
8	政策主体偏好	与我国政策主体固有的施政逻辑和选择偏好有着很大联系（所以建议加注重强制类、市场类等工具）。	曾坚朋等（2019）
9	有益性结果	使用多样化的政策工具更是促进人工智能产业发展的有力手段（所以建议丰富政策工具的使用，叠加共振政策工具的效应）。	韩婷俐等（2020）

续表

序号	角度	举例	代表文献
9	有益性结果	能缓解政府的部分资金压力（所以建议提升需求型政策工具的实效性）。	李明等（2020）
		以放松管制、促进竞争为核心的产业政策能够为人工智能企业提供大量的投资机会和发展空间（所以建议减少对项目审批、目录指导等直接干预手段的使用）。	陈小亮等（2019）
		产业地图有利于引导更多的非财政型力量进入人工智能领域（所以建议加快人工智能产业地图编制）。	王兆祥等（2020）
10	危害性后果	很容易出现重复建设（所以建议构建跨平台分享的数据系统）。	陈小亮等（2019）
		会步前期智能家居、智能水杯市场遇冷的覆辙（所以建议逐步提升市场需求型政策供给）。	王兆祥等（2020）
		特别是在中美经贸摩擦和全球价值链重构的情况下，如果忽视贸易管制可能会不利于产业发展（所以建议国家和地方政府应当注重需求类政策工具对市场和产业发展的拉动作用）。	袁野等（2021A）
11	研究成果结论	大量研究表明我国很有必要从选择性产业政策转向功能性产业政策（所以建议从选择性产业政策转向功能性产业政策）。	陈小亮等（2019）
12	对标比较对象	像德国等国家一样重视人才并建立相应的制度平台。	高杰等（2019
		为瞄准国际标准，我国需改变对各个集群维度分散支持的现状。	余川江等（2021）
		我国要积极向他国学习。	刘进等（2021）
		美欧对于人才的教育与培训方式方法都有许多可取之处，值得中国借鉴。	李雨青（2021）
		借鉴其他城市群产业政策制定的优秀经验。	金双龙等（2020）
13	国际环境	美国 H–1B 签证收紧，新加坡等 AI 人才高地出现人才基础松动、人才流动加剧（所以建议从这些国家引入更多国际化人才）。	刘进等（2021）

第二节　对策建议适宜性的具体要求

描述是确保对策科学的手段，对策则是描述的目的，手段和目的需要兼顾和统一，未来研究应该平衡描述和对策，将“描述重”“对策轻”调整为二者并重。为此，要确保对策建议达到适宜性。

一、是“因果性分析清楚”的差异性比较结果

对策建议来自差异性政策文本具体条款，而差异性政策文本具体条款只有进行了因果性分析后才能被纳入对策建议的考察范围，也就是说，适宜性的对策建议必然具备“因果性分析清楚”的特点。因此，要把对策建议提出与比较结果原因分析统一起来，把对策建议作为原因分析的自然逻辑产物。

二、是被比较对象有经济资源改变的

现有文献对策建议合理性分析所选择的视角与比较结果原因分析的视角有较大相似性，这是因为没有把可以“本地化”作为对策建议具有可借鉴性的核心要求。基于“因果性分析清楚”，对策建议要再进一步考量可以“本地化”的原因。可以“本地化”实质上是指被比较对象有经济资源改变。

（一）本地政府有产业政策事权

深圳市除国家对人工智能产业发展的全国统一法规外，在地方性法规制定、各类生产要素配置等权限上与国内比较对象一致。

（二）本地产业有比较优势

运用产业发展比较优势理论，把符合本地人工智能产业生命周期（如开始进入扩展期）、符合本地要素禀赋优势（如土地、劳动力、资本、技术、数据、制度等）、符合本地市场竞争优势（如市场占有率、增长率等）等要求的对策建议作为逻辑上可行、实际操作也大概率可行的对策建议。

（三）本地或外地有相关经验

本地或外地已经有一些同类经验、有关经验，可以在人工智能领域复制、推广或具有一定借鉴性。

第三节　可改进深圳市人工智能产业政策的具体对策建议

针对“因果性分析清楚”的差异性比较结果，本书提出相应的具体对策建议。其中，针对遵循现有体制机制或做法、产业发展一般规律等原因，深圳市一般情况下没有必要进行重大改变，因此这类原因中的绝大多数差异性比较结果一般不需要提出可改进的对策建议。

一、优化“推进手段”条款

1. 建议

新增政策条款：“聚焦人工智能产业运行中的体制机制问题，充分发挥特区立法权、综合改革试点等权限优势，切实破除影响全市人工智能产业发展的政府规制障碍。”

2. 适宜性分析

一是从本地事权看，深圳市已经拥有特区立法权、综合改革试点等权限，国家新一代人工智能创新发展试验区也要求深圳加强体制机制创新，如突破人才、资本、信息、技术等创新要素流动的制度“瓶颈”。

二是从相关经验看，《深圳市优化法治化营商环境工作方案（2023—2025年）》要求实现各类市场主体产权和合法权益平等保护，形成稳定公平透明、可预期的法治化营商环境，尤其是深圳市人工智能产业现有地方性法规和规范性文件为体制机制改革提供了直接经验。

二、优化“计算机视觉产业集群”条款

1. 建议

新增政策条款：“对标杭州市‘中国视谷’，加快推动发展计算机视觉产业集群，培育壮大一批代表性企业。”

2. 适宜性分析

一是从比较优势看，深圳市计算机视觉产业集群形成了一定发展基础，部分企业在行业里具有一定的影响力。

二是从相关经验看，深圳市可以追踪、学习杭州市“中国视谷”建设经验和做法，避免本地培育的计算机视觉企业外迁。

三、优化“应用场景管理”条款

1. 建议

新增政策条款：“探索建立适合人工智能产品和服务应用的政府采购制度，健全交易机制、激励机制、容错纠错机制、柔性监管机制等场景应用制度安排，推动政府单位加快首购首用。”

2. 适宜性分析

一是从本地事权看，深圳市政府及其下辖部门有权限开展对人工智能产品和服务应用的采购工作。虽然深圳市政策主体偏好推动社会基于市场化原则应用人工智能技术，但政府下辖单位在引导全社会使用人工智能产品和服务方面具有示范作用，所以政府单位要更加主动作为，不拖慢社会各界使用的进度。

二是从比较优势看，深圳市政府对人工智能应用场景的需求较大，全市智慧城市和数字政府建设过程中需要大量使用人工智能产品和服务，亟须对这一新技术在采购端、应用端进行必要的规范，确保使用安全和稳定。《深圳市人民政府关于加快智慧城市和数字政府建设的若干意见》（深府〔2020〕89号）提出，融合人工智能、5G、云计算、大数据等新一代信息技术，到2025年打造具有深度学习能力的鹏城智能体，成为全球新型智慧城市标杆和“数

字中国”城市典范。

四、优化“赋能指标”条款

1. 建议

新增政策条款：“探索建立人工智能赋能城市数字化转型指标体系、人工智能产品和应用成效评估方法，科学评价人工智能示范应用项目的赋能作用。”

2. 适宜性分析

从相关经验看，深圳市已有宣传人工智能项目赋能实体经济效应的相关政策任务，上海市也有人工智能赋能指标体系、产品和应用成效评估的先行经验和做法可以借鉴。

五、优化“创新成果转化”条款

1. 建议

新增政策条款：“在人工智能领域建立科技成果‘沿途下蛋’高效转化机制。”

2. 适宜性分析

从相关经验看，在人工智能领域可以复制、推广综合性国家科学中心先行启动区建立的科技成果“沿途下蛋”高效转化机制，以及可以参照广州市促进前沿科技项目成果沿途转化的经验。

六、优化“知识产权”条款

1. 建议

新增政策条款：“围绕本市人工智能企业海外业务布局需要，与人工智能领域国际性产业与标准组织加强合作，完善人工智能领域知识产权的协作保护、快速维权和海外维权制度。”

2. 适宜性分析

从相关经验看，《深圳市优化法治化营商环境工作方案（2023—2025 年）》要求支持企业高水平“走出去”，形成本地企业的海外维权经验，还可以借鉴学习上海市人工智能产业的海外维权经验。

七、优化“人才待遇”条款

1. 建议

新增政策条款：“落实市委七届七次全会要求加快打造人工智能先锋城市的部署，在全市现有人才政策基础上，对顶尖科学家和具有颠覆性技术的团队给予‘一事一议’政策，探索实施海外人才来深落地即支持政策。”

2. 适宜性分析

从相关经验看，深圳市研究出台人工智能少数关键人才“一事一议”政策，已有北京、上海、广州等地同类经验可以借鉴；同时，已出台《深圳市龙华区引进顶尖人才“一事一议”实施办法》等少数关键人才“一事一议”政策，可以将其研究推广到人工智能领域。深圳市人工智能产业协会（2023）提出类似政策建议，即针对 AI 科学家和 AI 算法人才，深圳市应加快研究出台顶尖人才专项政策，涵盖创业空间、融资保障、算力支持、算法交易、人才落户、人才租赁住房、就诊绿色通道、子女入学等各方面。

八、优化“数据开放平台”条款

1. 建议

新增政策条款：“研究公共数据产品和服务的产权属性和使用价值属性，探索建立公共数据产品和服务价格形成机制，用经济手段激励政府单位推进政务及公共机构数据资源开放的积极性。”

2. 适宜性分析

一是从比较优势看，深圳市 2021 年成立了深圳数据交易所有限公司，市属国企深圳市投资控股有限公司入股，公共数据产品和服务价格形成具备交易场所保障；2022 年全市基础数据服务及治理产值规模约 21 亿元，同比增长 40%，对公共数据形成一定的市场需求。

二是从相关经验看，运用好市场化机制是深圳市将政策支持事项发展为企业自发、可持续开展活动的重要经验。

九、优化“算力开放平台”条款

1. 建议

新增政策条款：“制定公共算力资源供给办法，开展算力资源市场化交易，保障中小企业获得普惠的公共算力。”

2. 适宜性分析

一是从比较优势看，深圳市人工智能公共算力建设也具有一定规模。2022 年 11 月“鹏城云脑Ⅱ”连续在 Graph 500 SSSP 性能榜单、世界人工智能算力性能 500 排行榜（AIPerf 500）中位居榜首，是国内首个全面自主可控的 E 级智能算力平台；2023 年 5 月鹏程实验室发起的中国算力网实现 3E 级别异构算力，“鹏城云脑Ⅲ”项目计划于 2023 年底前启动建设；2022 年全市人工智能算力基础有关产值达 48 亿元，同比增长 50%，拥有华为技术有限公司、宝德计算机系统股份有限公司、深圳易信科技股份有限公司、深圳市国鑫恒运信息安全有限公司等智能服务器与高性能计算中心典型企业，以及深圳华为云计算技术有限公司、腾讯云科技有限公司、百度智能云（深圳）等智能云典型企业。因此，为更好地满足获取算力资源能力较低的中小企业需求，要优化算力资源供给和交易方式。

二是从相关经验看，深圳市研究优化算力资源供给和交易方式，可以借鉴上海市同类经验。2023 年大湾区科学论坛资料显示，鹏城云脑以开放共享和支撑产业创新发展为目标，试运行期间约 70% 的机时服务鹏城实验室以外的企业、高校、科研院所，已支撑近千个国产 AI 模型训练，也为公共算力普惠提供了重要实践经验。

十、优化“算法开源平台”条款

1. 建议

新增政策条款：“建设面向重点应用领域的算法交易平台，完善算法模型交易流通中的利益分享机制。”

2. 适宜性分析

一是从比较优势看，算法也是深圳市人工智能产业重点发展领域，已经形成一定的产业基础。2022 年全市人工智能模型生产企业产值达 14 亿元，同比增长 75%，拥有 MindSpore（华为昇思）、PaddlePaddle（百度飞桨）等人工智能算法代表框架。

二是从相关经验看，深圳市研究支持建设算法交易平台，可以借鉴上海市同类经验。深圳市人工智能产业协会（2023）提出类似政策建议，即建立“算法交易所”等公共服务平台，支持算法人才将算法产品上市交易。

十一、优化“与港澳台合作”条款

1. 建议

新增政策条款：“支持建设粤港澳大湾区算力国家枢纽节点，推进与港澳在人工智能创新应用领域的规则衔接，共同探索制定人工智能治理和监管模式。”

2. 适宜性分析

从相关经验看，深圳市正在加快推进与港澳规则衔接，其具体做法可以为人工智能创新应用领域的规则衔接提供参考。

十二、优化“区域合作”条款

1. 建议

新增政策条款：“依托粤港澳大湾区建设，全面融入人工智能领域的区域协调发展格局。”

2. 适宜性分析

从相关经验看，深圳市与粤港澳大湾区其他城市促进区域合作，可以依托粤港澳大湾区工作运行机制。根据2019年2月中共中央、国务院印发的《粤港澳大湾区发展规划纲要》，要求推动粤港澳三地规则衔接、机制对接。2018年8月成立了粤港澳大湾区建设领导小组，中共中央政治局常委、国务院副总理担任组长，推动粤港澳三地开展全方面合作，相关经验为人工智能领域的区域合作提供了经验做法参考。

十三、优化“风险监管”条款

1. 建议

新增政策条款：“研判计算机视觉产业集群规范发展需要，对生物识别技术建立健全算法管理制度。”

2. 适宜性分析

从相关经验看，深圳市研究建立生物识别技术算法管理制度，可以借鉴上海市、欧盟等已有经验做法，来制定深圳市生物识别技术算法管理的地方性法规或规范性文件。

十四、优化“标准”条款

1. 建议

新增政策条款：“明确人工智能产业‘深圳标准’的具体要求，鼓励本地人工智能产业标准使用‘深圳标准’专门标识。”

2. 适宜性分析

从相关经验看，“深圳标准”专门标识已形成丰富的经验做法，上海市人工智能产业的“上海标准”专门标识也有相应的经验做法，都可以为深圳市本地人工智能产业用好“深圳标准”专门标识提供借鉴。

十五、优化“监管互认”条款

1. 建议

新增政策条款：“探索推进粤港澳大湾区人工智能产业发展政策衔接、技术标准互认、关键领域测试数据共享互认、基础设施建设成本分担和利益共享等。”

2. 适宜性分析

从相关经验看，深圳市探索推进粤港澳大湾区“监管互认”，可以依托粤港澳大湾区工作运行机制。

十六、优化“政府其他资金供给”条款

1. 建议

新增政策条款：“按照国资监管制度，鼓励市属、区属国企资本参与人工智能产业投资。”

2. 适宜性分析

从相关经验看，深圳市市属、区属国企资本已通过产业引导基金形式投资包含人工智能的新兴产业，同时可以借鉴、学习上海市同类经验做法。

十七、优化“社会资金供给”条款

1. 建议

新增政策条款：“探索投贷联动等模式，进一步鼓励银行等金融机构为本地人工智能企业提供专项贷款支持。”

2. 适宜性分析

从相关经验看，现有高新技术企业、科技型中小（微）企业获得金融机构专项贷款的经验做法，以及上海市同类经验做法，都可以作为很重要的借鉴。

十八、优化“政策落地”条款

1. 建议

新增政策条款：“加强人工智能产业发展政策绩效评价，探索构建动态的人工智能创新发展评估评价指标和机制，对社会发布人工智能产业年度发展情况。”

2. 适宜性分析

从相关经验看，深圳市可以借鉴学习广州市、杭州市等地经验做法，进一步总结本地人工智能产业政策落地情况，并主动向社会发布政策落地情况，更好地引导社会了解和支持本地人工智能产业发展。

第十章　主要结论和展望

第一节　主要结论

一、政策比较研究的目的是改进政策文本具体条款

深圳市人工智能产业主管部门在建设国家人工智能创新应用先导区、新一代人工智能创新发展试验区过程中，需要持续对产业政策文本具体条款进行改进。专业研究人员在人工智能产业政策研究中提出的现行政策改进建议不直接改进政策文本具体条款。产业政策比较是比较公共政策研究的重要领域，是人工智能产业政策研究中的常用方法。深圳市人工智能产业政策改进是一个具有合理性的命题，将政策改进导向引入人工智能产业政策比较研究，把政策比较研究的最终目的定位为完善深圳市人工智能产业现行政策文本具体条款。

二、产业政策比较分析框架分 5 个模块

产业政策比较分析框架一般包括政策比较文本选择、政策比较主体选择、政策比较方法选择、政策比较结果分析、政策比较对策建议 5 个模块。围绕政策改进导向对每个模块的要求，提出政策比较文本要具有先进性，政策比较主体要具有标杆性，政策比较方法要具有科学性，政策比较结果分析要具有因果性，政策比较对策建议要具有适宜性。

三、深圳市人工智能产业政策被比较文本和比较文本共 24 个

深圳市是被比较对象，深圳市人工智能产业“1+2+3”专项政策文本是比较文本。本书把政策文本具体条款能够直击市场失灵、政策文本具体条款具有对应的产业生态基础、具有同等的政策层次或相似的政策体系、政策文本具体条款现行有效作为先进性的主要标准，初步选择国内五市14个政策文本、美国 4 个政策文本作为比较文本。被比较对象和比较对象共 24 个文本，其中被比较对象 6 个、比较对象 18 个。

四、深圳市人工智能产业政策比较主体可选择国内五市和美国

现有文献中国家型政策主体集中于中国与发达国家，国内政策主体集中于省级。本书把比较对象在产业资源配置权力上具有同等性、比较对象在产业基础上更先进或也先进、比较对象产业联系上具有竞争性作为标杆性的主要标准，从符合这三个条件的城市中选择北京市、上海市、广州市、杭州市、成都市作为深圳市人工智能产业较好的国内政策比较主体，美国作为国外政策比较主体。

五、深圳市人工智能产业政策比较方法可选择政策工具条款对比

人工智能产业现有政策比较方法集中于政策文本具体条款比较分析法，可以分为整体指数模型评价、主题词频统计、细分维度对比、政策工具条款对比。本书把方法输出的结论与政策比较的关键目的相一致、方法运用的条件与政策比较的素材基础相一致作为科学性的主要标准，结合政策改进导向要求方法输出的结论能够区分出政策文本具体条款，选择政策工具条款对比方法。

六、深圳市人工智能产业政策差异性比较结果具有对应原因

本书按照具体、直观的要求，展示了深圳市人工智能产业政策文本具体条款与比较对象的比较结果，涵盖 16 个大类 81 个小类。本书结合政策制定过程中的原因、影响产业发展预期的本地客观原因、影响产业发展预期的本

地主观原因等类型，对24个小类的差异性比较结果分析了原因。

七、深圳市人工智能产业政策比较输出对策建议18个

现有文献“描述重”“对策轻”，对策合理性分析不足。本书把“因果性分析清楚”的差异性比较结果、被比较对象有经济资源改变（本地政府有产业政策事权、本地产业有比较优势、本地或外地有相关经验）作为适宜性的主要标准，针对24个小类中18个小类的差异性比较结果优化形成了对策建议，以改进现有政策文本具体条款。

第二节 研究展望

一、拓展使用政策比较以外的研究方法

从满足深圳市人工智能产业主管部门对政策改进的需求看，产业政策横向比较是一种更习惯被接受的实践做法，但行业发展的新问题可能在最先进的政策文本中也没有反映，因此就政策改进的目的而言仍然需要探索使用其他研究方法的逻辑必要性。

二、深化深圳市人工智能产业关键赛道政策改进研究

在美国与中国人工智能产业脱钩的背景下，深圳市人工智能产业生态是融入全国人工智能产业生态的，因此要着力增强在关键赛道上的发展水平来补齐全国生态的某些短板。人工智能产业是一个很大的范畴，对于深圳市而言，要明确占据哪些关键的战略性赛道，进而寻找或改进相应的产业赛道高质量发展促进政策，则可以进一步精准提高政策促进效能。

三、优化深圳市人工智能产业政策比较分析框架

本书试图以现有研究成果为基础，初步构建一个政策改进导向下的人工

智能产业政策比较研究逻辑体系，还需要对其中的政策比较文本先进性、政策比较主体标杆性、政策比较方法科学性、政策比较结果分析因果性、政策比较对策建议适宜性的更优具体标准等一些关键问题进行细化深化，进而扩大政策比较主体范围。比如按照比较对象具有标杆性要求，国家型政策主体可以研究是否再增加非传统科技强国中的代表性国家，对一些欠发达国家也可以进行比较（因为当我国人工智能产业政策相对这些区域具有标杆性的时候，我国就有机会将自身产业政策效应扩散到这些区域）；形成差异性比较结果的原因分析、对策建议的适宜性分析还不够深入和全面，需要融会贯通逻辑学、产业经济学等多学科知识和产业政策制定工作实践。

参考文献

蔡翠红，郭威．中美跨境数据流动政策比较分析［J］．太平洋学报，2022（3）：28–40.

陈婧嫣，姜李丹，薛澜．跨国比较视阈下的人工智能政策：目标、理念与路径［J］．科学学与科学技术管理，2021（3）：87–100.

陈庆云．公共政策的理论界定［J］．中国行政管理，1995（11）：26–29.

陈小亮，陈彦斌．发展人工智能的产业政策存在的问题与调整思路［J］．人文杂志，2019（11）：25–32.

陈振明．公共政策学：政策分析的理论、方法和技术［M］．北京：中国人民大学出版社，2004.

崔晓倩，张宪国，陈海峰．中美日智能网联汽车政策管理体系对比研究［J］．中国汽车，2020（12）：55–60.

邓坚阳．谈谈“比较学科”研究的“比较”：以“比较教育”为个案［J］．广州大学学报（社会科学版），2006（5）：24–28.

杜宝贵．比较科技政策研究论纲［J］．科技进步与对策，2010（16）：85–88.

段世飞，龚国钦．国际比较视野下的人工智能教育应用政策［J］．现代教育技术，2019（3）：11–17.

方汉文．“比较”方法论释义：从“匕”到“比”［J］．盐城师范学院学报（人文社会科学版），2004（2）：39–43.

方汉文．比较主义学科方法的思维方式之源［J］．西北大学学报（哲学社会科学版），2005，35（3）：132–137.

费艳颖，刘彩薇．负责任创新视角下央地人工智能政策异质性研究［J］．中国科技论坛，2021（11）：40–50，148.

冯献，李瑾，崔凯．中外智慧农业的历史演进与政策动向比较分析［J］．科技管理研究，2022（5）：28–36.

冯梓琏.宗教对话何以可能：比较宗教学的方法论反思［J］.中国社会科学评价，2020（2）：91–100，159.

高杰，谢其军，黄萃，等.中德人工智能发展政策与战略布局的比较研究［J］.科技管理研究，2019（10）：206–209.

关皓元，高杰.新时期中欧人工智能发展战略与政策环境的比较研究［J］.管理现代化，2021（3）：57–62.

郭琰，肖琴，周振亚.农业支持水平及政策结构变动的国际比较分析：基于欧盟、美国、澳大利亚、日本、韩国、巴西、中国的考察［J］.世界农业，2023（1）：17–29.

国际数据公司（IDC），浪潮信息.2022—2023中国人工智能计算力发展评估报告［R］.2023.

韩婷俐，熊尧宁.我国人工智能产业政策工具挖掘及量化评价研究：以北京市、上海市、广东省为例［J］.中国物价，2020（11）：34–37.

胡峰，戚晓妮，汪晓燕.基于PMC指数模型的机器人产业政策量化评价：以8项机器人产业政策情报为例［J］.情报杂志，2020（1）：121–129，161.

胡峰，张巍巍，曹鹏飞，等.基于政策工具视角的长三角地区机器人产业政策研究［J］.科技管理研究，2019（4）：174–183.

黄萃，苏竣，施丽萍，等. 政策工具视角的中国风能政策文本量化研究［J].科学学研究，2011，29（6）：876–882，889.

黄剑锋.中国长三角区域智慧养老政策比较研究：基于“主体—目标—工具”的政策计量分析［J］.信息资源管理学报，2020（6）：122–134.

霍治方.标杆管理视角甘肃省县域经济效率演化与空间分异特征研究［D］.兰州：兰州财经大学，2019.

贾开，郭雨晖，雷鸿竹.人工智能公共政策的国际比较研究：历史、特征与启示［J］.电子政务，2018（9）：77–86.

江丰光，熊博龙，张超.我国人工智能如何实现战略突破：基于中美4份人工智能发展报告的比较与解读［J］.现代远程教育研究，2020（1）：3–11.

金双龙，隆云滔，陈立松，等.基于文本分析的区域人工智能产业政策研究［J］.改革与战略，2020（3）：44–53.

荆晶 . 主体—工具—产业链视角的中美人工智能政策比较研究［D］. 郑州：河南农业大学，2021.

卡尔·波普尔 . 猜想与反驳：科学知识的增长［M］. 傅季重，纪树立，周昌忠，等，译 . 上海：上海译文出版社，1986.

孔杰，程寨华 . 标杆管理理论述评［J］. 东北财经大学学报，2004（2）：3–7.

黎红雷 . 比较方法论［J］. 广西大学学报（哲学社会科学版），1989（3）：62–67.

李国栋 ."比较区域研究"的方法论建构及其挑战［J］. 比较政治学研究，2021（2）：46–66，333–334.

李良成，李莲玉 . 目标—工具—产业链三维框架下人工智能政策研究［J］. 自然辩证法研究，2019（10）：112–118.

李明，曹海军 . 中国央地政府人工智能政策比较研究：一个三维分析框架［J］. 情报杂志，2020（6）：96–103，53.

李首骏 . 我国人工智能领域政策文本的量化研究［D］. 安徽：安徽财经大学，2020.

李莹莹，张建楠，顾宴菊，等 . 医药健康领域的国家人工智能战略发展规划比较研究［J］. 中国工程科学，2019（6）：106–113.

李雨青 . 人工智能风险治理政策比较：以中国、美国、欧盟为例［D］. 广州：华南理工大学，2021.

李梓涵昕，朱桂龙，刘奥林 . 中韩两国技术创新政策对比研究：政策目标、政策工具和政策执行维度［J］. 科学学与科学技术管理，2015（4）：3–13.

刘红波，林彬 . 中国人工智能发展的价值取向、议题建构与路径选择：基于政策文本的量化研究［J］. 电子政务，2018（11）：47–58.

刘进，钟小琴 . 全球人工智能人才培养的政策比较研究：以中美英加四国为例［J］. 重庆高教研究，2021（2）：39–50.

刘胜骥 . 科学方法论：方法之建立［M］. 武汉：武汉大学出版社，2014.

刘晓燕，徐小溪 . 京津冀人工智能政策府际合作现状分析［J］. 科技中国，2020（6）：86–90.

刘玉书 . 中美人工智能战略及政策的比较研究［J］. 云南行政学院学报，2022（1）：101–124.

刘智勇，李海峥，胡永远，等．人力资本结构高级化与经济增长：兼论东中西部地区差距的形成和缩小［J］．经济研究，2018（3）：50–63.

毛了骏，刘于灵．基十二维分析框架的中外养老政策文本比较研究［J］．社会政策研究，2021（4）：35–48.

毛子骏，梅宏．政策工具视角下的国内外人工智能政策比较分析［J］．情报杂志，2020，39（4）：74–81，59.

欧阳志刚，陈普．要素禀赋、地方工业行业发展与行业选择［J］．经济研究，2020（1）：82–98.

瞿宛文．多层级模式：中国特色的产业政策［J］．文化纵横，2018（2）：76–89.

赛迪顾问股份有限公司智能装备产业研究中心．2022 先进制造业百强市［R］．2022：9–10，17.

赛迪智库产业政策法规研究所．我国产业政策实践及“十四五”产业政策预研白皮书［R］．2020：6–11，21，79.

沙德春，荆晶．中美人工智能产业国家顶层政策比较研究［J］．科学管理研究，2021，39（3）：154–162.

单晓红，何强，刘晓燕，等．“政策属性—政策结构”框架下人工智能产业政策区域比较研究［J］．情报理论与实践，2021，44（3）：194–202.

深圳市人工智能产业协会．深圳市人工智能产业发展白皮书（2022 年度）［R］．2022 年 6 月：170–173.

深圳市人工智能产业协会．深圳市人工智能产业发展白皮书（2023 年度）［R］．2023 年 6 月：29–30，35，78，99，137.

宋琪，谷灏．政策“工具－功能”视角下人工智能产业央地政策研究［J］．科学与社会，2022（1）：84–102.

宋伟，夏辉．地方政府人工智能产业政策文本量化研究［J］．科技管理研究，2019（10）：192–199.

汤志伟，雷鸿竹，周维．中美人工智能产业政策的比较研究：基于目标、工具与执行的内容分析［J］．情报杂志，2019（10）：73–80.

王丽萍．公共政策比较及其政治学学科意义［J］．经济社会体制比较，2022（2）：170–178.

王萌，王璐．我国区域性智能制造政策比较分析研究［J］．中国质量，2021（2）：93–101.

王嫱．中国智能汽车政策现状及完善研究：基于中国和美国政策的比较分析［D］．上海：上海交通大学，2018.

王勇．论有效市场与有为政府：新结构经济学视角下的产业政策［J］．学习与探索，2017（4）：100–104，175.

王兆祥，宋平．我国人工智能产业支持政策体系特征与优化：中央与北上广深的政策文本分析［J］．科学管理研究，2020（2）：64–70.

吴岳峥．《自然辩证法》的科学比较方法论析［J］．华南师范大学学报（社会科学版），1987（4）：45–51，109.

肖宛晴，刘传平．欧美数字主权与数字贸易政策比较分析［J］．世界经济与政治论坛，2021（6）：105–126.

许艺苹，庄灵刁．第五代移动通信技术（5G）产业政策的国际比较研究：基于二分类 Logistic 回归分析的视角［J］．科学管理研究，2021（5）：87–94.

颜迈．比较方法论［J］．贵州民族大学学报（社会科学版），1989（2）：58–64.

杨佳雯，赵志耘，高芳，等．基于文本量化分析的中国省级人工智能政策布局研究［J］．现代情报，2022（7）：125–135.

英特尔中国，德勤中国，深圳市人工智能行业协会．中国成长型 AI 企业研究报告：迈向巅峰之路［R］．2021 年 5 月：2.

于汉超，刘慧晖，魏秀，等．人工智能政策解析及建议［J］．科技导报，2018（17）：75–82.

余川江，李晴，龚勤林．政策工具视角下中外智能制造产业集群政策比较研究［J］．东南学术，2021（5）：170–179.

袁野，刘壮，万晓榆．我国人工智能人才政策的文本分析与对策研究［J］．中国高校科技，2021（B）（9）：19–23.

袁野，马彦超，陶于祥，等．基于内容分析法的中国人工智能产业政策分析：供给、需求、环境框架视角［J］．重庆大学学报（社会科学版），2021（A）（2）：109–121.

袁野，于敏敏，刘继明，等．基于文本分析的我国新一代人工智能产业政策区域比较：以北京、广东、浙江、上海、江苏为例［J］. 互联网天地，2018（9）：29–33.

曾坚朋，张双志，张龙鹏．中美人工智能政策体系的比较研究：基于政策主体、工具与目标的分析框架［J］. 电子政务，2019（6）：13–22.

张成岗，阿柔娜．基于 Post–ELSI 的人工智能政策国际比较与经验镜鉴［J］. 江苏行政学院学报，2023（3）：69–76.

张亲培，张海柱．比较公共政策研究：回顾与展望［J］. 经济社会体制比较，2011（6）：126–134.

张仁德．论比较经济学的“转轨”与发展［J］. 世界经济与政治，2001（8）：58–63.

张涛，马海群，易扬．文本相似度视角下我国大数据政策比较研究［J］. 图书情报工作，2020（12）：26–37.

张涛，马海群．基于文本相似度计算的我国人工智能政策比较研究［J］. 情报杂志，2021（1）：39–47，24.

张新宁．有效市场和有为政府有机结合：破解“市场失灵”的中国方案［J］. 上海经济研究，2021（1）：5–14.

张志新，张霞，高露，等．世界主流国家人工智能战略比较及借鉴［J］. 淮南师范学院学报，2019（6）：70–76.

章小童，李月琳，樊振佳．基于我国 10 项人工智能规划与政策的内容分析［J］. 现代情报，2020（12）：17–26.

章小童，李月琳．人工智能政策与规划的主题结构：基于主题词共现网络分析［J］. 情报资料工作，2019（4）：44–55.

章玉贵．比较经济学与中国经济改革［M］. 上海：上海三联出版社，2006.

赵磊．马克思主义不是“科学”吗？：一个“证伪主义”的维度［J］. 当代经济研究，2011（2）：32–38.

赵顺龙，李琳，黄卫国，等．中外智能装备产业政策比较：基于政策文本的内容分析［J］. 科技和产业，2022（8）：27–33.

中国新一代人工智能发展战略研究院．中国新一代人工智能科技产业区域竞争力评价指数（2022）［R］. 2022 年 6 月：9.

中国信息通信研究院和人工智能与经济社会研究中心．全球人工智能战略与政策观察（2020）：共筑合作新生态［R］. 2020 年 12 月：1.

周光伟，李琼，陈思 . 改进导向下人工智能产业政策比较研究［J］. 科技和产业，2022（4）：279–286.

周光伟 . 基于国际国内比较的深圳市人工智能产业政策改进研究［A］. 吴定海，董晓远 . 深圳经济发展报告（2020）. 北京：社会科学文献出版社，2020：86–101.

周建军 . 美国产业政策的政治经济学：从产业技术政策到产业组织政策［J］. 经济社会体制比较，2017（1）：80–94.

周烨 .Y 市智能终端产业发展路径研究：基于重庆智能终端标杆分析［D］. 成都：电子科技大学，2020.

周振华 . 产业政策分析的基本框架［J］. 当代经济科学，1990（6）：26–32.

2022 中国算力大会 . 中国综合算力指数（2022 年）［R］. 2022 年 7 月：8–9.

KUHIK GUPTA .Comparative public policy：Using the comparative method to advance our understanding of the policy process［J］. Policy Studies Journal，2012，40（SZ1）：11–26.

ROY ROTHWELL，WALTER ZEGVELD. An assessment of government innovation policies［J］.Policy Studies Review，1984，3（3/4）：436–444.

附录

《基于国际国内比较的深圳市人工智能产业政策改进研究》全文

摘要：深圳市建设国家新一代人工智能创新发展试验区需要更加科学、全面的人工智能产业政策支撑。以深圳市“1+N”人工智能产业政策体系的供给侧、需求侧、环境侧三方面政策工具内容为基础，对比分析并研判领先国家的产业政策（主要是美国）、上级部门的产业政策（主要是国家和广东省）、具有同类可比城市的产业政策（主要是北京、上海、广州）对深圳市人工智能产业政策工具的可借鉴性，最终提出13条改进建议，以期进一步提升深圳市人工智能产业政策工具的科学性和全面性。

关键词：人工智能；产业政策；国际国内比较

2019年10月，科技部明确支持深圳市建设国家新一代人工智能创新发展试验区，要求深圳市打造具有国际竞争力的人工智能创新高地，突破人才、资本、信息、技术等创新要素流动的制度“瓶颈”，构建国际一流的开放创新生态。制定更加科学、全面的人工智能产业政策，是深圳市建设试验区的重要举措之一。在深圳市“1+N”人工智能产业政策体系逐步完善的同时，国际国内陆续出台了人工智能产业专项政策，深圳市有必要通过比较研究同类政策文件的长处，在借鉴中努力改进自身的人工智能产业政策。

一、比较方法

（一）内容分析法

围绕如何运用“有形之手”促进人工智能产业又好又快发展，从现存的相关材料出发，将所有材料看成一个有机的整体，对深圳市以及国际国内其他地区的人工智能产业政策工具文本具体内容进行客观描述、系统梳理，在与国际国内政策工具文本的比较中寻找对深圳市人工智能政策工具文本改进的借鉴之处。具体步骤为：第一步，搜集并梳理深圳市人工智能产业政策工具文本内容。第二步，搜集并梳理国际国内人工智能典型产业政策工具文本内容。第三步，对国际国内人工智能产业典型政策工具文本内容中有、深圳市人工智能产业政策工具文本内容中无的内容（“有—无”的差异性文本内容）进行合理性分析，并基于合理性分析将这一差异化政策工具文本转化为深圳市人工智能产业政策文本内容改进的建议。

（二）主要比较内容

学术界使用最为普遍的是 Roy Rothwell 和 Walter Zegveld（1984）[1]对政策工具内容的分类，根据技术产业创新政策影响的不同层面，将政策工具分为了供给侧、需求侧、环境侧（也称供给型、需求型、环境型）3 类，分别对产业发展形成推动力、拉动力和间接影响。供给侧主要是夯实产业发展所需的要素条件，比如通过科学技术、教育培训、市场信息、公共事业（含基础设施）、资金支持等活动推动产业发展。需求侧主要是创造国际、国内市场，比如通过海外机构、进出口、政府采购、应用示范、用户补贴、服务外包等活动拉动产业发展。环境侧主要是改变产业创新发生的整体环境，比如通过目标规划、法规、税收、投资、知识产权、舆论环境等间接影响产业发展。这些方面相互配合，互为支撑，成为促进产业发展的政策手段。

在具体政策手段方面，还结合了国内学者的研究成果。比如，曹林（2014）[2]将政府层面的区域产业政策手段分为行政手段（如市场准入制度、价格规制、质量规制、环境保护规制）、财政手段（如倾向性的政府采购、转移支付、财政投融资以及差别性税收）、金融手段（如差异化金融货币政策、政策性金融）、外贸手段（如关税、出口管制、非关税措施）、土地手段（如土地审批、土地供给、土地价格及其税费）、信息指导手段（如规划、劝告、信息服务平台）和制度变革七大类。

二、深圳市人工智能产业政策工具情况

（一）深圳市“1+N”人工智能产业政策体系

截至2019年底，深圳市形成了以《深圳市新一代人工智能发展行动计划（2019—2023年）》为“1”个核心政策，以《深圳市人工智能等新兴产业空间布局规划》《深圳市城市大数据中心建设实施方案》等为“N”个辅助政策的政策体系，其中典型政策见表1。

表1 深圳市人工智能典型政策

序号	政策名称	发布时间	发布机构	有效期
1	《深圳市新一代人工智能发展行动计划（2019—2023年）》	2019年5月	市人民政府	到2023年
2	《深圳市建设国家人工智能创新应用先导区实施方案（征求意见稿）》	—	—	到2021年
3	《深圳市城市大数据中心建设实施方案》	2019年1月	深圳市人民政府办公厅	到2020年
4	《深圳市人工智能等新兴产业空间布局规划》	2018年7月	市经济贸易和信息化委员会	到2020年
5	《深圳市促进智能网联汽车产业发展行动计划（2019—2021年）》	2019年3月	市工业和信息化局	到2021年
6	《深圳市机器人、可穿戴设备和智能装备产业发展规划（2014—2020年）》	2014年11月	市人民政府	到2020年

（二）深圳市人工智能产业政策主要内容

按照本文采用的比较方法，对“1+N”人工智能产业政策中的重要内容进行了归类（见表2），结果显示：一是深圳市人工智能产业政策工具文本内容可以分为供给侧、需求侧、环境侧三大块，基本符合学术界对技术产业创新政策工具内容的普遍分类，形成了一个相对完整合理的政策内容体系。二是深圳市人工智能产业政策在需求侧和环境侧仍然存在一定的政策手段缺失，就政策内容完整度而言仍然需要进一步增加和丰富，形成一个更加具有立体性、综合性的政策手段库。三是深圳市人工智能产业政策手段的表述语言风格符合国内通用产业规划/计划的普遍特征，而人工智能产业和技术在欧美发达国家相对发展基础更好，那么，在某种意义上深圳市仍然存在借鉴国外人工智能产业政策手段表述语言风格及其设计逻辑的必要性。

表2 深圳市人工智能典型政策工具文本的核心内容

政策类型	政策手段	深圳市政策工具文本	来源
供给侧	科学技术	1. 加强基础理论研究：组织实施重大基础科研专项，突破人工智能领域共性理论问题，包括深度学习、类脑智能计算、跨媒体感知计算、混合增强智能、群体智能、自主协同控制与优化决策理论。2. 突破核心关键技术：计算机视觉、语音识别、跨媒体感知、自主无人智能技术。3. 建设人工智能创新载体：制造业创新中心、重点实验室、国家级创新平台。4. 推动智能产品创新：发展核心关键零部件（智能芯片、智能传感器），支持人工智能产品创新（智能机器人、智能无人机、智能医疗系统、智能网联汽车、智能交通系统），培育人工智能企业集群（培育细分领域行业标杆、培育孵化人工智能企业）。	1
		1. 提高自主创新能力，发展高端芯片、智能无人机、智能网联汽车、智能机器人等智能产品，推动构建完善的人工智能技术和产业体系。2. 开放创新平台：类脑云平台、高效能计算平台、开源开放平台。3. 产业协同创新模式：创新中心建设工程、“揭榜挂帅”工程。	2
	教育培训	多层次人才培育：建设人工智能学科，搭建人才培育平台，创新人才培养机制。	1

续表

政策类型	政策手段	深圳市政策工具文本	来源
供给侧	教育培训	鼓励高等院校、企业等产学研机构联合建立人工智能实训基地，开展人才定向培养，形成梯次完备的人才培养体系。	2
	市场信息	1. 成立人工智能专家咨询委员会，建立人工智能专家和骨干企业定期联络机制。2. 强化产业跟踪：加强对行动计划实施情况的跟踪监测分析，构建人工智能产业跟踪研究平台，探索建立人工智能产业统计指标体系和统计制度。	1
		推进人工智能智库建设。	2
	公共事业	1. 夯实人工智能信息基础设施：下一代网络基础设施、物联网基础设施、高效能计算基础设施、城市大数据中心。2. 部署人工智能公共服务平台：技术标准服务平台、知识产权服务平台、检验检测服务平台、行业交流服务平台。3. 建立人工智能产业发展联盟。	1
		建成综合服务、试验检测、综合展示平台。	2
		建设城市大数据中心统一基础设施平台。	3
	资金支持	1. 发挥市级各财政专项资金的支持作用，开展人工智能专项扶持计划。2. 政府各类产业基金、资金池、融资工具等要将人工智能作为投入重点。	1、2
	其他供给	建设粤港澳大湾区（深圳）人工智能开放创新平台：数据归集核心平台、算法汇聚核心平台、算力开放核心平台。	1
		建成人工智能数据共享平台。	2
		构建大数据服务平台，推动信息共享与数据开放，推动人工智能、大数据产业发展。	3
		人工智能产业主要在南山、罗湖、福田、盐田、龙岗、龙华、宝安、坪山和光明进行多节点布局，明确空间载体和规划用地面积。	4
需求侧	海外机构	—	
	进出口	—	
	政府采购	—	

续表

政策类型	政策手段	深圳市政策工具文本	来源
需求侧	应用示范	1.“AI+ 产业经济”应用示范工程：智能制造、智能金融、智能商务、智能物流。2.“AI+ 市民生活”营造工程：智能医疗、智能家居、智能教育、智能零售。3.“AI+ 智慧城市”打造工程：智能政务、智能交通、智能安防。4. 人工智能产业示范区：深圳高新区深圳湾片区和南山园区、深港科技创新合作区、罗湖人工智能产业基地、盐田人工智能产业基地、宝安立新湖智能装备未来产业集聚区、坂雪岗科技城、龙华人工智能产业基地、坪山人工智能产业基地、光明人工智能产业基地、深圳湾机器人小镇。	1
		打造全球人工智能技术在医疗、金融、供应链、交通、制造五大领域应用示范标杆；形成以深圳高新区深圳湾片区和南山园区为核心，深港科技创新合作区、罗湖人工智能产业基地、盐田人工智能产业基地和坂雪岗科技城协同发展的五大人工智能特色应用示范区。	2
		推进大数据创新示范应用：公共服务创新应用、城市治理创新应用、公共安全创新应用、产业创新应用。	3
	用户补贴	—	
	服务外包	—	
	其他需求	—	
环境侧	目标规划	1. 分别制定到 2020 年、2023 年发展目标，将深圳发展成为我国人工智能技术创新策源地和全球领先的人工智能产业高地。2. 充分发挥市科技产业发展领导小组作用，统筹推进人工智能创新发展。3. 建立市、区联动机制。	1
		1. 战略定位：探索新技术新产品先行先试的“试验田”，打造人工智能和实体经济深度融合的“模范区”，培育国际一流企业的“孵化器”，推动制度改革创新的“先锋队”。2. 建立多部门联合工作推进机制。	2
	法规	前瞻构建法规标准：完善人工智能规范体系（地方性法规）、构建人工智能标准体系、加强企业数据保护制度建设。	1、2
	税收	—	
	投资	鼓励龙头骨干企业、专业化投资机构成立市场化基金。	1

续表

政策类型	政策手段	深圳市政策工具文本	来源
环境侧	知识产权	1. 加强人工智能领域的知识产权保护，促进人工智能知识产权转移转化。2. 建立人工智能知识产权联盟，构筑和运营专利池，培养高价值专利。3. 部署知识产权服务平台。	1
	舆论环境	—	
	其他环境	前瞻构建伦理标准：组织人工智能伦理安全论坛。	1
		建立人工智能伦理规范体系。	2

三、国际国内比较对象

国际国内比较对象共同的选择标准主要有：一是已经明确发布的，尚未发布的不纳入比较对象；二是文本内容与人工智能产业生态体系直接有关的，间接性的产业政策不纳入比较对象；三是仍然处于有效期的，不在有效期的产业政策不纳入比较对象。对于国际人工智能产业典型政策，由于其多出自科技创新能力强的国家或地区，带有明显的先进性，尤其是对全球人工智能具有领导地位的美国，基于人工智能产业发展规律的一致性，也将其纳入比较对象。对于国内人工智能产业典型政策，尽管深圳市人工智能产业政策属于区域性政策，但是由于在统一的国内市场环境下国家与地方之间、地方与地方之间的产业政策具有明显的协同性，因此也将国家级、省级、市级人工智能产业政策纳入比较对象。在具体政策选择上，更加注重与具有典型特征的产业政策的比较[①]，主要包括领先国家的产业政策（主要是美国）、上级部门的产业政策（主要是国家和广东省）、具有同类可比城市的产业政策（主要是北京、上海、广州）。见表3。

① 根据《全球人工智能战略与政策观察（2019）》，截至2018年12月，搜集并梳理出20余个全球主要国家共200余篇人工智能相关战略规划、政策建议和研究报告，并将其分为战略规划、法规倡议、促进机制和应用研究等四大类，其中国家层面的人工智能相关战略规划文件已达50余篇。因此本文在诸多政策中突出可比性和典型性。

表 3 与深圳市进行比较的国际国内人工智能典型产业政策

	政策名称	发布时间	发布机构	有效期
国际典型政策	《国家人工智能研究和发展战略计划》	2016 年 10 月、2019 年 7 月（修订）	美国国家科学技术委员会、美国网络和信息技术研发小组委员会	不限时间
	《为人工智能的未来做好准备》	2016 年 10 月	美国总统行政办公室、美国国家科学技术委员会	不限时间
	《维护美国人工智能领导力的行政命令》	2019 年 2 月	美国白宫科技政策办公室（总统令）	不限时间
	《美国人工智能倡议首年年度报告》	2020 年 2 月	美国白宫科技政策办公室	不限时间
	《全球人工智能战略与政策观察（2019）》	2019 年 8 月	中国信息通信研究院、中国人工智能产业发展联盟	—
国内典型政策	《新一代人工智能发展规划》	2017 年 7 月	国务院	到 2030 年
	《促进新一代人工智能产业发展三年行动计划（2018—2020 年）》	2017 年 12 月	工业和信息化部	到 2020 年
	《广东省新一代人工智能发展规划》	2018 年 7 月	广东省人民政府	到 2030 年
	《北京市加快科技创新培育人工智能产业的指导意见》	2017 年 12 月	中共北京市委、北京市人民政府	到 2020 年
	《关于本市推动新一代人工智能发展的实施意见》	2017 年 10 月	上海市人民政府办公厅	到 2030 年
	《关于建设人工智能上海高地 构建一流创新生态的行动方案（2019—2021 年）》	2019 年 9 月	上海市经济和信息化委员会	到 2021 年
	《广州市加快 IAB[②] 产业发展五年行动计划（2018—2022 年）》	2018 年 3 月	广州市人民政府	到 2022 年

② IAB 即新一代信息技术、人工智能、生物医药。

续表

	政策名称	发布时间	发布机构	有效期
国内典型政策	《广州市关于推进新一代人工智能产业发展的行动计划（2020—2022年）》	2020年3月	广州市工业和信息化局	到2022年
	《广州人工智能与数字经济试验区建设总体方案》	2020年1月	广东省推进粤港澳大湾区建设领导小组	到2030年

四、基于比较的主要改进建议

（一）在供给侧方面的建议

1. 制订人工智能研究计划

深圳市人工智能产业政策强调了加强科学技术供给，在理论和应用层面组织实施重大基础科研专项，但缺乏必要的行动计划落地的方案支撑，建议制定财政资金支持的人工智能研究计划或人工智能研发实施方案，确定人工智能短期和长期支持的战略优先事项，特别关注产业不可能解决的领域，并在财政资金预算时优先保障人工智能研究支出。这一建议主要来自美国做法。美国《国家人工智能研究和发展战略计划》为联邦政府投资人工智能研究制定了一系列目标，研究重点侧重行业不能解决的领域，并对联邦政府建议“开发一个人工智能研发实施框架”，“制定详细的路线图，明确与计划一致的功能缺口”，“以抓住科技机遇，并支持人工智能研发投资的有效协调”。《维护美国在人工智能时代的领导地位》也强调联邦各机构在其研发任务和财政年度预算中要优先考虑对人工智能投资。

2. 明确财政专项资金扶持的长期性

深圳市人工智能产业政策提出发挥市级各财政专项资金的支持作用，积极开展人工智能专项扶持计划，但缺乏对财政专项资金扶持有效性或能力边界的表述，建议进一步明确市级各财政专项资金对人工智能专项扶持的长期性。这一建议主要来自我国规划和美国做法。我国《新一代人工智能发展规划》明确财政资金“对人工智能基础前沿研究、关键共性技术攻关、成果转移转化、基地平台建设、创新应用示范等提供支持”，涉及基础前沿研究等需要长期投资的领域，此外，《北京市加快科技创新培育人工智能产业的指导意见》提出“加大财政资金对人工智能基础前沿研究的投入力度”。美国《国家人工智能研究和发展战略计划》提出的第一个战略就是“对人工智能研究进行长期投资”，其主要考虑有两个：一是从现有经验来看，“联邦政府许多对高风险、高回报基础研究的投资已带来了今天赖以生存的革命性的技术进步，包括互联网、GPS、智能手机语音识别、心脏监视器、太阳能电池板、先进电池、癌症治疗等”，“政府过去和现在的投资也造就了人工智能的突破性方法”，因此“联邦政府是长期高风险研究计划以及近期发展工作的主要资金来源”，需对具有潜在长期回报领域的人工智能研究进行投资；二是从商业逻辑来看，“虽然联邦政府可以利用人工智能的行业投资，但许多应用领域和长期研究挑战不会存在明确的近期利润驱动因素，因此不可能完全由行业进行解决”。

3. 支持开展跨学科探索性研究

深圳市人工智能产业政策提出了加强基础理论研究，但仍然偏重对应用性领域或者现有理论、技术框架下的研究，缺乏对新理论设想和技术框架突破的内容，将自身基础理论研究设置在他人提供的理论、技术框架下，这不利于在并跑过程进行到一定阶段后实现弯道超车或领跑，建议增加对开展跨学科探索性研究的支持。这一建议主要来自我国规划和美国做法。我国《新一代人工智能发展规划》提出“开展跨学科探索性研究”，重点是“加强引领人工智能算法、模型发展的数学基础理论研究，支持原创性强、非共识的探索性研究，鼓励科学家自由探索”，换言之，即鼓励不同于目前理论、技术框架下的原创发现，以期有朝一日实现对全球人工智能理论和技术框架的新引领。《广东省新一代人工智能发展规划》也提出“大力支持跨学科探索研究”。2018 年 5 月，美国白宫人工智能峰会特别强调了允许人工智能技术“自由发展”，联邦政府“将尽最大可能，允许科学家和技术专家自由研发下一代伟大发明”。

4. 把科技金融作为人工智能产业资金的一部分

深圳市人工智能产业政策提出发挥财政专项资金、政府各类产业基金 / 资金池 / 融资工具、市场化基金作用，充实人工智能产业资金，但没有发挥科技金融（深圳市城市科技金融发展综合指数在全国属于第一梯队[①]）对人工智能这一科技类产业发展的资金支持作用，建议增加发展科技金融。这一建议主要来自广东省规划做法。《广东省新一代人工智能发展规划》提出“引导天使投资、创业投资等社会资本加大对人工智能领域的投资力度”，“拓宽人工智能企业的融资渠道，优化股权融资、债券融资、科技贷款、科技保险、科技租赁等融资方式”，“支持银行、证券、保险等机构开发更多支持人工智能的金融产品和服务”。

（二）在需求侧方面的建议

1. 明确政府在人工智能需求引领中的作用

深圳市人工智能产业政策提出智能政务、智能交通、智能安防等“AI+智慧城市”工程，以政府需求带动人工智能发展，但缺乏更加系统且明确的政府需求界定，建议增加对深圳市各级政府人工智能需求的具体表述，以给予人工智能企业更加明确的市场信号。这一建议主要来自我国规划和美国做法。我国《促进新一代人工智能产业发展三年行动计划（2018—2020 年）》提出“鼓励政府部门率先运用人工智能提升业务效率和管理服务水平”。上海《关于本市推动新一代人工智能发展的实施意见》提出“推动各级政府部门率先运用人工智能提升业务效率和管理服务水平，依托政务云引入和开发人工智能应用模块”，同时《关于建设人工智能上海高地 构建一流创新生态的行动方案（2019—2021 年）》提出“建立人工智能创新产品激励机制，对具有市场推广前景的创新产品，优先纳入《上海市创新产品推荐目录》，支持政府首购和订购，并优先推荐给应用场景单位部署使用”。《广州人工智能与数

① 《〈中国城市科技金融发展指数〉发布》，参见 http：//www.cs.com.cn/xwzx/hg/201908/t20190829_5980970.html（2020-03-03 登录）。

字经济试验区建设总体方案》则提出“探索实施更加积极、符合国际规则的人工智能与数字经济创新产品政府首购制度”。美国《为人工智能的未来做好准备》提出联邦政府“成为人工智能技术及其应用的早期客户”“提供赞助支持”“提高关键机构应用人工智能完成任务的能力”等一系列政府需求具体类型，以及“要鼓励私人和公共机构进行自我审视，判断自身是否调整且通过何种方式，才能尽可能利用人工智能和机器学习技术为社会造福”。《美国人工智能倡议首年年度报告》提出通过机构间合作加速政府采用。

2. 支持专业化众创空间示范

深圳市人工智能产业政策提出培育孵化人工智能企业，打造五大人工智能特色应用示范区，但没有涉及“双创”示范，这导致没有发挥专业化众创空间示范在人工智能产业发展中的带动作用（深圳市人工智能产业发展阶段目前整体上依然处于“双创”阶段[3]，即截至2018年，处于较为完整的开拓期/形成时期，且已经进入扩展期），也没有发挥深圳市“双创”所形成的特色优势（深圳市“双创”综合指数蝉联全国首位①），建议增加专业化众创空间示范。这一建议主要来自我国国家级规划做法。我国《新一代人工智能发展规划》提出“建设一批低成本、便利化、全要素、开放式的人工智能众创空间，完善孵化服务体系，推进人工智能科技成果转移转化，支持人工智能创新创业”。

3. 支持人工智能重大项目

深圳市人工智能产业政策提出组织实施人工智能重大科技产业发展项目，但没有规定如何对人工智能重大项目进行扶持，建议增加人工智能重大项目支持。这一建议主要来自广东省及各地规划做法。《广东省新一代人工智能发展规划》提出“加强与国家‘1+N’人工智能项目群的衔接”，“加大人工智能重大项目在项目核准、用地保障、电力保障、经费保障等方面的支持力度”，“发挥基础设施建设基金、产业发展基金、创新创业基金等政策性基金对人工智能领域项目的引导作用”，“加快推进重大项目的落地实施”。《关于

① 《深圳双创综合指数蝉联全国首位》，参见 http：//sz.people.com.cn/n2/2018/1218/c202846-32424860.html（2020-03-13 登录）。

建设人工智能上海高地 构建一流创新生态的行动方案（2019—2021年）》提出“统筹新增建设用地、能耗等指标，优先保障市级人工智能创新平台、产业项目”。《广州市加快IAB产业发展五年行动计划（2018—2022年）》则“在项目立项、规划、用地、施工报批等前期审批工作方面给予‘绿色通道’支持”。

4. 支持设立海外机构

深圳市人工智能产业政策提出引进人工智能国际顶尖科学家和高水平创新团队、通过多种手段归集汇聚国际顶尖算法资源等促进对国际人工智能资源利用的措施，但缺乏对设立海外机构的支持，建议增加对设立海外机构的支持，以直接支撑深圳市对国际人工智能资源的利用。这一建议主要来自我国规划和美国做法。我国《新一代人工智能发展规划》鼓励“国内人工智能企业‘走出去’，为有实力的人工智能企业开展海外并购、股权投资、创业投资和建立海外研发中心等提供便利和服务”，“依托‘一带一路’倡议，推动建设人工智能国际科技合作基地、联合研究中心等”，“推动成立人工智能国际组织，支持相关行业协会、联盟及服务机构搭建面向人工智能企业的全球化服务平台”。《广东省新一代人工智能发展规划》提出“支持设立一批海外研发机构、孵化器、技术转移中心”。上海、广州也明确支持设立海外人工智能研发机构。美国《国家人工智能研究和发展战略计划》提出要进行产业和国际研发合作，推动美国的优先事项，也鼓励私营企业在海外建设研发机构。

（三）在环境侧方面的建议

1. 建立人工智能专业职能部门

深圳市人工智能产业政策提出“充分发挥市科技产业发展领导小组作用，统筹推进人工智能创新发展”“建立市、区联动机制”，但缺乏专业性的职能部门来协调推进全市人工智能发展问题，难以使现有政策提及的管理机制实现高效运转，建议建立人工智能专业职能部门，给予副厅级，下辖跨部门的工作小组。这一建议主要来自我国规划和美国做法。我国科技部成立了新一代人工智能发展规划推进办公室（在国家科技体制改革和创新体系建设领导小组领导下，在国家科技计划管理部级联席会议框架内①)，由其负责推进新一代人工智能发展规划和重大科技项目的组织实施。2016年5月3日，美国政府宣布成立一个新的国家科学技术委员会（NSTC）机器学习和人工智能小组委员会，以帮助协调联邦政府在人工智能领域的活动。比如，委托美国网络和信息技术研发小组委员会（NITRD）编写《国家人工智能研究和发展战略计划》、成立NITRD人工智能工作组，以确定人工智能研发成为联邦政府的重大战略计划。此外，阿联酋是首个成立人工智能政府部门的国家[4]。

2. 明确市场主导原则

深圳市人工智能产业政策提出将深圳市发展成为我国人工智能技术创新策源地和全球领先的人工智能产业高地，但并没有区分为实现这一目标市场行为和政府行为之间的关系和分工，难以更加明确地发挥市场和政府各自优势来更好地促进人工智能发展，建议明确市场主导原则，并在主要任务中区分政府自身做的、支持的、鼓励的、政企合作的等基于不同主体角色的差异化事项。这一建议主要来自我国规划和美国做法。我国《新一代人工智能发展规划》提出市场主导原则，“突出企业在技术路线选择和行业产品标准制定中的主体作用”，“更好发挥政府在规划引导、政策支持、安全防范、市场监管、环境营造、伦理法规制定等方面的重要作用”。《广东省新一代人工智能发展规划》提出“发挥市场首创精神”，“充分发挥市场在资源配置中的决定性作用”，“更好发挥政府引导和支持作用”。美国《国家人工智能研究和发展战略计划》则明确提出联邦政府投资特别关注产业不可能解决的领域。

3. 明确具有深圳市特色的政策立意

深圳市人工智能产业政策提出了贯彻国家和广东省相关政策、明确到2020年、2023年的发展目标，但缺乏对政策立意的基础分析，建议增加对人工智能技术发展趋势的几个研判，从研判中推导出需要通过深圳市人工智能产业政策工具设计来突破的问题或实现的诉求，进而直接凸显深圳市政策具有鲜明的政策定位。这一建议主要来自我国规划和美国做法。我国《新一

① 《新一代人工智能发展规划推进办公室成立建设四大国家级开放创新平台》，参见https：//www.guancha.cn/Industry/2017_11_17_435296_s.shtml（2020- 04-12登录）。

代人工智能发展规划》专门一章阐述“战略态势”，提出“人工智能发展进入新阶段”“人工智能成为国际竞争的新焦点”“人工智能成为经济发展的新引擎”“人工智能带来社会建设的新机遇”“人工智能发展的不确定性带来新挑战”“我国发展人工智能具有良好基础”等基本判断，进而提出规划的总框架：“构筑知识群、技术群、产业群互动融合和人才、制度、文化相互支撑的生态系统”。《广东省新一代人工智能发展规划》也提出“人工智能进入快速发展阶段”“人工智能成为国际竞争的新焦点”和“广东具备培育人工智能产业的良好条件”等基本判断。美国《国家人工智能研究和发展战略计划》提出几个前提假设，如假设“政府和行业投资促进人工智能技术持续发展”“人工智能对社会影响持续增加”“一些重要的研究领域不太可能获得来自行业的足够投资”（受制于典型的公共物品投资不足问题）、“对人工智能的需求持续在行业、学术界和政府内部增长”，还对人工智能发展阶段做出判断（“人工智能领域现处于第三次浪潮的开始阶段，注重解释性和通用人工智能技术”），进而提出应该和如何发挥联邦政府投资在人工智能研发中的作用。

4. 加强税收支持

深圳市人工智能产业政策没有提出税收支持措施，建议随着《中共中央、国务院关于支持深圳建设中国特色社会主义先行示范区的意见》“用足用好特区立法权”的深入实施，在税收方面形成具有地方特色的支持措施。这一建议主要来自我国规划做法。我国《新一代人工智能发展规划》提出“落实对人工智能中小企业和初创企业的财税优惠政策，通过高新技术企业税收优惠和研发费用加计扣除等政策支持人工智能企业发展”。《关于建设人工智能上海高地　构建一流创新生态的行动方案（2019—2021年）》提出“支持符合条件的企业申报高新技术企业、技术先进型服务企业，按规定享受15%的企业所得税优惠政策”。

5. 加强舆论宣传

深圳市人工智能产业政策没有提出舆论宣传措施，建议进一步加强舆论宣传工作，让人工智能发展成为深圳打造“全球创新创业创意之都”的核心内涵、知名标签之一。这一建议主要来自我国规划做法。我国《新一代人工智能发展规划》提出“充分利用各种传统媒体和新兴媒体，及时宣传人工智能新进展、新成效，让人工智能健康发展成为全社会共识，调动全社会参与支持人工智能发展的积极性”。《广州市关于推进新一代人工智能产业发展的行动计划（2020—2022年）》提出“利用微博、微信公众号、行业相关论坛等平台开展人工智能建设成果、扶持政策宣传”。

参考文献

[1] ROY ROTHWELL，WALTER ZEGVELD. An assessment of government innovation policies [J] .Policy Studies Review，1984，3（3/4）：436–444.

[2] 曹林 . 区域产业发展规划理论与实例 [M] . 北京：社会科学文献出版社，2014：97–99.

[3] 周光伟 . 深圳市人工智能产业生态体系研究 [A] // 吴定海，董晓远 . 深圳经济发展报告（2019）. 北京：社会科学文献出版社，2019：80–91.

[4] 中国信息通信研究院，中国人工智能产业发展联盟 . 全球人工智能战略与政策观察（2019）[R] . 2019年8月：5–6.